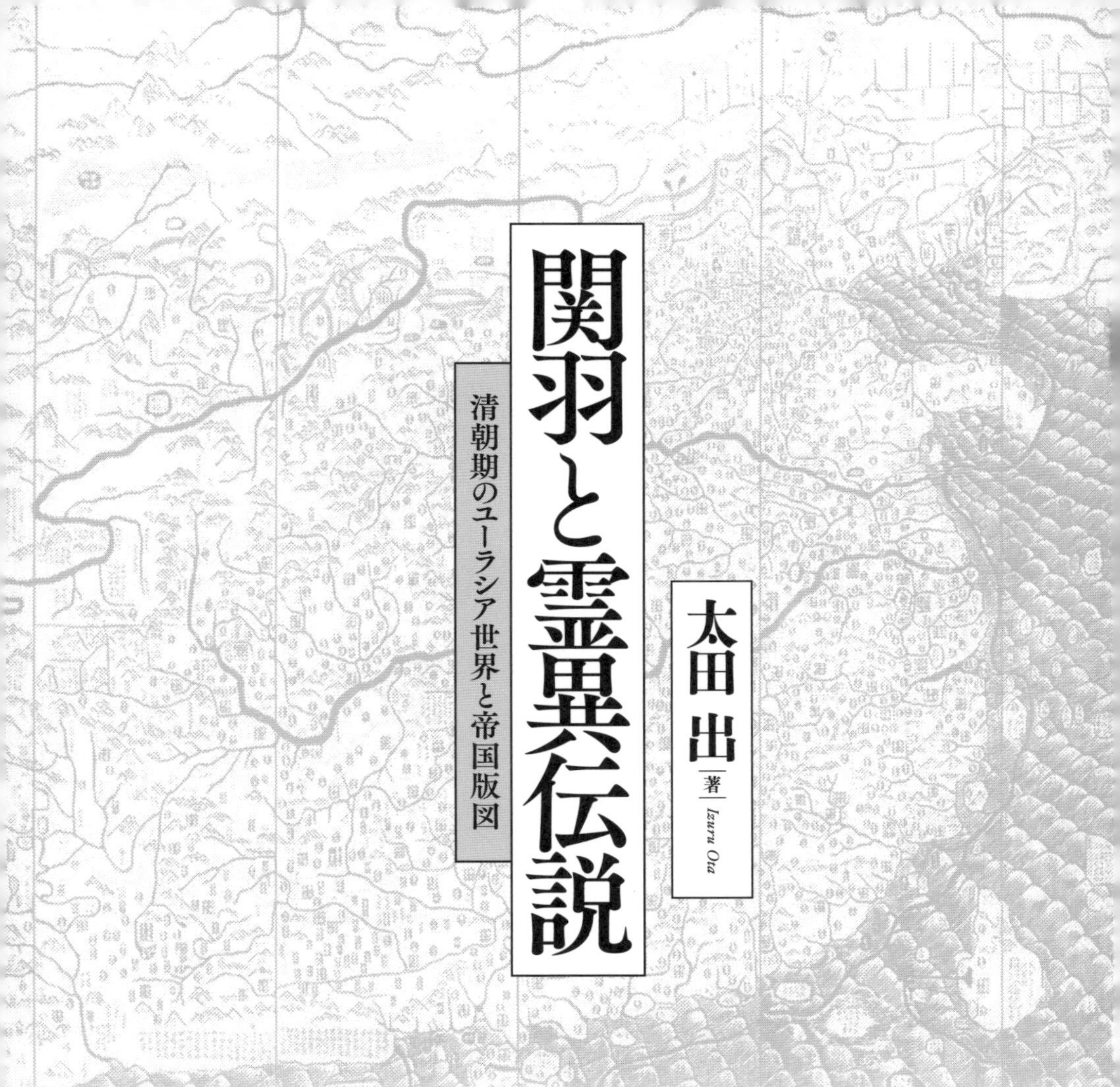

関羽と霊異伝説

清朝期のユーラシア世界と帝国版図

太田 出 著
Izuru Ota

名古屋大学出版会

関羽と霊異伝説——目　次

凡　例

一、特に断らないかぎり、引用文中の（　）は引用者による追加的な説明、註記、もしくは原用語の提示、〔　〕は引用者が引用文の通読にあたり必要と判断して補った挿入、補足、〈　〉は原文にある割註である。

二、引用文中の……は省略を、□は原文の読解不能を意味する。

三、漢文史料の引用にあたっては、現代日本語訳をあげ、典拠を註に掲載した。また紙幅の制限から原文史料の掲載は必要最低限とした。

四、漢字については、特に必要のある場合を除いて、常用漢字を使用した。

五、本文の日付は、原則として旧暦により、適宜（　）で西暦を付け加えた。

六、註は章ごとに番号を振り、「前掲書」「前掲論文」なども章ごとを範囲とする。

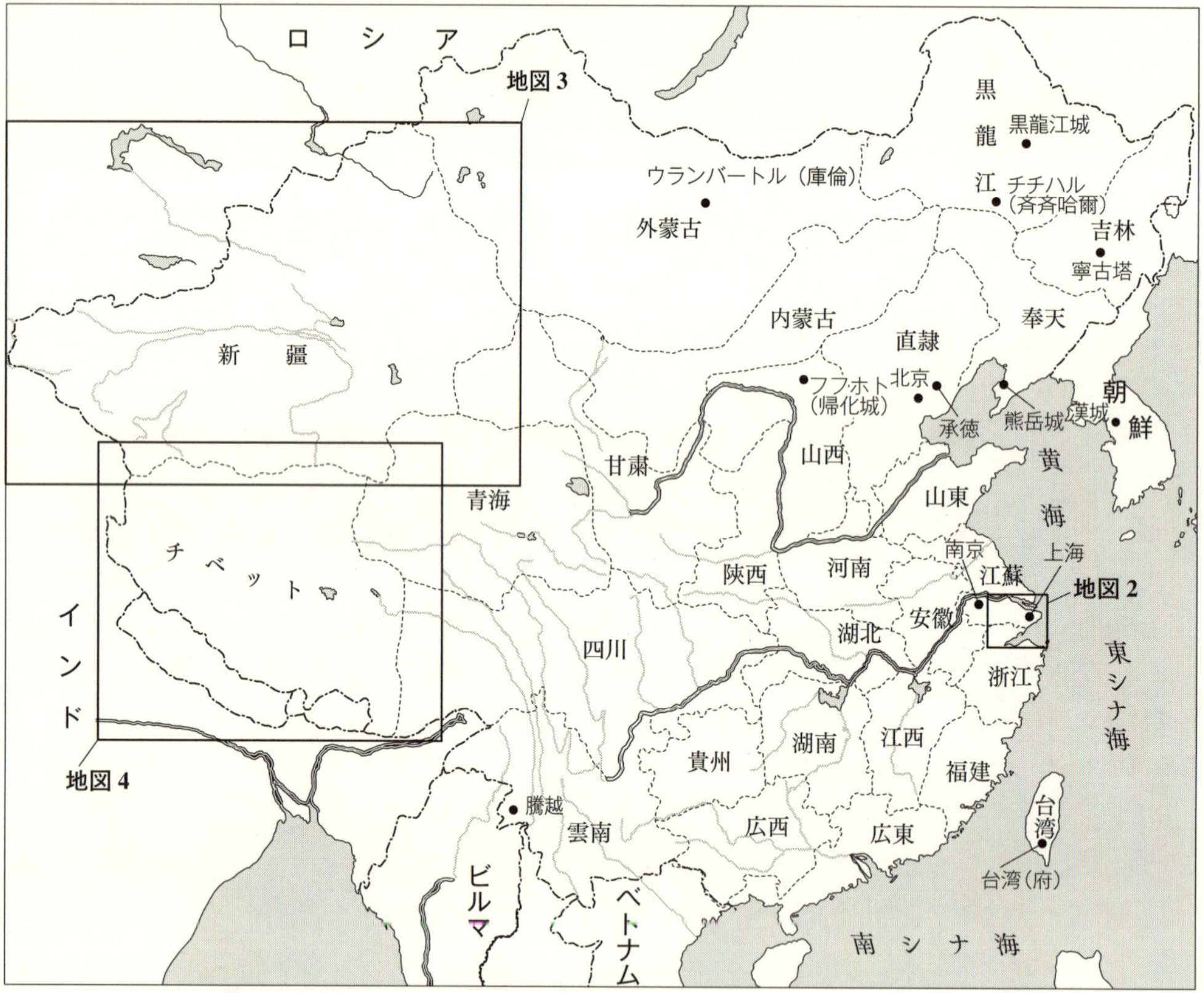

出所）王恢編『新清史地理志図集』をもとに筆者作成（地図3・4も同）。

地図1　中国全図（清代）

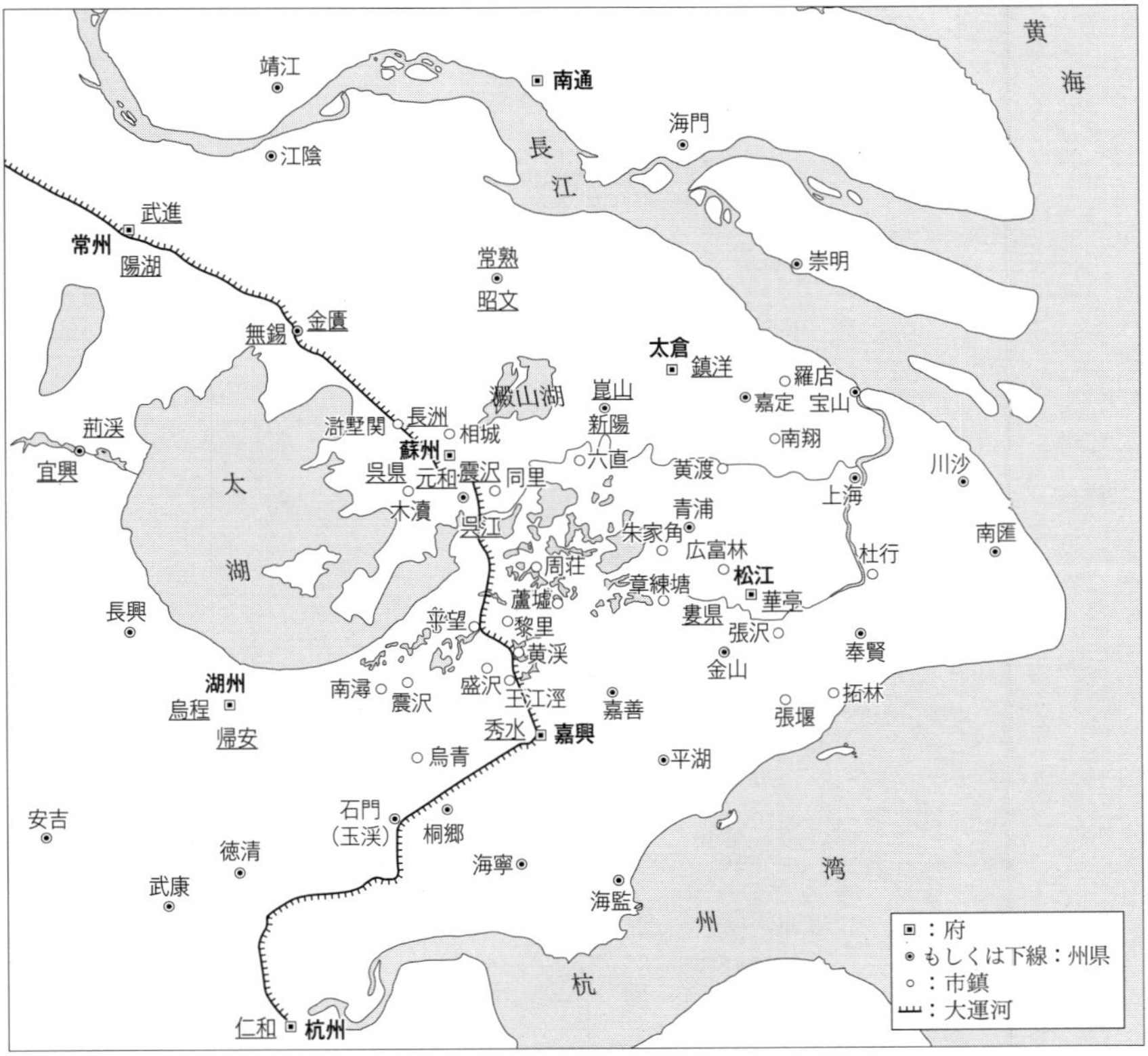

地図 2　江南デルタ

出所）太田出『中国近世の罪と罰』参考地図を改変して作成。

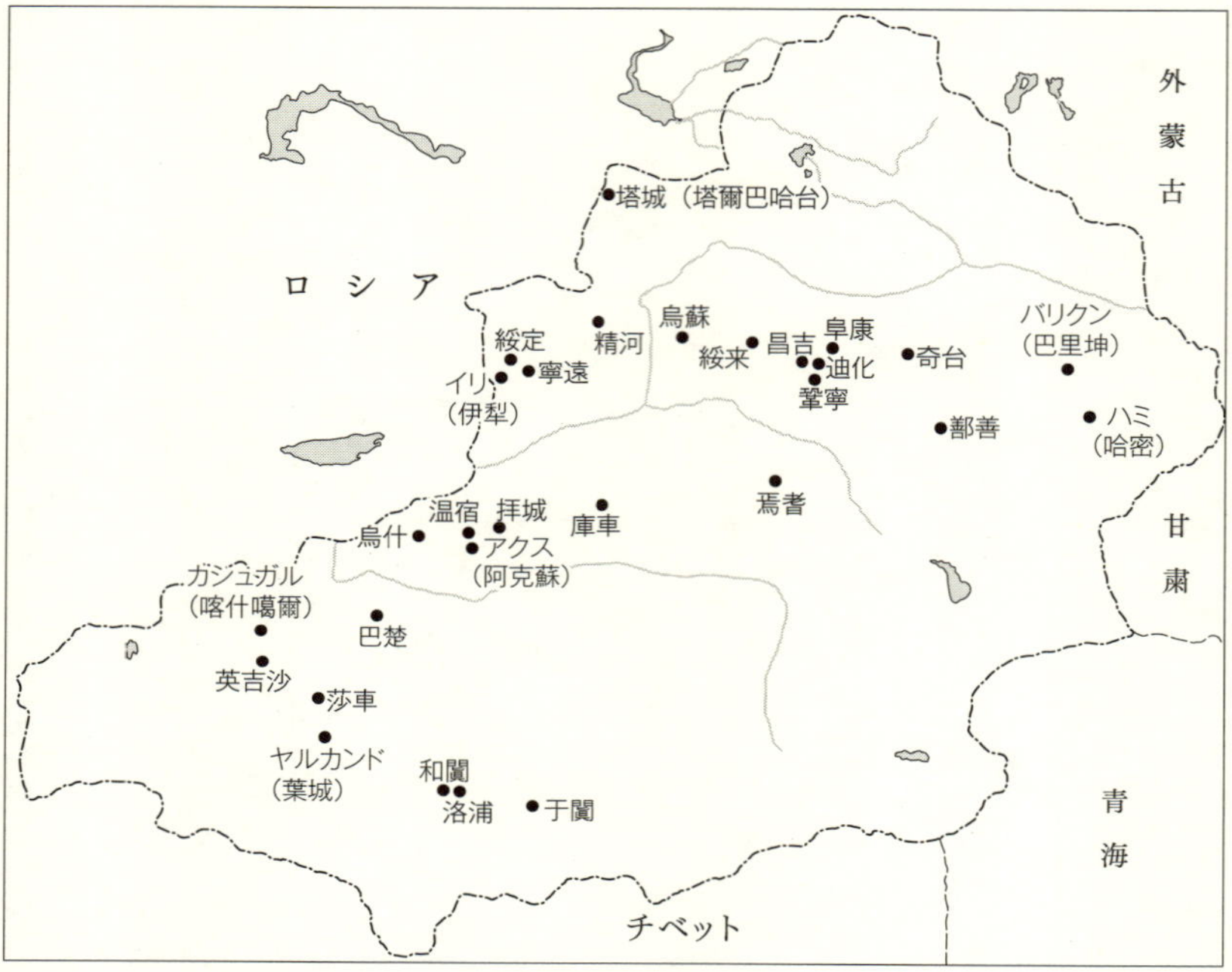

地図 3　新疆

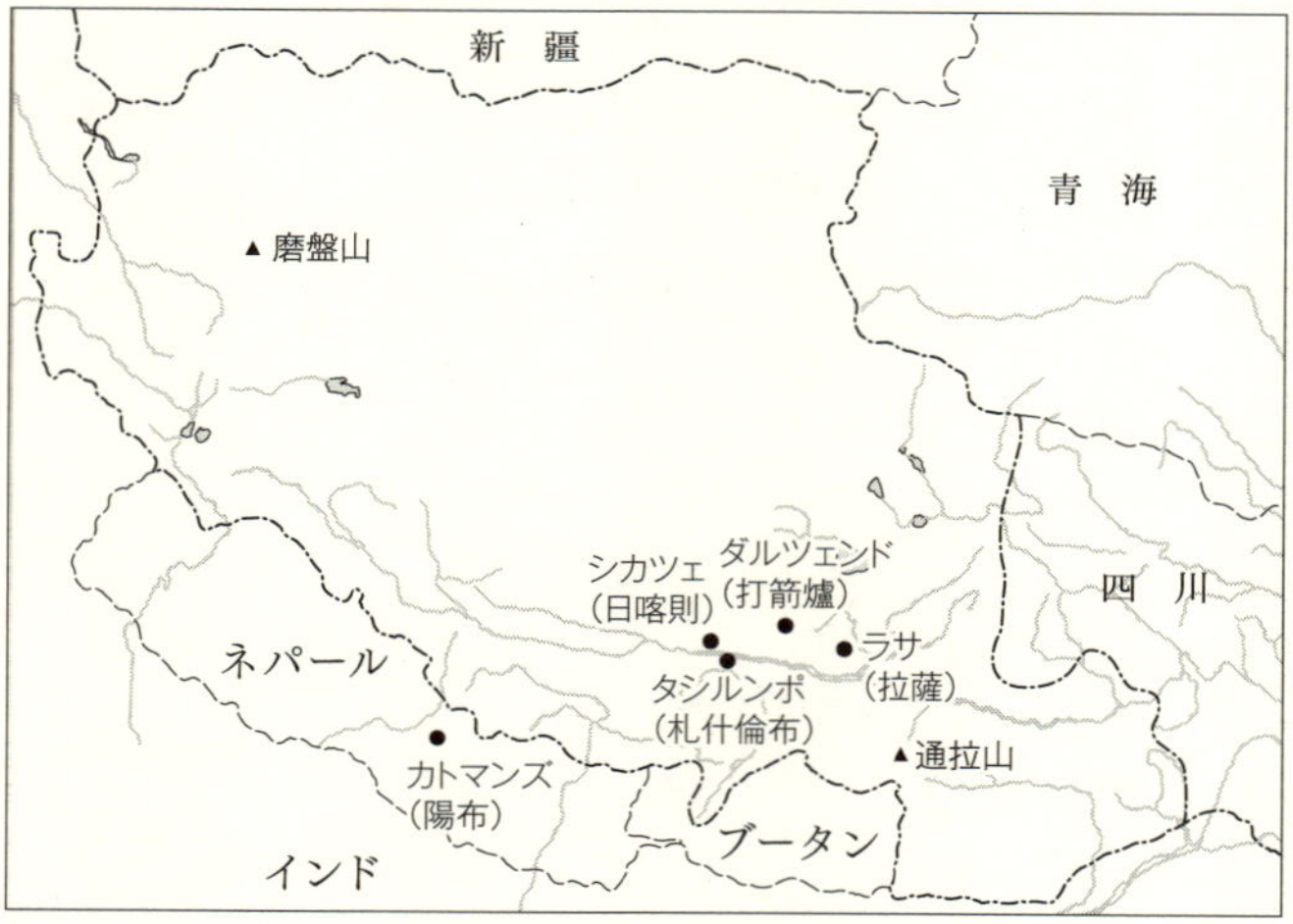

地図 4　チベット

序　章　領域統合と民間信仰

一　現代における国家と関羽信仰

東日本大震災と関羽への祈願

二〇一一年六月一八日、台湾の『台湾新生報』なる新聞に「逾八〇〇間関帝廟同歩祈福（八〇〇間を超える関帝廟で同時に幸福祈願活動が実施された）」と題された、次のような興味深い記事が掲載された。

全国八〇〇余間の「関帝廟」では、昨日同時に一〇〇万人による台湾および地球レヴェルの幸福祈願活動が挙行され、総統馬英九（当時。引用者補）は中央・地方官僚を率いて四湖保安宮に赴き、関聖帝君に向かって国泰民安、風調雨順、国家の安定繁栄、商売繁盛などを祈求した。

四湖保安宮では昨日午前一〇時、……、総統馬英九、立法院王金平、副県長林源泉、議長蘇金煌、前行政院秘書長李応元、保安宮主委李金上、彰化県長卓伯源、前総統府資政許信良、各級の民意代表および三〇〇〇名

図序-1　青龍刀をもつ周倉とともに陸口に赴く関羽

出所）『三国志演義』第66回。

の郷親《じもとのひとびと》が、関聖帝君に恭しく花や果物を献ずる儀式を執り行い、祈願文を頌読し、鐘を打ち鳴らして、国家の安定、無災無害を祈求した。

ここに見える「関帝廟」の関帝（関聖帝君）とは、大方の読者にはすでに周知のとおり、姓は関、名は羽、字は雲長、中国の三国（魏・呉・蜀）時代の実在人物で、羅貫中『三国志演義』（中国では『三国演義』という）のなかにも登場する英雄をさしており（図序-1）、関帝廟はその御霊を祀った宗教施設である。そうした関帝廟の一つである台湾・雲林県の四湖保安宮への参拝に際して、林副県長は、東日本大震災の福島原発における放射能漏れが世界の人びとを震撼させたこと、同じ〝地球村〟の台湾民衆にもこの地球の片隅で発生した不幸な事件が深い哀悼の意をもたらしたことなどにも言及していて、儀式の約三ヶ月前に発生した東日本大震災が大きな影を落としていたことがわかる。

この四湖保安宮には一つの霊異伝説（=霊異説話。以下、霊異伝説に統一）が伝えられている。清代の康熙三六年（一六九七）、福建省泉州から七艘の木造船の船団が台湾へと渡航していると、黒い雲が湧き出て狂風が起こり、六艘が沈没してしまった。残りの一艘がいまにも沈没しそうになり、船頭がまさにマストを切り倒して沈没を免れようとしていたとき、山西夫子関聖帝君（関羽）が顕聖（=顕霊。以下、顕聖に統一）して船のうえに降り立ち、安全のためにもマストを切り倒してはならぬと手で指し示した。船頭は船倉に入って「だれか関聖帝君の神像をもっている者はいないか」とたずねたところ、呉授満の三歳の子供・呉佩が関聖帝君のお守りを身につけていたので、関聖帝君が救護してくれた理由がわかった。そこでみな船上に出て無事に上陸できるように関聖帝君に加護を祈ると、風は凪ぎ涙は和らいで、順調に台南の安平港に到着できた。彼らは関聖帝君の神恩に感謝して四九日のあいだ演劇を奉納したという。(1) 関羽は台湾へと渡航しようとする人びとを救う神、あたかも航海神――本来、福建・台湾など東南沿海部の航海神といえば女性神の媽祖（天妃、天后）を思い浮かべる――のように描かれていて大変おもしろい。

こうした霊異伝説が言い伝えられていること自体、きわめて興味深いものであるが、それについては後述するとして、さしあたりここでまず筆者が注目しておきたいのは、中華民国（台湾）政府の総統をはじめとする政府指導部が国泰民安（国家が安定して民が安らかであること）、風調雨順（気候が順調であり自然災害がないこと）、国家の安定繁栄、商売繁盛を祈願するために、国家の公式行事として関帝廟への参拝を行っていることである。これは関帝廟の主神である関帝、すなわち関聖帝君と国家とのあいだにきわめて密接な関わりがあることを明らかに示唆しており、また台湾のみで一〇〇万人（ちなみに台湾の人口は二〇〇〇万人ほど）とも表現される多数の人びとが同時に参拝するような篤い信仰を集めていることは注目に値する。

「首届海峡両岸関帝世紀大交流」

さらに、台湾のネット新聞『Lohas（楽活）澎湖湾』では、二〇一〇年六月一二日の「首届海峡両岸関帝世紀大交流（第一回台湾海峡両岸における関帝の世紀の大交流）」という記事のなかで、高雄・東照山関帝廟堂主（道教）の李吉田なる人物が関聖帝君について以下のように紹介したことを伝えている。

関公は歴代皇帝の封爵を賜り、仙聖となった。儒教では聖と称し、仏教では仏と称し、歴代皇帝が尊号を加えたので、関聖帝君は儒教・仏教・道教の三教合一の神霊となり、民間の士農工商の人びとの守護神ともなって、現在台湾ではきわめて多くの信徒を擁している。(2)

ここにも台湾の多数の人びとによる関羽（関聖帝君）信仰を確認できるほか、関聖帝君が「儒教・仏教・道教の三教合一の神霊」として明確に認識されていることがわかる。つまり少なくとも現在においては、関羽は儒教・仏教・道教など各宗教で幅広く崇拝される神霊として祀られる存在なのである。

なお、記事の標題からもわかるように、東照山関帝廟は、中国大陸側の関帝廟との交流の窓口となっており、二〇〇七年七月には、山西省運城（関羽の故郷）の関帝廟から本尊の「千年関皇大帝（関羽）」と息子の関平、武将の周倉の彫像、および宝剣・玉璽・関刀の三点の宝物を空路から迎え入れた。「関公文化フェスタ」に参加するためである。関羽の本尊は高さ約二メートル、幅と奥行きがともに一・四メートルの木彫像で、保存状態もよく霊験あらたかであるという。この関羽ら一行は最初に東照山関帝廟を訪れて大歓迎を受けた後、二年半をかけて台湾各地の関帝廟をめぐった。(3)

東沙大王関羽

最後に、もう一つきわめて興味深い関羽信仰の事例を紹介しておこう。現在、南シナ海の多数の島嶼が中国や台湾のほか、東南アジア諸国の領有権争いの対象となっていることは贅言を要するまでもなかろう。そうした島嶼のうち北東部に位置するのが東沙群島である。東沙群島はかつて日本人の西澤吉治が〝発見〟したとして内務省に編入願いを提出するにいたったが、清朝政府の抗議を受け、その領有権を承認（売却）したといういわくつきの島嶼である。第二次大戦中は日本が一時占領していたが、戦後は中華民国（台湾）が実効支配している。最も大きな東沙島には「東沙大王廟」という寺廟が設けられており、その碑文（東沙大王廟誌）には次のように記されている。

民国三七年（一九四八）の夏、関聖帝君の聖像が独木舟に乗って漂流し、〔東沙島の〕防区第三拠点に流れ着いた。全島の官兵は喜びのあまり現地に廟を建てて〔関羽を〕祀った。天意の庇護を承けて、信ずる者の求めにはすべて応じたので、いまにいたるまで信仰は受け継がれた。防区の官兵は敬って「東沙大王」と呼んだ。〔本廟は〕民国五五年（一九六六）には完成し、その後何度か増築されて現在の規模となり、防区官兵の精神的な寄りどころとなるだけでなく、南シナ海で漁業を営む漁民の心の支えともなっている。海軍陸戦隊四一四営支援連の全官兵、謹んで記す。中華民国八八年（一九九九）一二月三日。(4)

東沙島では関羽は「東沙大王」と呼ばれ祀られている。台湾あるいは中国大陸から遠く離れた絶海の孤島ともいうべき東沙島に漂着した関羽が、いわゆる〝国境の島嶼〟の守護神として祀られたわけである。官兵にとってはもちろん、漁民にとっても関羽は〝精神的な支柱〟として敬われたのであった。

これまで紹介してきた三つの記事から筆者が指摘したいのは、関羽が、国家元首自らが参拝するほどのきわめて重要な神霊であること、少なくとも儒・仏・道三教合一の神霊であり漢民族を中心として多数の信徒の信仰を集めていること、関羽に対する信仰が国家の統治する領域とのあいだに何らかの関係を有することである。然りとすれば、当然ながら、ここにいう国家とは中華民国、国家元首とは中華民国総統をさすことになるが――中華人民共和国は共産党の治政下にあって、こうした信仰を「封建迷信」(5)と見なしているため、関羽（関帝聖君）に対する儀式が国家の公式行事として行われる可能性はまずあるまい――、かかる事例に見られるような関羽信仰と国家（歴代王朝）の関係ははたしていつ頃からいかに歴史的に形成され、そこで関羽信仰はどのような役割を演じてきたのであろうか。

たとえば、キリスト教やイスラーム教などの一神教の世界では、一般に国家の領域統合と宗教とのあいだに濃厚な互恵関係が看取されるが、中華世界でも歴代王朝による領域統合——近代国民国家のように国境が明確に画定され、均質的な支配—被支配関係があったわけではなく、きわめて緩やかな統合であったとしても——と宗教のあいだに何らかの関係を想定できるのであろうか。もう少し具体的にいえば、後述するように、中華王朝の権威（王権、君権）は儒教や仏教（チベット仏教も含む）との連関関係のなかで説明されることはあったが、関羽のような民間信仰の神霊とのあいだに権威の相互補完的な関係は認められないのであろうか。さらに中華世界のなかへの多様な民族の包摂を想定するとすれば、漢民族以外の民族に対して関羽はどのように表現・解釈されてきたのであろうか。なるほど、これまで多数の歴史学者や文学者が関羽を取り上げてきたが、このように今後の検討に俟つべき課題は少なからず残されているといっても過言ではないだろう。

本書では、かような問題関心のもと、中国近世の民間信仰の神霊のうち、関羽を取り上げ、中国近世の王権、特に清朝皇帝の権威と関羽信仰との関わりについて詳細に考察を加えることにしたい。そこで本章では、第一歩として次のような手順を踏みながら議論の前提となる事柄を描出しておくことにしよう。まず先行研究に依拠しながら、中国近世の民間信仰の神霊に関する研究を振り返って論点を整理し、次いで歴代王朝における関羽信仰のあり方に焦点をしぼって残された課題をまとめる。続いて中華王朝の領域統合や皇帝の権威との関わりについて検討するために、清朝の理念的な領域観・世界観を一瞥するとともに、「版図」「疆域」という漢字を用いて表現された一定の領域の統治構造と空間認識について多民族国家・清朝の視点から整理を試みる。そして最後に清朝が「版図」「疆域」内において自らの王権の権威をいかに調達していたかについてこれまでの議論を一通り回顧することにしたい。

二　中国近世の民間信仰に関する研究

濱島敦俊・朱海濱の土神研究

中国の民間信仰の世界については、道教史・民衆思想史研究の泰斗である澤田瑞穂が著した『中国の民間信仰』（工作舎、一九八二年）を繙けばわかるように、玉皇大帝を頂点として東岳大帝、観音菩薩、媽祖（天妃、天后）、文昌帝君（梓潼君）、本書で扱う関聖帝君（関羽）など多数の神霊からなる祭祀体系が形成されていた。これらの神霊を取り扱った研究は枚挙に遑がないが、ここでは興味深く重要な論点を提出しているいくつかの論攷を中心に紹介することにしたい。

まず最初に民間信仰研究といえば、右に掲げた玉皇大帝など広く全国に名を知られ、地域性をまったくあるいはほとんどもたない「全国神」に対して、地方神とも称されるべき無名の「土神」――ある地域で形成され、その地域特有の霊異伝説を有し、したがって主にその地域で信仰される神[6]――の性格とその変質を地域社会の脈絡や巨大な社会変動から読み解いた濱島敦俊の大著『総管信仰――近世江南農村社会と民間信仰』が取り上げられねばなるまい。

濱島は、まず伝統社会において、ある文明の包括的な考察を試みようとすれば、民間信仰の分析も重要な作業課題になると位置づけている。なぜならそれはしばしば民衆の思考様式、社会結合、経済構造をも敏感に反映させるからである。濱島は地域の社会・経済・文化的構造をさぐる手立てとして民間信仰の有効性を主張するのである。

それは、一九五〇年代後期の反右派闘争における思想・学術に対する批判・弾圧によって、民間信仰研究を一種の禁忌とする知的情況が醸成され、基本的に無関心のまま放置されてきたという学界のあり方に一石を投ずるものであった。

具体的には、鄭光祖『一斑録雑述』巻七の抗租暴動に関わる記事に見られる、「魔物が取り憑いて誤った託宣を下し、民を惑わせた」として捕縛された江南デルタ固有の土神（金総管・劉猛将・李王・周神）に関わる信仰――これを総管信仰と呼ぶ――を分析し、明代中期にいたるまでにいずれの土神も漕運保護の霊異説話を有するようになったこと、これは郷居地主階層の切実な欲求、漕運の無事に応えるものであったこと、ゆえに総管信仰が江南デルタ農村の支配的信仰たりえたことなどを指摘した。さらに一六世紀半ば以降の商業化という社会経済構造の大変動のなかにあって、郷居地主階層の没落、江南デルタ農村の小農民の卓越する社会への変化という諸現象が惹き起こされると、これら土神は施米説話を獲得するようになり、食米の確保を切実に希求する小農民の欲求に応える神へと変質していったという(7)。濱島は、地域社会をめぐる社会的・経済的諸変動と民間信仰との相関関係の描出に見事に成功したのである。

濱島の丹念な追跡は総管信仰なる土神のみにとどまらない。城隍神という全国神にまで及んでいく。城隍神とは都市の守護神であり、冥界の一定領域の行政官であった。かかる点からすれば、本来、城隍神は州県レヴェル以上の都市にしか存在しないはずであった(8)。ところが、一六世紀半ば以降、商業化の進展とともに農村部に市場町(market town)＝市鎮が叢生するようになると、市鎮も省―府―州県と下ってくる行政系統に自らを位置づけようとし、上位の州県の城隍神を「鎮城隍」として迎え祀り、「解銭糧」と呼ばれる周辺農村の土地神の表敬を受ける活動が行われるようになっていく。商業化という巨大な社会的・経済的変動は、土神の霊異説話には内的な変質を、全国神の祭祀体系のあり方には外的な変化をそれぞれもたらしたのである(9)。

さらに濱島は、実在の人物が死後「鬼」ではなく疑うべくもない「神」となる不可欠の条件として、①生前の義行あるいは優れた資質（霊力をも含めて、常人以上の資質に支えられる）、②死後の霊異（不可視的に陰力で求めに応じて奇跡を施し、可視的にかたちをもって姿を現す）、③天の代理者たる皇帝の認証（廟額・封爵をさす。土神の場合、前王朝のものを偽造、当代王朝のものは皆無である。関聖帝君・観音菩薩・城隍神など全国神の場合には当代王朝の封爵・賜号あり）の三点を実証し、これら①〜③を内容とする霊異伝説が「巫師」＝憑依型シャーマンによって偽造されたことを解明した。神々の創出過程を綿密に検討したのである。[10]なかでも②死後の霊異については「かつて現世に在った「人」で、他人のために義行を積んだ人間は、無数に存在するであろう。しかし、その全てが死後に「神」となるわけではなく、圧倒的多数は無数の「鬼」となっていく。「鬼」から「神」を聖別するのは、死後にその人間が顕わす霊異である。つまりは、死後の奇跡を示すか否かによって決定される」[11]と強調し、その重要性を指摘している。

このように〝神々〟の誕生の過程を解明した濱島の研究は、中国近世の民間信仰研究の新たな地平を切り開いたエポックメイキングなものであったと評価できる。筆者も本書を執筆するうえで大いに示唆を受けた。なぜなら濱島が見事に実証したように、民間信仰の変容は民衆の思考様式、社会結合、経済構造を敏感に反映していただけでなく、皇帝や官僚、軍隊など国家権力を具現化するものとの関係においても、それらの意志や要求に従いつつ自らの姿を変化させていくのではないかと類推することも可能だからである。さらに一歩進めていえば、特に関羽のように有名かつ全国的な影響力をもつ全国神の場合、国家の政治・軍事的な意図が明瞭に反映される可能性が高いと考えられる。

そのほか、いわゆる土神を扱ったものとしては朱海濱の周雄神・胡則神信仰研究があげられる。[12]朱によれば、周雄神、胡則神ともに実在の人物が「神」となったものである。周雄は浙江省臨安府新城県の人で、生没は淳熙一五年（一一八八）〜嘉定四年（一二一一）、生前は「巫師」であったらしいが、死後に神となった。当初は南宋時代に東南地域に急速に拡大した五顕神の従神として祀られ、大量の霊異説話が作られた。しかし明初の淫祠取締り政策の強化のなかで摘発される危険性が高まったため、蘇州府常熟県の孝子周容より影響を受け、さらに元代の孝子たる周徳驥《しゅうとくき》の事跡を取り込みながら——いずれも周姓である点に注意したい——、新たな周雄孝子譚を〝創作〟した。明末清初以降になると水運保護神としての説話をも獲得し、農民・商人のみならず水運業者の熱心な信仰を集めるにいたった。こうした周雄神信仰の研究から、朱はある信仰が一定地域で存続・拡大するには、王朝中央の祭祀政策に迎合し、新たな説話を〝創作〟する戦略が必要であったことを指摘した。[13]

一方、胡則は浙江省金華府永康県の人で、生没は乾徳元年（九六三）〜宝元二年（一〇三九）、『宋史』巻二九九に立伝されている有名な地方官であったが、生前の評判は必ずしも良いものではなく、貪欲で私利私欲に走るなどといった批判もなされ、儒教的な価値観にそぐわない部分があった。ところが、早くも北宋時代には「衢州《くしゅう》・婺《ぶ》州《しゅう》の身丁税を免除した」という伝説が形成され、胡則信仰の萌芽が確認された。もちろんこうした伝説のみでは衢州・婺州以外の区域には伝播しないため、新型の伝説が加えられるようになり、明清時代には王朝の原理主義的な祭祀政策に符合するような神へと変貌していった。こうした過程で重要な役割を果たしたのが僧侶や士大夫層であったという。ここで朱は実在の人物が神となるためには、生前の事跡のみでは不十分で、右のように国家の政策に迎合するような別の霊異伝説が繰り返し創出されねばならなかったと述べている。[14]

以上のように、濱島と朱の民間信仰研究は、土神を中心としながら、歴史上の実在の人物がいかにして神となったかという疑問について多くの史料を駆使して実証し、特にそれを死後の奇跡、すなわち霊異伝説の創出とその変容のなかに見出そうとする点で共通している。かかる霊異伝説の創出の主役を担ったのは、「巫師」と呼ばれる憑依型シャーマンのほか、僧侶や士大夫層であったが、やはり宗教政策など国家の論理の影響を免れることはできず、むしろそれに迎合するかたちで霊異伝説の創出がなされたことも看過してはならない。民間信仰に見られる霊異伝説は〝下からの〟民衆の思考様式、社会結合、経済構造を敏感に取り込んだが、また同時に王朝国家の〝上からの〟要請にも柔軟に対応していたのである。

愛宕松男・李献璋・森田憲司の全国神研究

続いて全国神として有名な媽祖（天妃、天后）と文昌帝君（梓潼君）に関する研究を取り上げてみたい。前者としてまず紹介したいのは愛宕松男「天妃考」である。[15]

愛宕によれば、福建省莆田県湄州嶼に起源を発する天妃は、生前は巫師であり、死後は神となったが、疫災旱雨から民衆を救う「陳腐な一個の郷土神に過ぎなかった」[16]。宋代の宣和五年（一一二三）には順済、紹興二六年（一一五六）には霊恵夫人、同三〇年（一一六〇）には霊恵昭応夫人、乾道三年（一一六七）には霊恵昭応崇福夫人、淳熙一〇年（一一八三）には霊恵昭応崇福善利夫人と着実に号を晋め、紹熙四年（一一九三）には霊恵妃に封爵されたものの、やはり「封鎖的性格に強く彩られた郷土神」であることに変わりはなかった。[17]ところが、元代の至元一五年（一二七八）になると、護国明著霊恵協正善慶顕済天妃に封ぜられ一転して「天妃」となり、さらに清代の康熙二三年（一六八四）に天后と称せらるるにいたった。愛宕は元代の「天妃」の誕生に神としての転換期を読み取り、これ以降、航海守護の海神――元朝成立時の水軍援護、その後の国家的事業としての海運の発達（海漕は張瑄・朱清らによって担われ、彼らは朝廷における天妃の代弁者となった）と深く関わる――として天妃信仰は急速な地域的拡大を見たとする。[18]それは在来の諸海神（南海広利王廟、伏波将軍廟、臨水夫人廟など）を征服あるいは包摂しながら、普遍的な海神へと成長していく過程であった。

また愛宕は、天妃の伝説についても取り上げ、①天妃の履歴が後世に虚飾・仮託されて、加上説的に豊富になっていったこと、②海神の功徳を表現するものとして天妃の難破船に対する啓示様式に一定のパターンが見られることに注目する。前者については、元代に天妃が北宋初の都巡検林愿（孚）の季女であるとする説話を獲得したことに、純然たる庶民の世界から一躍士大夫の世界へと飛躍した、すなわち士大夫層の信仰を得るにいたった変化を見出している。[19] 後者については『咸淳臨安志』巻七三、所収の丁伯桂「順済廟記」（南宋末）の記載をあげながら、「天妃の海難を救うに際しては、先ず漆黒の空中より紅燈――一に神燈とも云う――が現れ、やがて其が難破船隻の檣上に降り来るものとされている」[20] と、宋代にはすでに天妃の神体の出現方法が確立されていたという。ただし信仰の拡大のなかで、普遍性を獲得すべく、たとえば銭塘江の決壊にも奇跡を現したとするような新たな霊異伝説が創出され、莆田の郷土神から次第に脱皮していった。

このように元代に東南沿海部のみならず、華北は直沽（天津）にまで拡大した天妃信仰も、明代の永楽一三年（一四一五）に海運が廃止されると、「海運の守護神としての天妃が永楽以来永く史上から消滅するのは止むを得ない事柄であろう」[21] と衰退が指摘されるようになる。しかしその後、清代道光年間に海運が再興されると再び出現し、明清時代を通じて海運・河運（大運河による漕運）の守護神としての地位を保ち続けた。また一方で、永楽初年の鄭和の大航海をはじめとする海外諸国への渡航保護に霊験を顕したほか、工部右侍郎の趙文華が倭寇討伐にあたって天妃に祈禱するなど海寇防御にも功績を上げた。こうした趨勢は清代にも受け継がれていき、康熙一九年（一六八〇）に「護国庇民妙霊昭応弘仁普済天妃」に封ぜられ、その後、水師提督施琅の台湾遠征に神助があったとして天后の位にまで昇りつめたのである。[22]

この愛宕の研究成果と並べて紹介すべきものに李献璋『媽祖信仰の研究』がある。[23] 李の研究は三篇一五章・附録・資料篇からなるきわめて大部な研究業績といってよい。その冒頭で李は次のように述べる。「霊蹟の伝説とそれを実証するかの如き朝廷の封賜は、両者相俟って信仰を煽り、崇祀を拡大せしめるが、各地への普及伝播にはそれぞれの契機があり、反応も一様ではない。その伝播するに至った歴史的背景を明らめ、伝播せられた地方における摂受の態様、旧有の類似神明との相剋・融合など、そこの信仰に如何なる影響を及ぼし、或は如何に変容させられたか、を問題にしなければならぬ[24]」。すなわち李は、当時の中国の神々に関する研究が、残念ながら表面的な現象を指摘すれば事足れりとする段階に止まっており、今後は神々の伝説の変化発達を跡づけ、時代・環境の影響、内部的運動の様態を一つひとつ探究するような考証を目指さねばならないと強調したのである。

李による媽祖信仰の歴史的展開――たとえば、歴代王朝による媽祖への封賜、媽祖信仰の発生と伝播、霊験譚の誕生と変化など――の検討については、さきの愛宕の研究とほぼ同時期に公開されたこともあって重複する部分が少なくない。ゆえにここでは李の研究の独壇場ともいいうる『天妃顕聖録』の成立と影響、日本への媽祖信仰の伝来に関する分析を紹介しておきたい[25]。前者では、おそらくは明代の永暦年間（一六四七～六一年）に編纂されたと推定される『天妃顕聖録』に見える数多くの霊異譚について、李は他の神々をも含めて霊異譚の継承関係を事細かに考証しており、『天妃顕聖録』の編纂の過程・背景が手に取るように理解できる。ただし字句の異同に拘泥するあまり、霊異譚＝霊異伝説のダイナミズムが十分に語り切れていない点が惜しまれる。一方、後者では、長崎の漳州寺（分紫山福済寺）・南京寺（東明山興福寺）・福州寺（聖寿山崇福寺）が取り上げられ、黄檗宗の隠元禅師との関係や、唐商の航海守護を目的とした媽祖信仰について初歩的な検討が行われている。

以上、愛宕・李の研究はともに代表的な全国神である媽祖（天妃、天后）信仰について本格的な実証分析に着手した注目すべきものである。ともすれば、神々の経歴を表面的になぞり、二、三の史料に神霊の霊異を語らせるだけの安易な手引書的な書物が多いなかにあって、多数の史料を収集・分析し、比較検討しながら、媽祖信仰の実態を多面的に明らかにしようとした愛宕・李の研究は、戦中・戦後の中国民間信仰研究の初期段階においてきわめて興味深いアプローチを提示したものとして位置づけられる。

最後に、文昌帝君（梓潼君）を扱った森田憲司「文昌帝君の成立——地方神から科挙の神へ」を回顧しておきたい。[26] 森田によれば、梓潼神に関する説話は早くも唐代に見られ、宋代には王均の乱（咸平二〜三年、九九九〜一〇〇〇）にも霊験が確認された。いずれの場合にも共通するのは、中央有事の際に蜀地（現在の四川省）と関わりをもった君主に対し、蜀地を代表する神としてそれを出迎え、彼らの中央復権に力を貸すという語りであった。[27] すなわち梓潼神は蜀の地方神でありながら、中央と密接に結びついた霊異伝説を創出する——濱島のいう巫師によるものであろうか——ことで、神としての権威を調達し、実際に紹興二七年（一一五七）には宋朝によって英顕武烈忠佑広済王に封ぜられた。

ところが南宋時代にいたると、梓潼神は科挙と結びついた説話を有するようになる。受験生が科挙に応ずる前に廟に禱って夢告を乞うと、神が応えて合否やその時期、あるいは問題を示すというものである。[28] そして南宋・理宗の時代に江浙各地に梓潼神の祠廟が設けられていくが、その背景にはモンゴル軍が四川に侵入し、成都が陥落したため、官途に就いて江南に居住していた四川の人びとが帰るべき故郷を失ってしまったことがあった。この頃、梓潼神は科挙の神としての一面をもつことで、すでに蜀の地方神から全国神へと変貌し始めていた。その後元朝による科挙廃止で一時衰退したものの、科挙が再開されると再び人びとの関心を得るようになり、延祐三年（一三一六）には公式に文昌帝君に封ぜられ、学校に祠廟が造られた。明清時代にはあまり厚遇されなかったが祀典に列せられ、国家祭祀は継続されたという。[29]

森田による文昌帝君（梓潼君）の研究は、前述の濱島の研究にも強い影響を与えており、濱島は、蜀の地方神が士大夫層の重要な関心事であった科挙説話を獲得しながら全国神へと発展を遂げていく過程を鮮やかに実証したと高い評価を与えている。[30]

関羽信仰研究

次に本書で取り上げる最も著名な全国神の一つ、関羽（関聖帝君）に関する信仰について先行研究を回顧・整理しておきたい。

関羽信仰の成立と普及については、戦中期における井上以智為の先駆的な研究をはじめとして、原田正巳、プレゼンジット・ドゥアラ（Prasenjit Duara）、郭松義、小島毅、李偉実、張羽新、大塚秀高、洪淑苓、山田勝芳、李福清（B. Riftin）、蔡東洲・文廷海、朝山明彦、包詩卿、朱海濱ら多数の諸先学によって、主に歴史学・文学の分野からさかんに整理・検討がなされてきた。そこでは他の神霊と同様、宋以降の歴代王朝による祭祀や封号の整理のほか、神としての関羽に期待された役割、すなわち武神（国家の鎮護）・伽藍神（寺観の守護）・財神（商売繁盛・金儲け）としての姿の確認などが行われ、広く国家祭祀から民間信仰までをも視野に入れた関羽信仰の歴史の復原に成功している。(31)

これら関羽信仰に関する多数の論攷のうち、井上以智為の一連の研究は、いまだ十分な史料の公開がなされていない時代にあって、最も網羅的に史料を収集しながら分析を行っており、関羽信仰の歴史的な変遷を理解するうえで必読のものであることは間違いない。詳細は第一章のなかで述べるが、関羽信仰の歴史を「唐代創草期」「宋元発展期」「明代最盛期」「清代整頓期」の四期に分かって俯瞰的な説明を加えており、大変参考になる。井上によれば、関羽信仰は清末までには「忠義神武霊佑仁勇威顕護国保民精誠綏靖翊賛宣徳関聖大帝」と帝号のうえに一一もの封号を冠するほど隆盛を極めており、(32)清朝が関羽信仰とのあいだに歴代王朝をはるかに凌駕する〝特殊な〟関係を結んでいたことを想像させる。

また山田勝芳は関羽信仰の必ずしも「中華」地域のみに限定されない、満洲・朝鮮・日本など周縁地域をも含んだ空間的な広がりについて概説的な叙述を行っており、東・北東アジアの枠組みにおける関羽信仰の幅広いあり方を描き出している。

一方、関羽信仰の本家である中国における研究のなかで、筆者が最も注目に値すると考えるのは張羽新の論攷である。なぜなら、それは「清朝はなぜ関羽を崇拝したか」という、王朝国家（清朝）と宗教（信仰）の関係を検討するうえできわめて重要な問題を正面から扱っているからであり、その結果として次のような結論を提示した。

第一に、清朝は入関前から『三国志演義』を政治・軍事の教科書として用いていた。入関後の関羽崇拝もその影響を強く受けたものである。第二に、清朝は軍魂・戦神として関羽を奉じ、その威霊・加護による勝利を期待した。第三に、清朝は関羽の忠義を政治的に利用し、政権・秩序の安定を企図した。[33]

張羽新の論攷は、清朝がなぜかくも熱心に関羽を信仰したかを解明しようと試みた初の専論として、多大な価値を有している。しかしそこに提示された結論のうち、第一は、実証面において必ずしも十分とはいえない部分があり[34]、第二および第三も、文献史料の網羅的な収集、緻密な考証・解釈を行ったというより、むしろ一般的な関羽信仰にイメージされる忠義や武勇に安易に結びつけて語っているように思われ、さらなる再考の余地を残しているといわざるをえない。

本書では、かかる張の結論を大枠では認めて参考にしながらも、大雑把で曖昧な議論に終始するのではなく、きわめて具体的な問題設定、たとえば上述のとおり、清朝の「版図」「疆域」と宗教、それらをつなぐ霊異伝説のあり方、神の霊異と皇帝の権威との結びつきといった生々しくも荒々しい事態を想定しつつ、その背後に潜む人間の観念の深遠さを、関羽を事例として抉り出してみたい。

三　清朝の統治構造、王権と宗教に関する研究

伝統中国における理念上の領域観・世界観

次いで本書を展開するうえで欠くことのできない清朝の「版図」「疆域」という概念について先学の研究を振り返っておきたい。周知のとおり、伝統中国の領域観・世界観についてはこれまで多くの研究者がこれに論及してきた。ここでは歴代王朝のなかでも、特に清朝の統治構造および周辺諸国をも含めた空間認識に着目しつつ整理することにしよう。清朝の領域観・世界観はいったい何を基準として説明されてきたかを考えてみる必要があるように思われるからである。

伝統中国の理念上の領域観・世界観といえば、当然ながら王土思想が真っ先に思い浮かぶであろう。「普天の下、王土に非ざるなく、率土の浜、王臣に非ざるなし」（『詩経』小雅、北山）、「近き者説び、遠き者来たる」（『論語』子路）の語に表現されるように、皇帝による徳治が同心円的に無限に広がり、それは教化を民間側が自発的に受け入れて慕い寄ってくることを前提としている（図序-2）。すなわち教化を受け入れ、皇帝の統治の恩恵に浴した民の生活空間が皇帝の統治する領域として暫定的に定まるといった図式である。[35] この無限に広がることを前提とした一応の境界は「版図」「疆域」と呼ばれ、近代的な「国境」「国土」「領土」概念（絶対的かつ均質的に権力が自らの意思を浸透させる）とは大きく異なっていた。ちなみに「版図」

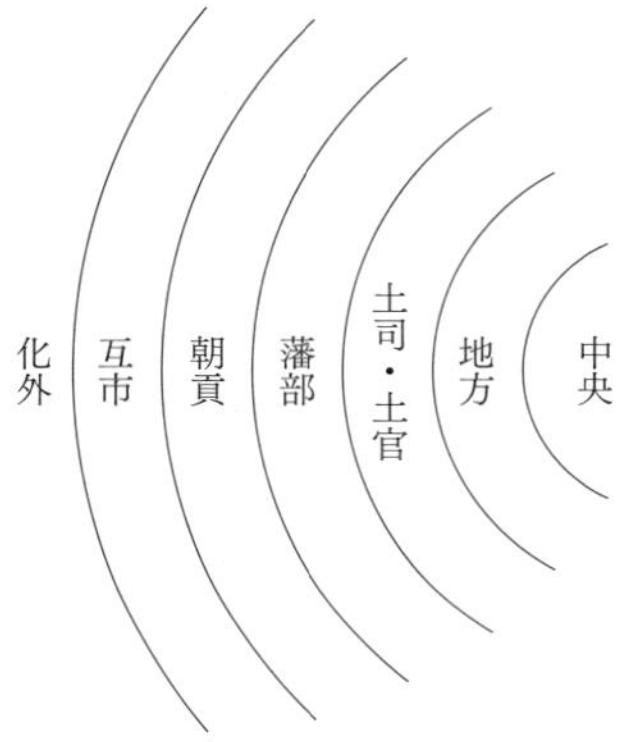

図序-2　華夷秩序の外延構造

出所）濱下武志『朝貢システムと近代アジア』9頁。

とは『清史稿』巻二八三、列伝、論曰に「王朝には疆宇があり、これを「版図」と謂う。「版」とは民の有ること、「図」とは地の有ることを言う」と見えるように、版＝人民、図＝土地の熟した語である。

それでは、しばしば用いられる「中華」という語と「版図」「疆域」は置換可能なのであろうか。周知のとおり、中華思想（華夷思想）はきわめて抽象的な概念であり、「夷狄」（四囲認識としての東夷・南蛮・西戎・北狄）と対になって用いられる語である。[36] たとえば清朝の「版図」の一部として記されるチベットは「中華」といえるであろうか。平野聡によれば、清朝はチベットが「版図」の一部であればよく、「版図」編入後も「夷」のままでよいとした。[37] このような事例を敷衍すれば、「版図」「疆域」は抽象的・文化的な「中華」との置換が不可能であり、一方「天下」に比較すれば、より実際的・現実的・政治的な空間であった（天下＞版図・疆域＞中華）と考えてよかろう。

濱下武志の朝貢システム論

清朝の統治構造については非常に多くの研究が存在しており、代表的なものとしては濱下武志、[38] 茂木敏夫、[39] マーク・マンコール（Mark Mancall）、[40] 片岡一忠、[41] 石橋崇雄、[42] 石濱裕美子、[43] 平野聡、[44] 濱田正美[45]らの研究があげられる。本書は直接的に政治・外交史の視点から清朝の統治構造を問うものではないため、以下ではこれらの諸研究の内容のうち、本書に関わる部分のみについて簡潔に整理・紹介することにしたい。

まず濱下武志は清代中国と周縁関係について考察するなかで、従来のいわゆる西嶋定生説＝一元的国際秩序観を批判し、朝貢—冊封体制は華夷秩序の一部分であるとしたうえで、主に次の①〜⑤からなる統治構造を提示した（図序3）。すなわち①少数民族の指導者を土司・土官として地方官に任命する間接統治、②理藩院によって管轄されたモンゴル、チベットの例を代表とする異民族統治（藩部）、③ゆるやかな関係としての朝貢による統治、④最も外周に位置する相互的関係の色彩が強い互市国、⑤教化が及ばない「化外の地」である。

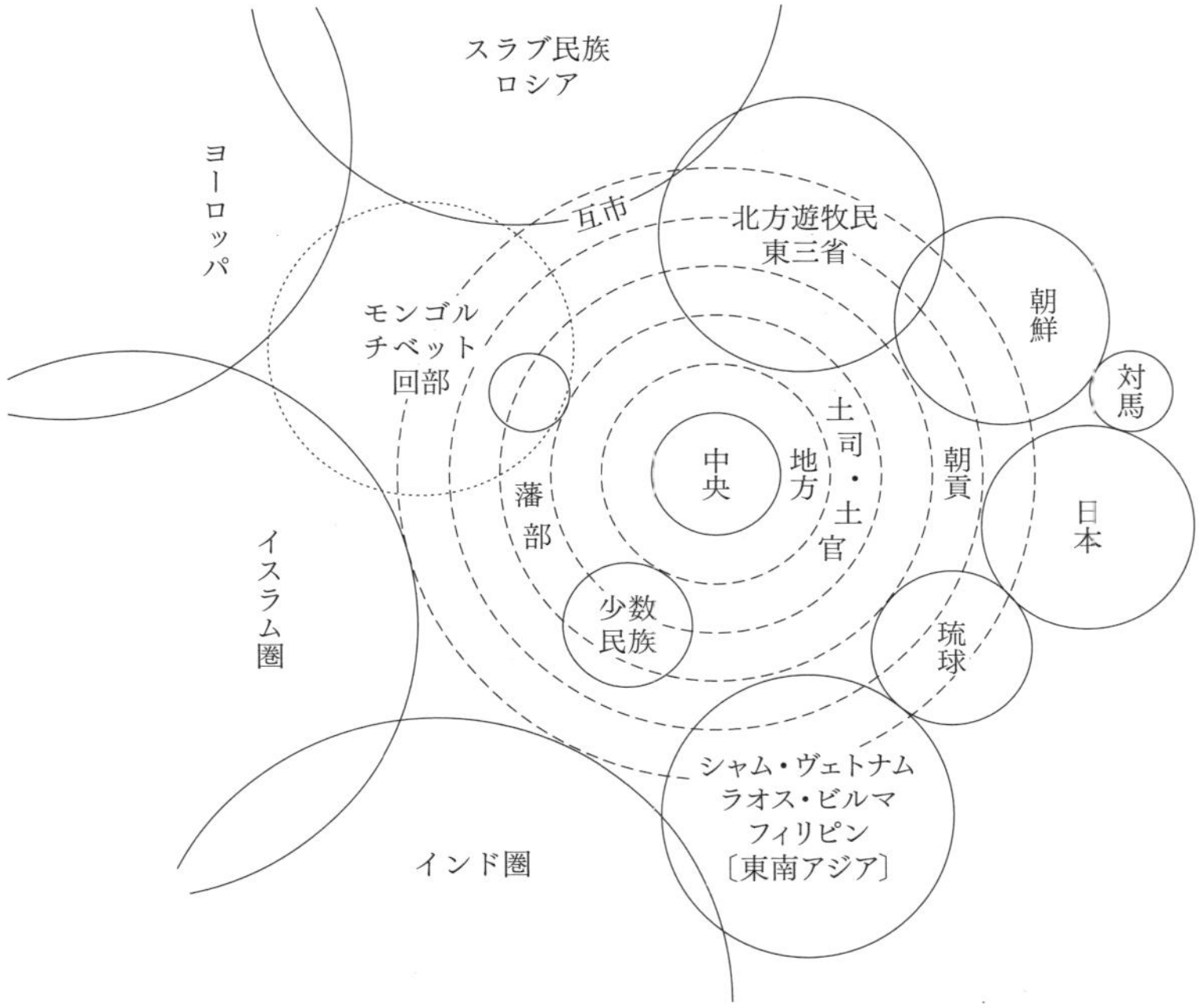

図序-3　中国と周縁関係（清朝を中心として）

出所）濱下前掲書 10 頁。

この濱下説については現在さまざまな方面からの批判がなされ、再検討が進められつつあるが、西嶋定生以来の冊封体制論[46]に視座の転換を迫った点では十分に評価されるべきであろう。なお、茂木敏夫は、教化を自発的に受け入れて自ら慕い寄って来る者以外に、たとえ「版図」の内部であっても、例外的に教化を受け入れない頑迷な者があれば、それを「化外」と称するとした。すなわち「版図」の外側においてのみ「化外」が存在したわけではなく、内側にも「化外」と称すべき者があったのである。

マーク・マンコールの「東南の弦月」「西北の弦月」

次いでマーク・マンコールは自然条件、社会経済の実態などを考慮したうえで、「二つの弦月」説を提唱した。すなわち清

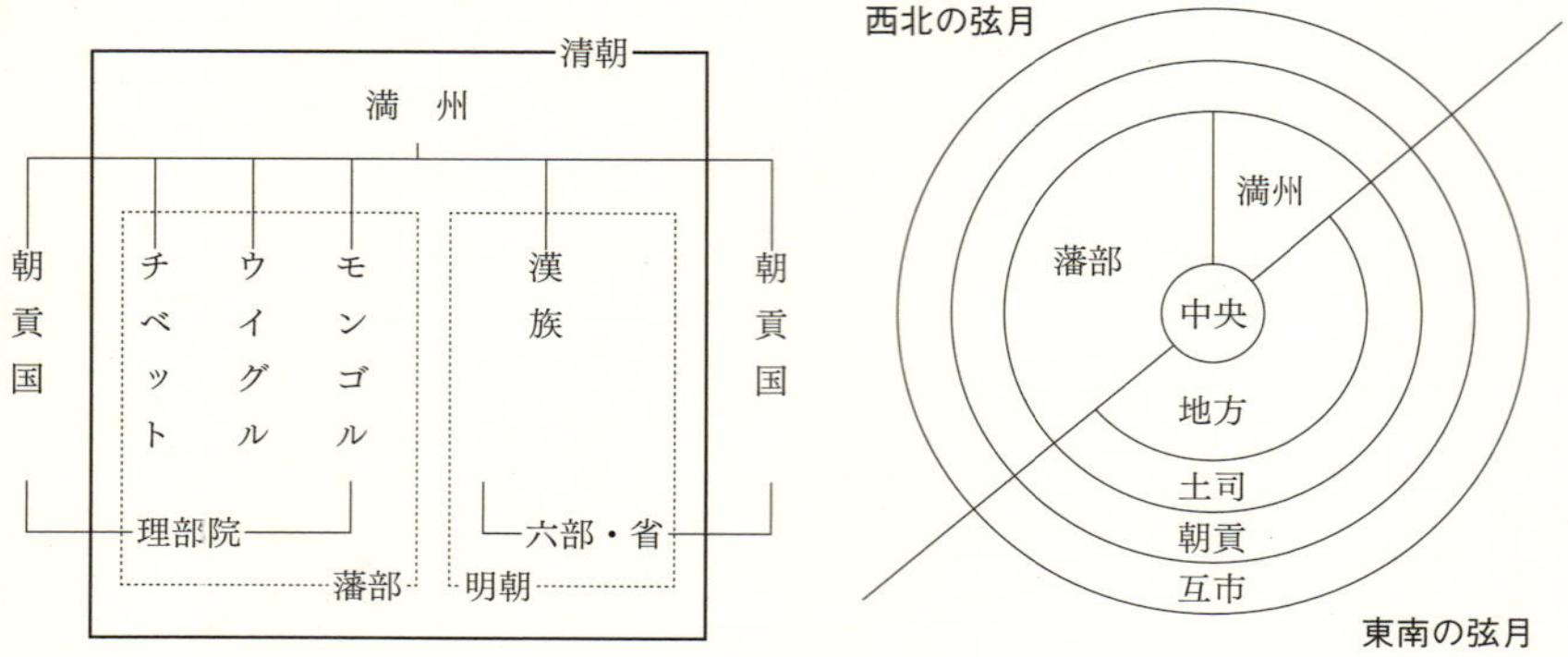

図序-4　清朝の統治構造

出所）茂木敏夫『変容する近代東アジアの国際秩序』17 頁。

朝は、一方で旧明朝の「版図」を受け継ぎ、中華皇帝として振る舞って文化的一元主義を採用する中国歴代正統王朝であるとともに、もう一方では満洲族・モンゴル・トルコ系ムスリム（ウイグル）のハーンとして満洲人王朝の側面をも有していた。こうした二元的世界観をマンコールは図のような「二つの弦月」に譬えて説明したのである（図序-4）。

「東南の弦月（the southeastern crescent）」とは東・東南沿海部をさし、政務機関として六部を設置、省制を実施した。また「西北の弦月（the northwestern crescent）」はモンゴル・チベット・新疆の地をさし、藩部を設けて理藩院に政務を担当させ、基本的に漢民族の移住を禁止して、漢民族社会からの隔離を行った。さらにそれぞれの弦月に首都が置かれ、二つの首都の使い分けがなされた。「東南の弦月」に位置する北京（京師）は、明朝の首都＝北京を継承したもので、漢民族支配の円滑化、つまり人口の流動性の容認、郷紳・宗族の権威の追認、中央集権的な支配の再編を目的とする。一方、「西北の弦月」に位置する熱河（現在の承徳）は長城の北側、満洲・モンゴルと中国との接点にあり、避暑山荘・離宮が建設され、皇帝（ハーン）たちが毎夏一定期間を過ごしたほか、ラマ僧を招来したり、中央アジアの朝貢使節を接待したりした。また木蘭囲では満洲族の風習を色濃く残した狩猟が行われ、内陸アジア諸民族の首長としての姿をアピールしたという。

片岡一忠の「清朝支配体制の二層構造」

こうしたマンコール説に対して、朝賀規定からの構造分析を行った片岡一忠は、清朝支配体制の重層性＝「清朝支配体制の二層構造」を提示した（図序-5）。二層構造の上部にはハーン─内王（八旗）─外藩王公（外藩・ジャサク旗、図序-6）からなる「ハーン体制」を措定し、外藩（理藩院体制）にはチベット（西蔵、ダライ＝ラマ）、ジャサク旗にはモンゴル族首長、ハミ（哈密）・トルファン（土魯番）の回王が編成され、親王・郡王・貝勒・貝子などの爵位を授けられたほか、外藩のさらに外縁にカザフ（哈薩克）、コーカンド（霍罕）、グルカ（廓爾喀）などが位置づけられた。一方、その下部には皇帝─中央（六部体制）─地方─土司・土官─朝貢国─互市国と下ってくる「中華王朝体制」があるとした。

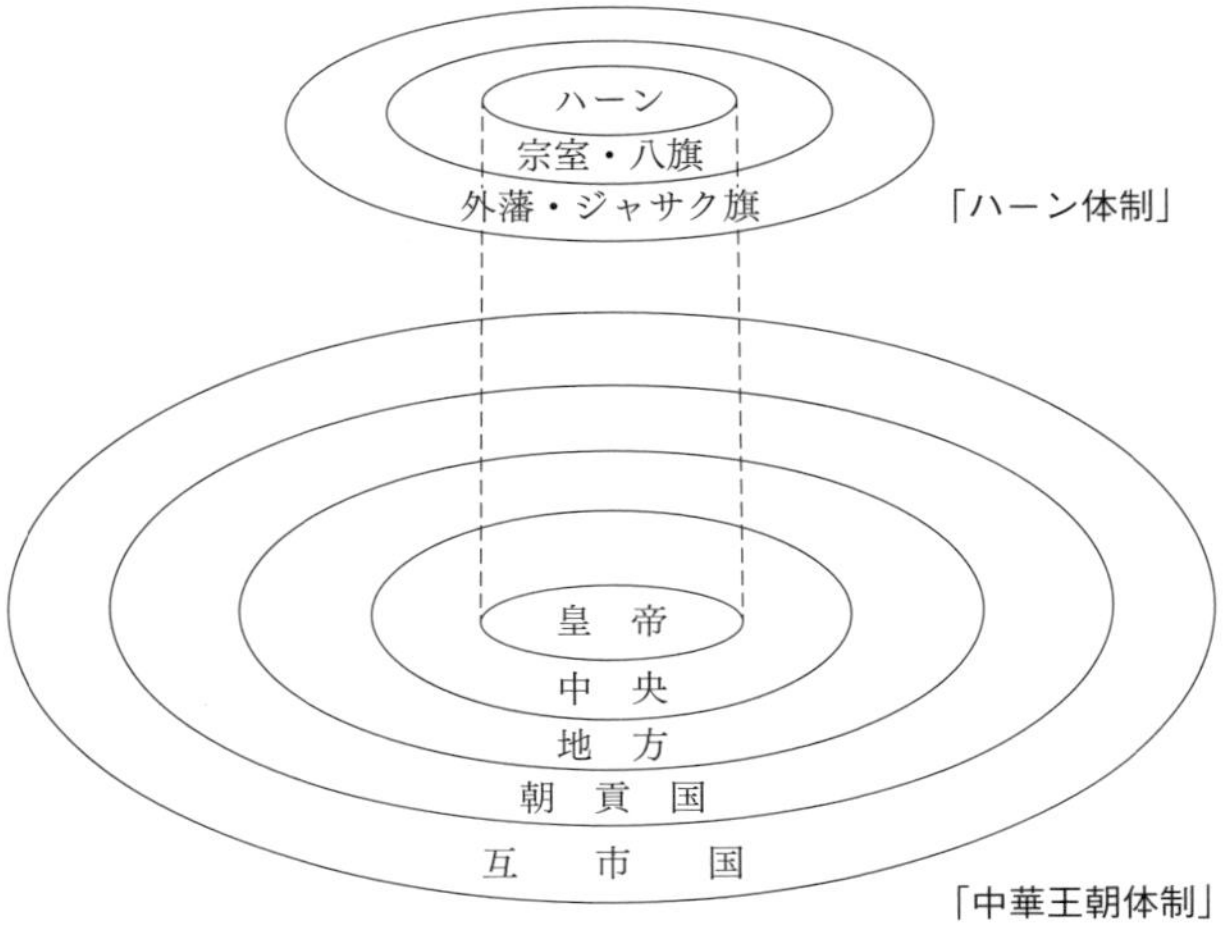

図序-5　清朝の支配体制概念図

出所）片岡一忠『中国官印制度研究』382 頁。

以上、濱下武志、マーク・マンコール、片岡一忠の議論を振り返ってみると、清朝の統治構造を特に中国王朝的な視点によりつつ一面的に捉えるものから、中華皇帝（漢民族）とハーン（内陸アジア諸民族）という二面性を強調す

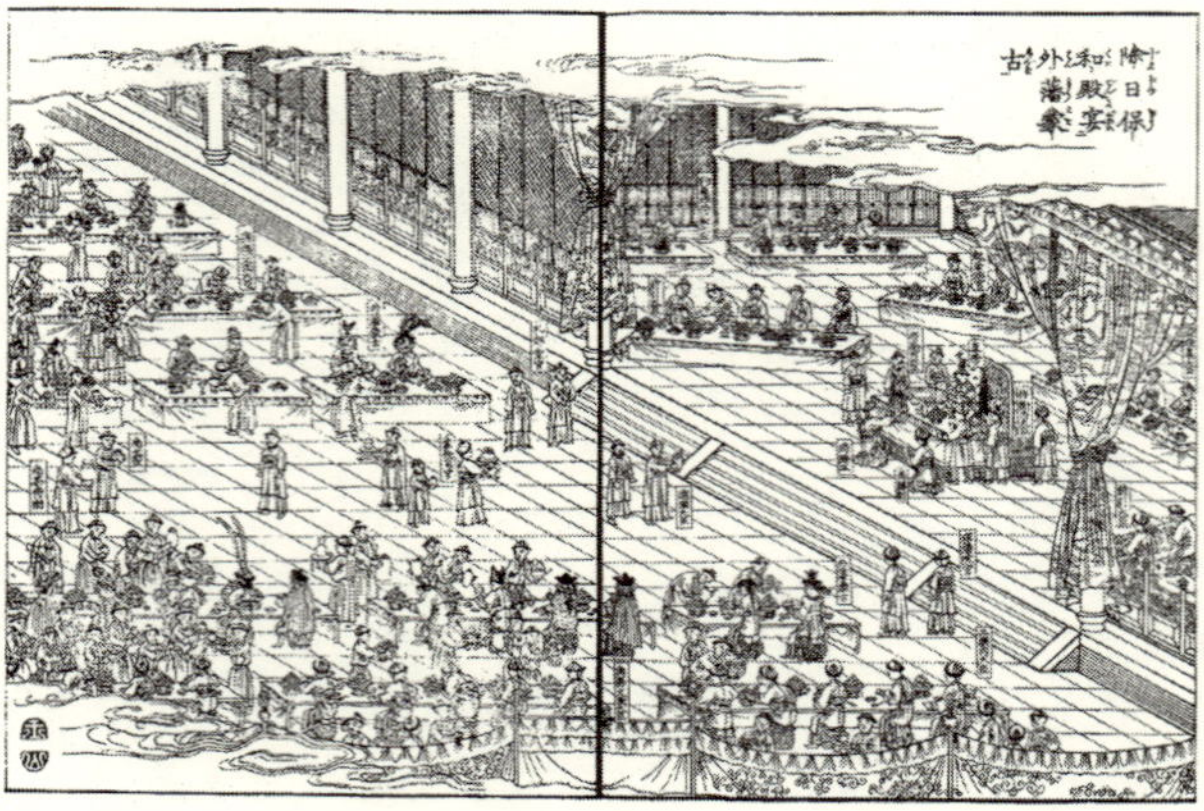

図序-6　外藩王公への賜宴図

出所）片岡前掲書 374 頁。

るもの、さらにそれを重層的・多層的に理解するものへと深化を遂げていることが判明する。

石橋崇雄の「多民族王朝＝清朝」

では、本書の主要な検討課題である清朝の王権と宗教との関わりに視点を移した場合、これまでどのような議論が展開されてきたかを整理・紹介しよう。

たとえば、石橋崇雄は太宗ホンタイジの皇帝即位典礼を俎上に載せつつ、「多民族王朝＝清朝」を強調し、主に以下の四点を指摘している。

第一に、太宗ホンタイジは満洲（マンジュ）族・モンゴル族諸王・漢族武将などの推戴を受けて皇帝位に即いた。これは満洲族固有の社会に立脚するハーンが中国的な皇帝を兼ね、国内的にハーン＝皇帝としての支配を始めた一大分岐点といえる。第二に、この皇帝即位を契機として、清朝としての公的な祭天典礼の場がシャーマン（薩満）教の堂子から中国的な天壇へと移り、必然的に堂子における祭祀は満洲族における私的な祭祀にその性格を変えざるをえなかった。第三に、皇帝即位の三日間の儀礼はいずれも最後に的を立たせて弓の名手らに射させる儀礼を実施した。これは金代女真のシャーマン教による拝天の祭儀に付随する「射柳」を継承したものであった。最後に、以上の諸事実から、清朝は中国的な祭祀と満洲族本来の信仰であるシャーマン教との祭祀の並存・両立を図っていたことが判明する。

石濱裕美子、平野聡の清朝―チベット関係研究と濱田正美の「塩の義務」

次に清朝―チベット関係研究の成果として石濱裕美子、平野聡のそれを紹介したい。

石濱裕美子は転輪聖王（cakravartin）思想に着目し、チベット・モンゴル・満洲諸語の一次史料を使用しながら、清朝皇帝とチベット仏教との関係についていくつかの興味深い論点を導出していて、きわめて注目に値する。

一つ目に、清朝の乾隆帝はティソンデツェン王、クビライ＝ハンに「意識的に」倣い、菩薩にして転輪聖王たる存在として君臨した。二つ目に、一人の皇帝を頂点にいただく階層的構造を呈する中華世界の世界観とは対照的に、菩薩王が君臨するチベット・モンゴル・満洲の世界観は、複数の菩薩がそれぞれの国で仏教と有情の利益のために働く複眼的な世界観を結び、全体としてチベット仏教世界という「場」を構成していた。三つ目に、清朝皇帝の王権像は、漢人に対しては儒教に則った天子、満洲人に対しては族長、チベット仏教世界に対しては菩薩王として君臨していたのである。

一方、平野聡は政治学の立場から、清朝とチベット仏教共同体との関係を考察し、大意以下のような結論を提示している。

第一に、清朝はチベット仏教共同体の勃興という事態に直面して、自らの権威だけで皇帝権力を行使することは不可能であり、単にダライ＝ラマへの敬意を表明するだけでも不十分であるという事実を発見し、逆にダライ＝ラマを頂点とする「仏教権威の完全な擁護者」に徹することで初めて清朝権威の発揚と権力行使の実現が可能であることを学習した。第二に、しかし清朝はチベット仏教を利用したのではなく共同体に参加したのであって、清朝皇帝の主観レヴェルの帰依は明らかである。チベット仏教共同体に参加してその論理に組み込まれることで、清朝は

写真序-1　サムイェ寺を模した普寧寺大仏殿（承徳）

出所）筆者撮影。

写真序-2　チベット最初の僧院・サムイェ寺

出所）平野聡『清帝国とチベット問題』4頁。

黄帽派最大の施主となり、政治権力化した教団とのあいだに「檀越関係」を基盤とした政治的・宗教的関係を確立した。第三に、史上空前の盛世を実現した乾隆帝は、本質的な世界支配の欲求に基づいて、清朝自身の「儒教と仏教の二重帝国」化を真剣に追求しさまざまなイデオロギー操作を実施した。第四に、乾隆帝は熱河（承徳）の避暑山荘を積極的に利用し、外八廟など多数のチベット様式仏教寺院を建設した（写真序-1～4）。この宗教政治祝祭空間を訪れたモンゴル・チベット・トルコ系ムスリムは、漢・満・モンゴル・チベット・トルコの五言語で満たされた空間で皇帝と対面した。第五に、かくして清朝皇帝の権威とチベット仏教は「中外」の壁を相互に乗り越えたが、中国・中華と儒教の文化的側面は越えなかった。ゆえにチベット仏教との関係から見た清朝の天下支配は仏教による統合として完成した。

このように石濱と平野は同じく清朝とチベットの関係を論じているが、互いの見解は大いに異なっており、特に平野の、満洲・チベット・モンゴルなどの民族のうえに「版図」統合のみならず、現在の中国につながる「ナショナリズム」の原型をも見出そうとする発想は、石濱のみならず杉山清彦からも強い批判を受けている。そのほかにも漢文史料があくまでも漢民族向けに記されたものであることが十分に意識されていないことなど、史料の取り扱いにも十分な注意と配慮が必要なことに気づかされる。(47)

最後に濱田正美は、東トルキスタンのムスリムにとって清朝の支配はいかに「合法化」されたかという命題をたて、清朝とムスリム双方の立場から検証を試みる。ホンタイジのときにモンゴル諸王侯からボグド・セチェン・ハンの称号を与えられた清朝から見れば、ジュンガルは「臣僕」にすぎず、東トルキスタンを「版図」に加えること

写真序-3　ポタラ宮殿を模した普陀宗乗之廟（承徳）

出所）筆者撮影。

写真序-4　ポタラ宮殿

出所）平野前掲書5頁。

は、天命を受けた清朝の当然の権利もしくは義務であった。一方、ムスリムは軍事征服による清朝の統治を「合法化」はおろかいささかも是認せず、つねに抵抗を続けていた。しかしムスリムのなかにも清朝の統治の一端を担った人びとが存在したことも事実であり、彼らは清朝皇帝に対する「塩の義務」を遵守しようとしていた。それを現実の統治体制への忠誠あるいは容認と言い換えるならば、現在も多くのムスリムは「ジハード」と「塩の義務」とのあいだに依然として立ち続けていると濱田は結論づけている。

四　本書の目的と構成

本書の目的

清朝の統治構造と空間認識や近世東アジアの王権と宗教に関する先行研究は膨大な数にのぼる。本書で取り上げる清朝の王権と宗教の関わりに限って、もう一度振り返ってみても、中国的祭祀と満洲族本来の信仰＝シャーマン教の祭祀を検討した石橋崇雄、チベット仏教世界との関わりから清朝皇帝の王権像、清朝の天下支配を論じた石濱裕美子、あるいは平野聡の研究が、満洲族や漢民族をはじめとする多民族を包含した巨大帝国としての清朝の一断面を分析したものとしてきわめて示唆的であるといえよう。

ただし誤解を恐れずあえて指摘するならば、いずれも満洲史ないしチベット史の立場から清朝の王権像・統治構造を正しく解釈・提示したものであるとはいえるものの、そのアンチテーゼとしてあるべき、被支配民族として人口のうえで圧倒的大多数を占める漢民族については、単に中華皇帝としてのみ説明されており、天子としての側面を除けば、特に世俗的・宗教的観点からの説明は少ない。本章の冒頭でも触れた、漢民族の儒教・仏教・道教――

儒教・仏教的な側面についてはかなりの研究蓄積が存在する[48]――、とりわけ三教が融合した民間信仰の神霊との関係については、ほとんど論及されていないといってよい。このような視点をも含めて清朝の王権と宗教の関係を総合的に描出してこそ、はじめて中国近世の国家と宗教（民間信仰をも含む）について全体像を提示できるのではないかと筆者は考えている。

しかし残念ながら、筆者はこれまで中華皇帝の王権像を専門的に研究してきたわけではなく、正面からこれを論ずることはできないため、さきに整理・紹介した諸先学の研究から多くの史実を学ばせていただくよりほかはない。このような状況のもとにあって本書をあえて執筆した最大の理由は、冒頭でも紹介したように、漢民族の民間信仰の対象の一つの具体的な事例として、きわめて多数の信徒を抱えた「儒・仏・道三教一体の神」たる関羽と清朝との関係がこれまでほとんど俎上に載せられておらず、いまなお検討の余地を残しているからである。つまりこれまで積み上げられてきた中国近世の王朝国家と宗教に関する議論を、関羽信仰という漢民族に由来する宗教からさらに深く掘り下げてみたいのである。当然ながら、関羽もさまざまな民間信仰の神霊の一つにすぎないから、その再検討のみをもって王朝国家と宗教との関わりを云々することには慎重でなければならない。しかし一方で、たとえそれが一断面にすぎなくとも、新たな一側面を提出することで、清朝の王権像・統治構造をさらに多角的に捉えなおす一つの契機になるのではないか、具体的にいえば、漢民族由来の民間信仰である関羽信仰研究においてチベットやモンゴルなど非漢民族をも考察の対象に含めることで、複眼的な視点から東アジア近世の王権と宗教について一つの試論を提出することができるのではないかと考えるからである。

本書で使用する史料

関羽信仰に関する先行研究では、『三国志』『明史』『清史稿』『東華続録』『大清会典』など正史・実録・会典の類のほか、各省・府・州・県の地方志、個人の文集・随筆・雑記、石刻碑文、金石、さらに『関聖陵廟紀略』など関羽（関聖帝君）に関わる書籍が史料として用いられ、関羽信仰研究の基礎的な骨格が組み上げられてきた。本書においてもこれら基本的な史料を再度読み込むとともに、以下のような若干の新たな史料を使用しながら、清朝と関羽の関係についてより掘り下げた議論を行ってみたい。

第一に、従来の関羽信仰研究でも地方志を、関羽の故郷である山西省のものを中心として用いてきた。しかし残念ながら、地方志を網羅的に閲覧・使用した研究を管見のかぎり知らない。もちろん、筆者もすべての地方志を完全に網羅したとはいえないものの、華北・華中・華南のみならず新疆やチベットの地方志まで可能なかぎり目を通すように心がけた。その結果、これまで〝未発見〟の関羽に関する記載を見出すことができた。

第二に、これまでほとんど使用されてこなかった檔案の発掘である。たとえば中国の第一歴史檔案館で関羽信仰に関係する檔案を探そうとする場合、膨大な量を誇る檔案のなかからどのようにして自らの問題関心に適応するものを探し出すかが問題となるのは当然である。おそらく普通であれば途方に暮れるに違いない。しかし筆者は前著『中国近世の罪と罰』[49]を執筆する際、清朝の地方統治の基礎となった、漢民族の軍隊である緑営関係の史料を大量に閲覧した。そのとき偶然にも、清朝が地方反乱の鎮圧や、十全武功（後述）と呼ばれる乾隆帝時代の大軍事遠征の過程で、関羽が〝奇跡〟を現し、その加護・保佑によって勝利を得たとする内容の霊異伝説が多数報告されているのに気がついた。ゆえに本書では清朝と関羽の関係を分析する手がかりとして関羽の霊異伝説を用いる。これは檔案のみならず地方志や、次の石刻碑文でも同様である。

第三に、現在のところ十分には展開できていないが、中国の各地に建立された関羽の祭祀施設＝関帝廟の現地調査（フィールドワーク）による石刻碑文調査や関羽を信仰する現地の人びとに対するインタビューである。周知のとおり、関帝廟のなかには石刻碑文が立てられている、あるいは壁に埋め込まれている場合が少なくない。しかもそれらの碑文は必ずしも地方志に記載されているわけではない点に注意しなければならない。したがって今後、各地の関帝廟で同様の詳細な調査を継続して実施すれば、〝未発見〟の関羽の霊異伝説が発掘される可能性はかなり高いと想像される。本書ではまだ一部ではあるが、そうした現地調査の過程で〝発見〟した碑文を利用・紹介しながら検討を加えるとともに、今後の発掘に期待したい。

最後に、近年出版され閲覧しやすくなった関羽信仰に関する史料集である。代表的なものとしては濮文起他編『関帝文献匯編』（全一〇冊、国際文化出版、一九九五年）があげられる。当該史料集には『関聖帝君聖蹟図誌全集』『関聖陵廟紀略』『聖蹟図誌』『関帝志』『関帝事蹟徴信編』などの書籍がまとまって収められすこぶる便利である。(50) また決して新しいわけではないが、管見のかぎりこれまでほとんど利用されていない古本小説集成編委会編『関帝歴代顕聖誌伝』（上海古籍出版社、一九九〇〜九四年）も興味深い関羽の霊異伝説を収載しており有用である。

これらの史料のなかには新発見のものが少なくない。特に檔案と石刻碑文は今後さらなる博捜を続ければ、新たな史実を提供したり史実の書き換えを迫ったりするものが発見されるかもしれない。本書はあくまでこれまでに発掘しえた史料を使用した経過報告書にすぎず、継続的な史料収集が求められるのはいうまでもない。

本書の構成

本章の最後に本書の構成について述べておこう。本書は序章・終章のほか、六章からなっている。ここでは各章の課題と概略を示し、本書を通読するにあたって読者の理解の一助となるようにガイドラインを引いておくことにする。

第一章「唐朝から明朝における関羽の神格化」では、清朝の王権と関羽信仰を考える前提として、関羽信仰が萌芽したと考えられている唐朝から、清朝に取って代わられた明朝までの関羽の神格化の過程、霊異伝説の内容の変遷などについて新発見の文献史料なども盛り込みながら分析を加え、関羽信仰の歴史を再度整理・検討する。本書で着目する霊異伝説については唐宋時代においては萌芽的な、かなり単純な内容のものにすぎなかったが、元明時代、特に明代半ば以降には次第に複雑な内容を呈するようになり、豊臣秀吉の文禄・慶長の役（壬辰・丁酉倭乱）、東南沿海部（江蘇・浙江・福建）における倭寇の侵入、四川・貴州・雲南における土司など少数民族の反乱、ビルマ（緬甸）・タウングー朝の雲南侵入など、版図内における関羽信仰の拡大、非漢民族との接触・衝突を主題としたものが少なからず見られるようになる。これは関羽信仰が明代にいたってようやく版図をほぼ覆うようなかたちで浸透してきたことを示している。

第二章「清朝と関聖帝君の「顕聖」――霊異伝説の創出」では、「清朝はなぜ関羽を崇拝したか」という従来からの問題設定に、清朝が創出した霊異伝説の分析から解答を試みる。文献史料を博捜すると、清朝皇帝あるいは文武官僚は関羽に仮託した奇跡の物語、すなわち霊異伝説を繰り返し創出し、皇帝の認証たる封号を次々と賜与している。こうした一群の霊異伝説を、ある人物（集団）が創出・宣伝した霊異伝説は何らかの明確な意図をもち、そこに登場する神々もその人物（集団）の期待を反映した偶像なのであって、このような霊異伝説に込められた目的の達成のためには、伝説の全体構成すらも必ずしも事実である必要はなく、むしろフィクションをまことしやかに、かつ効果的に繰り返し表現することそれ自体に意味があったという切り口から分析し、その構成・目的を検討した。本章では、中国内地における千年王国運動的宗教活動、特に天理教と太平天国運動に焦点をしぼりながら、千年王国的な宗教的世界観に対して、関聖帝君の加護のもとにあるという「われわれ」意識（we-feeling）が対置されていたことを論じる。

第三章「関帝廟という装置」では、関聖帝君を祭祀する施設・空間としての寺廟＝「関帝廟」という装置を手がかりに、それと関聖帝君の「顕聖」との関わりについて分析を加える。なぜなら現在でも東・東南アジア各地に関帝廟は広く存在するが、そうした関帝廟を議論の中心に据えることで、現代においてもなお語り継がれる関羽の霊異伝説の意義について考えることが可能となるからである。そこでは神の姿を具現化した神像、顕聖を記念して霊異伝説を刻んだ石刻碑文、皇帝が賜与した匾額《へんがく》、神としての関聖帝君と庶民とが交感する媒体としての関帝霊籤（御神籤）など、関聖帝君と一般民衆あるいは王朝国家とをつなぐさまざまな回路が取り上げられる。その結果、集合体としての関帝廟が単なる祭祀・宗教施設ではなく、きわめて濃厚な政治性・軍事性を帯びた施設であることが明らかにされる。

第四章「「白蓮」の記憶——明清時代江南デルタの謡言と恐怖」では、清朝と関羽との関わりのなかで明らかにされてきた信仰の内容がいかにして〝下からの〟民衆レヴェルの信仰とつながっていたかを明らかにする。換言すれば、関羽信仰を媒介として清朝国家と民衆が信仰レヴェルでどのような共通点を有するようになっていたかを検討したい。具体的な材料としては、明清時代の江南デルタの諸都市や農村に流布していた「白蓮の術」に関わる恐怖の謡言（デマ）を取り上げる。その恐怖の謡言がいかに多くの都市民・農民を巻き込んでいき人びとを恐怖のどん底に陥れたのか、その恐怖の正体とはいったい何だったのか、最終的にその恐怖はどのようにして収まっていったのかという一連の流れを分析していくなかで、民衆レヴェルの信仰と清朝国家の世界観とがどのように通底しあっていたのかを論じていくことにしたい。

第五章「清朝のユーラシア世界統合と関聖帝君——軍事行動における霊異伝説の創出」では、乾隆帝時代の大軍事遠征（軍事行動）とユーラシア世界に跨る大領域の形成と統合、その過程において漢民族の英雄神（武神、戦神）＝関羽が果たした役割について、チベット仏教の転輪聖王やモンゴルの民間英雄神ゲセル・ハーンなど他の神々をも視野に入れながら検討する。清朝が大規模に軍隊を動員して、ユーラシア世界を統合し、それを継続・維持していくために、各民族の英雄神（武神、戦神）の力をかりて、皇帝の正統性・カリスマ性を文武官僚・兵士の心性の領域にまで訴え、ユーラシア世界が〝聖なる空間・世界〟であることを刻印する必要があった。乾隆帝は政治と宗教とが密接な関係をもつことを明確に認識し、転輪聖王・関聖帝君・ゲセルといった英雄神の力に依拠しつつユーラシア世界に君臨したことを明らかにする。

第六章「清朝の版図・王権と関羽信仰――乾隆帝の十全武功と関聖帝君の顕聖」では、清朝の最大領域＝「版図」を形成する契機となった乾隆帝の十全武功＝ジュンガル・グルカ・大小両金川・回部・ビルマ・ベトナム・台湾への大軍事遠征を俎上に載せ、清朝の「版図」・王権と関羽信仰との関係について考察を加える。乾隆帝による大軍事遠征の結果、関聖帝君の加護する世界、あるいは関聖帝君の霊佑によって認識可能となった世界は、巨大な「版図」全体をほぼ覆うように広がっていった。そこでは関聖帝君の霊威・霊力が共有され、少なくとも満洲人・漢人にとって関聖帝君に護持された〝われわれ〟の領域・空間となった。関聖帝君の霊威を共有する〝われわれ〟意識は、王朝によって繰り返し行われる霊異伝説の創出・宣伝を受けて「版図」に重なるかたちで広がっていったことを論ずる。

終章では、これまでの分析を踏まえ、関羽の霊異伝説から見た近世国家＝清朝と宗教との関わりについてまとめを行い、一般民衆の心性から皇帝の権威の調達にいたるまで、清朝期において関羽信仰が果たした役割を総括してみたい。またこうした議論を相対化するために、日本・朝鮮などの他の王権との比較を試み、近世東アジアの枠組みのなかに清朝の王権のあり方を再定位してみたいと思う。そして最後に、近代国家＝中華民国における国家レヴェルの関羽信仰をも少しく垣間見ることで、近代以降の関羽信仰に関する見通しを述べておくことにする。

第一章　唐朝から明朝における関羽の神格化

一　『三国志』『三国志演義』に見える関羽の義行と霊異伝説

実在の人物が「神」となる条件

「わしの首を返せ！」――これは元末明初に撰された羅貫中『三国志演義』（第七七回）[1]において、関羽が死後に初めて玉泉山に「顕聖」（＝聖体顕現《ヒエロファニー》）し、老僧普静に無念を訴えた際の有名な言葉である（図1-1）。その後も関羽は『三国志演義』のなかでしばしば顕聖して、赫赫たる霊力を発揮する。その姿はほぼ定式化され、「顔はくすべた棗《なつめ》のごとく、切れ長の目、太く濃い眉」「三筋の美髯《びぜん》をなびかせ、緑の袍《ひたたれ》、黄金の鎧《よろい》」（第八三回）[2]とお馴染みのものとなっていく。生前に忠義と武勇でその名を轟かせた、実在の人物たる関羽は、小説『三国志演義』のなかで死後まさに「人」から「神」へと変貌を遂げたのである。そして小説だけでなく、現実世界においても、歴代王朝に熱心に信仰された結果、前述したように、清末には「忠義神武霊佑仁勇威顕護国保民精誠綏靖翊賛宣徳関聖大帝」と帝号のうえに、じつに一一もの封号を冠するにいたる。[3]これだけでも中国歴代の王朝国家と関羽信仰が

図 1-1　玉泉山に現れた関羽らの亡霊（画面右上，右から関平，関羽，周倉）

出所）『三国志演義』第 77 回。

いかに密接な関係を有していたか、十分にうかがいうるといえよう。

序章で整理したように、実在した人物が神格化していく過程を検討するときに最初に想起すべき最も重要な研究は、文献史料や現地調査の成果を駆使しつつ、江南デルタの「土神（ある地域で、その地域特有の霊異伝説を有し、したがって主にその地域で信仰される神）」を研究した濱島敦俊の一連の業績である。(4) 繰り返しになるが重要な点であるので再度提示しておくと、濱島は、実在の人物が死後、「鬼」ではなく疑うべくもない「神」となる不可欠の条件として、①生前の義行あるいは優れた資質、②死後の霊異、③天の代理者たる皇帝の認証の三点を実証するとともに、これら①～③を内容とする霊異伝説が「巫師」＝憑依型シャーマンによって偽造されたことを指摘した。(5) 特に②死後の霊異については「かつて現世に在った「人」で、他人のために義行を積んだ人間は、無数に存在するであろう。しかし、その全てが死後に「神」となるわけではなく、圧倒的多数は無数の「鬼」となっていく。「鬼」から「神」を聖別するのは、死後にその人間が顕わす霊異である。つまりは、死後の奇跡を示すか否かによって決定される(6)」と述べ、霊異の有無、ひいては霊異伝説の語られ方に着目すべきであることを強調した。

そこで以下では、まず右の濱島の所説①～③を援用しながら、実在の人物たる関羽がいかなる過程をへて「神」となっていったかについて検討を加えたい。その際に本書で特に注目したいのがやはり死後の奇跡を物語る霊異伝説である。その検討の前提として、さきに『三国志』および『三国志演義』の有名な場面から、関羽の生前の義行、死後の霊異を確認しておきたい。なぜなら正史の『三国志』はいうまでもなく、小説『三国志演義』の内容でさえもあたかも事実であるかのごとく、後世の関羽の霊異伝説に少なからぬ影響を与えたと推定されるからである。続いて清朝と関羽信仰の関係を考えるうえで必要不可欠な、唐代から明代までの関羽に関する霊異伝説を実際に取り上げ、その内容の時代的な変遷や特色を明らかにしてみたい。

『三国志』に見る生前の関羽

『三国志演義』を愛読されている方々にとって、生前の関羽といえば、劉備・張飛とのあいだに結ばれた桃園の義（図1-2）、劉備夫人に随伴して曹操に別れを告げ、五関の将を斬って劉備のもとへと馳せ参じる武勇・忠義の人（図1-3）、呉の孫権の計略による麦城での非業の死などに代表される強烈なイメージで印象づけられているこ

図1-2　桃園で義兄弟の誓いを立てる三人（画面右，右から関羽，張飛，劉備）

出所）『三国志演義』第1回。

図1-3　白馬で顔良を斬る関羽（左上は曹操）

出所）『三国志演義』第25回。

図 1-4　古城で再会した劉備兄弟（着座の左から二人おいて関羽，劉備，張飛）

出所）『三国志演義』第 28 回。

とであろう。ただしご存じのとおり、『三国志演義』は小説であり（死後の霊異についてはあってもその影響が計り知れないことについては後述する）、史実としては正史である晋・陳寿撰、宋・裴松之注『三国志』に拠らざるをえない。そこでまず濱島がいう①生前の義行や為人については、『三国志』にも若干の記載が見られるから、それらから確認していくことにしよう。

『三国志』蜀書、巻三六、関〔羽〕・張〔飛〕・馬〔超〕・黄〔忠〕・趙〔雲〕伝、第六には「関羽は字を雲長という。もとの字を長生といい、河東郡解県の人である。本籍から涿郡に出奔した。先主（劉備）が故郷で徒党を集めたとき、関羽は張飛とともに彼の護衛官となった。先主は平原の相となると、関羽と張飛を別部司馬に任じ、それぞれ部隊を指揮させた。先主は二人と同じ寝台に休み、兄弟のような恩愛をかけた。しかし大勢の集まっている席では、一日中そばに立って守護し、先主に付き従って奔走し苦難を厭わなかった(7)」とあり、関羽が張飛とともに先主（劉備）の身辺警護をつかさどる武勇の人であるのみならず、苦難を厭わずに主人に従うような忠義の人であったことを十分にうかがわせている（図1-4）。

また余談ではあるが、有名な関羽の美髯に関わるエピソードとしては、同じく『三国志』蜀書、巻三六、関張馬黄趙伝、第六に「関羽は頬ひげが美々しかったので、諸葛亮は彼を髯どのと呼んだのである。関羽は手紙を見て大喜びして、来客にみせびらかした(8)」とあって、諸葛亮も関羽の美髯を褒め称えて「髯どの」と呼び、関羽自身も大喜びしたという。後述するように、関羽の霊異を差別化しようとする場合、その美髯（黒髯）は重要な要素の一つとなる。

一方、関羽の最期については同書に次のように見える。

建安二四年（二一九）、先主は漢中王になると、関羽を前将軍に任命し、節《はた》と鉞《まさかり》を貸し与えた。この年、関羽は軍勢を率いて、樊にいる曹仁を攻撃した。曹公は于禁を救援にさし向けた。秋、大変な長雨がふって、漢水が氾濫し、于禁の指揮する七軍すべてが水没した。于禁は関羽に降伏し、関羽はまた将軍の龐徳を斬った。……これよりさき、孫権は使者を出して息子のために関羽の娘を欲しいと申し込んだが、関羽はその使者をどなりつけて侮辱を与え、婚姻を許さなかったので、孫権は大いに立腹していた。また、南郡太守麋芳が江陵に、将軍の傅士仁が公安に駐屯していたが、どちらもかねてから関羽が自分を軽んじていると嫌っていた。関羽が出陣すると、麋芳と士仁は軍資を供給するだけで、全力をあげて援助することはなかった。関羽は「帰還したら、こいつらを始末しなければならない」といったので、麋芳と士仁はともに恐怖を感じ落ち着かなかった。このとき、孫権が内々に麋芳と士仁に誘いをかけ、麋芳と士仁が人をやって孫権を迎えさせたところに、曹公が徐晃を曹仁の救援に差し向けた。関羽は勝利を得ることができず、軍を引いて撤退した。孫権はすでに江陵を占領しており、関羽の軍は四散した。孫権は、将軍をつかわして関羽を迎え撃ち、関羽と子の関平を、臨沮において斬り殺した。(9)

関羽は漢室の復興をめざして劉備に仕え、魏呉の軍と戦ってきたが、その夢は叶うこともないまま、臨沮において息子の関平とともに生涯を閉じたのであった。ここにその悲劇的な死を迎えたのである。

『三国志演義』に見る死後の霊異

次に関羽の②死後の霊異に関して史料を分析しておきたい。歴代王朝における霊異については後述するとして、まずその死直後の霊異を取り上げたものに小説『三国志演義』がある。さきにも述べたとおり、『三国志演義』は小説ではあるものの、語り物や演劇などを通して広く民間に受容されたことはよく知られた事実である(10)。そこで『三国志演義』のなかで関羽の霊異がいかに語られ、その語りにいかなる特徴があるのかについて見ておきたい。

関羽が死後に最初に霊異を顕す、すなわち顕聖したのは冒頭に紹介した『三国志演義』第七七回の有名な場面である。

> 三更(午前零時)も過ぎて、普静は庵中に座禅をくんでいたが、突然空中で叫ぶ者の声。「わしの首を返せ」顔を上げてじっと見れば、中空に赤兎馬に打ちまたがり、青竜刀をひっさげた一人の者が、左に白面の将軍(関平)、右に真っ黒な顔にはねあがった髯をつけた者(周倉)を随え、雲をふまえて玉泉山の頂へとさしかかるところ。……「前世の是非は言われぬがよい。因果を説いていては、きりがない。将軍はいま、呂蒙に殺害されたからといって、「わしの首を返せ」と言われたが、それでは顔良・文醜・五関の六将などは、誰に返してくれと言うであろうか」ここにおいて、関公は忽然と大悟し、成仏して消え去ったが、その後もしばしば玉泉山に霊験を現して住民を助けたので、土地の人々はその徳に感じて山頂に廟を建立し、四時祭祀をたやさなかった(11)。

これは死後初めて関羽が息子の関平と部下の周倉(関羽が殺害された後に自殺)をしたがえて湖北省当陽県の玉泉寺に顕聖したときの一節である。関羽は老僧普静に「首を返せ」と訴えるのであるが、逆に説き伏せられて大悟・成仏する。ここに関羽の顕聖が始まり、その後『三国志演義』のなかでは何度も顕聖することになる。さしあたり注目しておきたいのは関羽が顕聖した時刻であり、ここでは「三更」すなわち午前零時が採用されていることである。なぜなら以下に紹介するように、三更という時刻はその後の霊異伝説でも採用されることが少なくなく、その起源をここに確認することができるからである。

たとえば、第七七回には「[劉備が]「誰じゃ。この夜中に入ってまいったのは」尋ねたが返事がないので、不審に思って席を立ち、よくよく見れば、関公が灯影《ほかげ》に入って隠れようとしているので「これは弟ではないか。その後かわりないか。それにしても、この夜ふけにまいったとは只事とも思われぬ。血を分けた兄弟同然のそなたとしたことが、何で逃げようとするのか」と言えば、関公は落涙して、「兄者、兵をおこしてわたくしの恨みを晴らして下されい」と言うなり、吹き過ぎる冷たい風とともに消え失せた。はっとして気がつけば、それは一場の夢。おりしも三更の太鼓が聞こえてきた(12)」とあり、関羽の死を知らない劉備が、恨みを晴らすよう頼む関羽の夢を見たのが三更であった。

第八五回にも「先主が怒ってさがれと言っても、さがる気配もない。起き直ってよく見れば、上手にいるのは雲長（関羽）、下手にいるのは翼徳（張飛）である。「おお、そなたたちはまだ生きておったのか」先主が仰天すると、雲長が答えた。「臣らは、もはやこの世の者ではござりませぬ。上帝には、臣らが日ごろより信義を失わなかったのを嘉せられて神に昇せられました。ふたたび兄者とお会いする日も近いことにござりましょう」先主はその袖をとらえてはげしく泣いたが、ふと気がつけば二人の姿はない。急いで従者を呼んで時刻を聞いたところ、まさに三更であった(13)」とあって、関羽が張飛とともに劉備に死の近いことを知らせに来たのも三更であった。このように三更という時刻の一致は偶然とはいいがたく、むしろ顕聖に相応しい時刻——陰と陽の交替など——が選ばれた結果であると考えた方がよかろう。

さらに関羽は顕聖を重ねるにしたがって、どうもお馴染みの姿で出現するようになるらしい。第八三回では「〔関羽の三男〕関興が剣の柄に手をかけて、「逆賊（潘璋）、逃げるな」と大喝した。〔関羽を殺害した潘璋が〕身を翻して駆け出れば、門外から一人、顔はくすべた棗《なつめ》のごとく、切れ長の目、太く濃い眉の人が、三筋の美髯をなびかせ、緑の袍《ひたたれ》、黄金の鎧《よろい》といういでたちで、剣を握ってはいってきた。潘璋は関公の亡霊と知って、あっとひと声叫んで生きた心地もなく、ふたたび身を翻すところを、関興の剣一閃、その場に倒れていた[14]」と語られ、第九四回では「ただよう霧の中に見え隠れする一人の大将。くすべた棗のごとき顔に太く濃い眉、緑の袍に黄金づくりの鎧、青竜刀をひっさげ、赤兎馬に打ちまたがり、美髯をしごいている。紛う方なき父親関公の姿に〔関興が〕あっと仰天すれば、関公は手を挙げて東南を示し、「息子、この道を急いで逃げよ。陣に帰り着くまで見守っていてやる」というなり消え失せた。……〔しばらくして出会った張飛の息子張苞がいうには〕「わしが〔羌兵の〕鉄車に追いまくられていた時、不意に伯父上（関公）が空から降ってこられて、羌兵どもを追い散らし、『そなたはこの道よりわしの息子を助けに参れ』と仰せになったので、急いでやって来たのだ[15]」と記されている。

このように元末明初の『三国志演義』において「神」として顕聖したさいの関羽は、図像的には、赤い顔（紅臉）、美髯（三筋の美髯）、緑色の袍、黄金の鎧、持刀（青龍刀）、赤兎馬などの諸特徴を有している。[16] このようにして小説中において色彩を中心として克明に描き出された関羽の姿が、それ以前の唐代から元代の関羽の霊異伝説にも見られるのか、はたまた明代以降の関羽の霊異伝説に何らかの影響を及ぼしていくのか、今後の検討においても注目していくことにしよう。

歴代王朝による勅封（封爵・賜号）

最後に③天の代理者たる皇帝の認証については、歴代王朝による封号の賜与（勅封・封爵・賜号）を整理しな

表 1-1　歴代王朝による封号の賜与

蜀	景耀 3 年　(206)	壮繆侯
北　宋	崇寧元年　(1102)	忠恵公
	崇寧 2 年　(1103)	崇寧真君
	大観 3 年　(1108)	胎烈武安王
	宣和 5 年　(1123)	義勇武安王
南　宋	建炎 2 年　(1128)	壮繆義勇武安王
	淳熙 14 年 (1187)	壮繆義勇武安英済王
元	天暦元年　(1328)	顕霊義勇武安英済王
明	万暦 10 年 (1582)	協天大帝
	万暦 22 年 (1594)	協天護国忠義大帝
	万暦 42 年 (1614)	三界伏魔大神威遠震天尊関聖帝君
清	順治元年　(1644)	忠義神武関聖大帝
	乾隆 33 年 (1768)	忠義神武霊佑関聖大帝
	嘉慶 19 年 (1814)	忠義神武霊佑仁勇関聖大帝
	道光 8 年　(1828)	忠義神武霊佑仁勇威顕関聖大帝
	咸豊 2 年　(1852)	忠義神武霊佑仁勇威顕護国関聖大帝
	咸豊 3 年　(1853)	忠義神武霊佑仁勇威顕護国保民関聖大帝
	咸豊 6 年　(1856)	忠義神武霊佑仁勇威顕護国保民精誠関聖大帝
	咸豊 7 年　(1857)	忠義神武霊佑仁勇威顕護国保民精誠綏靖関聖大帝
	同治 9 年　(1870)	忠義神武霊佑仁勇威顕護国保民精誠綏靖翊賛関聖大帝
	光緒 5 年　(1879)	忠義神武霊佑仁勇威顕護国保民精誠綏靖翊賛宣徳関聖大帝

出所）井上以智為「関羽祠廟の由来並に変遷（上）（下）」などをもとに筆者作成。

がら話を進めていくことにしたい（表1-1）。関羽は死の直後、蜀によって壮繆侯を賜与されたのを契機として、北宋・南宋・元朝には武安王にそれぞれ封ぜられ、清朝には関聖大帝とついに帝号を称するにいたる。そして清末に「忠義神武霊佑仁勇威顕護国保民精誠綏靖翊賛宣徳関聖大帝」という封号を得るにいたるまで、きわめて順調に位階を上昇させていった。そうしたなかにあっても、関羽に対する勅封にはいくつかの特徴があるほか、依然として未解明の部分も残されている。

第一に、蜀を除く歴代王朝による本格的な勅封は北宋末期の徽宗（在位一一〇〇～二五年）より遡らない。すなわち北宋が金（女真）や遼など北方民族の具体的な脅威を受けた後、国難のなかで関羽の加護があったことに感謝・報恩する目的でようやく勅封が開始されたのではないかと推測されているのである。[17] しかし管見のかぎり、このような北宋・南宋時代の関羽信仰——関羽への勅封に関する朝廷内の議論や軍隊内部での信仰のあり方など——については、史料上の制約もあってか、あくまで推測の域を出ず、実証的に検討した論攷は見当たらない。

第二に、北宋・崇寧二年（一一〇三）の「崇寧真君」、明代・万暦一〇年（一五八二）の「協天大帝」、万暦二二年（一五九四）の「協天護国忠義大帝」、万暦四二年（一六一四）の「三界伏魔大神威遠震天尊関聖帝君」の封号はいずれも道教的な色彩——小島毅によれば、それは「忠義」の体現者ではなく、魔物を退治する道教的世界の王者[18]——が濃厚に感じられる。はたしてこれらが王朝による正式な勅封なのか、あるいは道教に傾倒した一部の皇室関係者と道士との協同によるものかは、今後さらなる検討の余地があろう。

第三に、仮に道教的な「三界伏魔大神威遠震天尊関聖帝君」等の号を除くとすれば、帝号を称するようになるのは清朝による「関聖大帝」以降のことである。かつて井上以智為は関羽信仰の歴史を「唐代創草期」「宋元発展期」「明代最盛期」「清代整頓期」の四期に分かったが、少なくとも王朝国家との関わりから見るかぎり——すなわち皇帝の認証がきわめて重要であるという観点に立てば——、その封号に疑問がある以上、明代における関羽信仰のよりいっそうの発展を認めることに異議はないものの、そのまま「最盛期」と表現するに値するか否かについては、些かの抵抗を感じないわけではない。むしろ関聖大帝を称するにいたった清代の方が「最盛期」なのであり、ましてやそれを「整頓期」と括ってしまうのには十分な検討を必要とするのではないだろうか（そもそも「最盛期」「整頓期」などの言葉がどのように定義されているのかは判然としない部分がある）。

このように実証性などにいくつかの疑問点を残しつつも、歴代王朝による関羽への勅封は一定程度明らかにされてきた。「神」は王朝権力によって権威づけられるという側面を有しているといえよう。ただし、こうした王朝による封号の賜与の背景にいかなる理由が存在したか、その目的はどこにあったのかについては、さらに史料を補って検討する必要があろう。本書ではその手がかりを歴代王朝における関羽の霊異伝説に求めていくことにしたい。

二　唐朝から元朝までの関羽の霊異伝説

唐代の関羽信仰

すでに述べてきたように、小説『三国志演義』のなかでは、死の直後から関羽は玉泉山に顕聖して老僧普静に無念を訴え、その後にも次々と霊異を顕していた。しかしそれはあくまでも小説のなかでの話であり、関羽が実際に「神」として信仰されるようになるのは唐代まで俟たねばならない。以下では唐代から明代にいたるまで関羽はいかに祀られたのかといった歴代王朝による国家祭祀のあり方、そこに見られた関羽の霊異伝説の内容を中心として再度詳細に検討を加えてみることにしよう。

関羽の武神としての祭祀は、唐の徳宗の建中四年（七八三）[19]、長安の武成王廟に従祀された古今名将六四人の一人、蜀前将軍漢寿亭侯として官祭されたことを嚆矢とする。武成王廟とは、唐の太宗の貞観年間（六二七〜四九年）に太公望呂尚を主神として祀った太公廟が、玄宗の開元一九年（七一三）に文神たる孔子を祀る孔子廟に準じて各地に創設され、粛宗の上元元年（七六〇）に武成王に封ぜられたことによって改称されたものである。たとえば『大唐郊祀録』巻一〇、饗礼二、釈奠武成王には「徳宗在位の建中四年にまた詔して范蠡ら名将六四人を選び、彼らの姿を〔武成王廟の〕壁に図《えが》いて、つねに釈奠（儒教）の儀式に則ってみな従祭した」と記されるほか、歴代王朝の錚々たる名将である越相范蠡、斉相孫臏、秦相王翦、漢相国平陽侯曹参、右丞相絳侯周勃、前将軍北平太守李広、大司馬冠軍侯霍去病、後漢太傅高密侯鄧禹、左将軍膠東侯賈復、執金吾雍奴侯寇恂、伏波将軍新息侯馬援、太尉槐里侯皇甫嵩、魏征東将軍晋陽侯張遼、呉偏将軍呉郡太守周瑜、丞相婁侯陸遜、晋征南大将軍南城侯羊祐、撫軍大将軍襄陽侯王濬、車騎将軍康楽侯謝玄などの名前とともに、蜀前将軍漢寿亭侯関羽の名が掲げられている。こうした武成王廟への従祀は貞治二年（七八六）までのわずか四年間にすぎなかったが、関羽信仰の普及の一助となった。[20] その後、官祭が復活・永続するのは北宋の仁宗の慶暦年間（一〇四一～四八年）から明初（一三六八年）の約三〇〇年である。[21]

　関羽を専祀する私廟としては、本章の冒頭で紹介した、湖北省の当陽県城外玉泉寺内の顕烈廟があげられる。ただし実際に「顕烈」の廟額を賜与されるのは北宋・哲宗の紹聖三年（一〇九六）を俟たねばならない。こちらでは儒教的な武神ではなく仏教の伽藍神として祀られていた。しばしば引用される有名な史料であるが、『全唐文』巻六八四、董侹「荊南節度使江陵尹裴公重修玉泉関廟記」（貞元一八年、八〇二）には、次のような関羽の霊異伝説が語られている。

> 玉泉寺……、本寺の西北三〇〇歩のところに、蜀将軍都督荊州事関公の遺廟がある。将軍は姓は関、名は羽、河東解梁の人で、〔関〕公の一族の功績については国史に詳しい。かつて〔南朝の〕陳朝の光大年間中（五六七～六八年）、智顗禅師なる者、天台山よりいたり、喬木のもとに安座していると、夜分に忽然と神霊（関羽）が現れて、この寺域を提供するから僧坊の建立を〔智顗禅〕師に取り仕切ってほしいと云った。約束の日の夕方、渓谷中が震動し、風が叫び雷が鳴り響き、山が割れて、澄んだ淵が埋まり、良い材木が積み上げられて、立派な廟を建てるのに十分なほどであった。おもうに将軍（関羽）は三国時代にあって、万人に匹敵する勇者であった。孟徳（曹操）はその鋭鋒を避けようとし、孔明は彼を絶倫と謂った。その義に殉じて恩に感ずることは終生一致し、顔良を斬って于禁を擒とした。これはまさにその現れである。ああ、生きては英傑であり、

殉じては神霊となり、この山に寄ることになった。邦の興廃、歳の豊荒は、すべてここに繋がっている。

ここに見える関羽の顕聖は南朝陳代の光大年間中のこととされている（後代の仮託である可能性が高い）。関羽が天台宗の開祖・智者大師（智顗禅師）に帰依し、僧坊を建設してもらうために玉泉寺の土地を提供したことを語っている。本当に陳代か否かはともかく、こうした霊異伝説が残っていること自体、唐代までに関羽が「神」になっていたことを間違いなく示している。

井上はこの史料を引用しながら、顕烈廟の創建の目的が当初から関羽を玉泉寺の伽藍神とすることにあったか否かについては断言を留保しつつも、関羽がその後玉泉寺伽藍神となったことは、すなわち中国の寺観伽藍神の濫觴となったことを意味し、関羽祭祀の「変遷史上画期的緊要事」であると強調する。[22]

このように蜀のときに壮繆侯に封ぜられた関羽は、唐代にいたって武神の一人として武成王廟に官祭されるようになり、一方で、玉泉寺顕烈廟のような私的な専祀廟も建立されてその伽藍神となったのである。井上は唐代を関羽信仰の「揺籃期」と名づけたが、確かにこの時期に萌芽が見られたと断定してよい。

なお地方志のなかには、比較的古いものとして、五代十国時代の後漢（九四六～五〇年）のとき、蜀の地である四川省の叙州府長寧県に関聖祠が建てられていたことを記す事例も見られるが、詳細は定かではない。[23]

宋代の関羽信仰

宋代の関羽信仰の特色は関羽の祠廟の官祭廟化にある。さきに紹介した玉泉寺内の私廟であった顕烈廟は、北宋初期に祀典（公式祭祀リスト）に列し、真宗のときに官費をもって修築したという説があり、また唐代のところで述べたように紹聖三年には「顕烈」の廟名を賜って、より官廟的な色彩を帯びるようになった。[24]

すでに整理したように（前掲表1-1）、関羽は北宋末期から南宋初期にいたる約二〇年間に、壮繆侯から忠恵公（崇寧元年、一一〇二）、壮繆義勇武安王（建炎二年、一一二八）と封号を賜り、さらに壮繆義勇武安英済王（淳熙一四年、一一八七）にまで位階を進める。この背景について井上は「当時北満に勃興して南下し中原へ進出した金国が北宋を圧迫強襲するに対して、宋朝の君民が外敵撃攘の為め神明の加護救援を仰望する、国家的民族的欲求を反映するもので、関羽は此の非常時局特殊情勢下に在って時艱剋服の威力ある神明と認められた」「北宋以来武神関羽の甚大なる加護に拠るものとなし、感激報謝して神徳を顕彰せんとする意図を表現するものに相違ない」とし、さらに英済王勅封の告文が顕烈廟に宛てたもので同廟に保管されたことから、顕烈廟の官祭廟化を想定している(25)。しかしこのような推論は当時の時代的背景からすればある意味妥当なものであるとはいいうるものの、残念ながら史料から実証的に導き出されたものではない。特に告文中において「当時の国際問題に触れないのは、国際的和平親善を目的とする一種の外交的辞令に過ぎないのであろう」という井上の推測はまったく根拠がなく、今後の史料の博捜、実証的分析を俟たねばならぬであろう。また南宋中期に「士民生活の安定福祉を庇護増進する、弘義の財神に飛躍的発展(25)」を遂げる萌しが出てきたとする説についても再検討の余地が残されている。

ここで一点史料を掲げておこう。さきには唐代の玉泉寺顕烈廟をめぐる関羽の霊異伝説を紹介したが、北宋・神宗の元豊四年（一〇八一）に記された『山右石刻叢編』巻一一、所収の丞相張天覚無尽居士撰「荊南玉泉山寺関将軍廟記」にも、このときの関羽の霊異について、大意以下のように述べられている。

以前、陳・隋のあいだに大法師があって智顗と曰った。……天台山からやって来て玉泉山に留まり、林間に安座して身心ともに落ち着いた。この山には以前から大力鬼神とその眷属がおり、特にそこに取り憑いて、妖力を用いることができたので、法師が修行を行うのを知り、虎豹や魑魅魍魎など種々の恐ろしい物を見せたり、陰兵が皆を決して怒っている様子を見せたりした。法師は怒って言った。「汝はいったいいかなる者か」と。……しばらくすると、一人の丈夫が髯をしごきながら出てきた。「私は関羽といい、漢末に生まれ、争乱に遭い、天下は分裂した。曹操は不仁であり、孫権は自らを保つのに汲々としていた。〔私は〕義をもって蜀主の臣下となり、ともに漢室を回復させせようとした」。

ここでは陳・隋間となっているが、『全唐文』所収の文章と同様、関羽が智者大師（智顗）に帰依する場面について語っており、また関羽を、魑魅魍魎を駆使できる存在として描いている点も興味深い。このように唐・宋の霊異伝説を比較してみると、登場する関羽の霊力にわずかながら相違点は見られるものの、「神」としての関羽はともに智者大師、すなわち仏教への帰依に始まると解釈されていると考えてよいであろう。霊異伝説の構成としては明らかに唐代以来のものを継承している。

さらに井上は、北宋以降になると各地に関羽の祠廟が建立されたとし、具体的には華陽関羽墓廟（四川省華陽県、北宋初期）、沁州関羽廟（山西省沁県、北宋元豊三年、一〇八〇）、呉県関羽廟（江蘇省呉県、北宋元豊四年、一〇八一）、建康関羽廟（南京、南宋慶元年間、一一九五〜一二〇〇）、興平県関羽廟（陝西省興平県、金朝大安二年、一二一〇）、解県関聖廟（山西省解県、南宋中期）、潼州関雲長廟（四川省緜陽県、南宋）などの諸廟を列挙したうえ、清朝考証学者として有名な趙翼の「宋のとき、関王廟もまたすでに多くなっている」という記事を紹介しながら、宋代における関羽信仰の普及を指摘する。[27]

筆者も若干の地方志を繙いてみたところ、南宋・淳熙一四年（一一八七）に浙江省台州府黄巌県、[28]南宋・嘉定八年（一二一五）に同省金華府浦江県、[29]北宋・元豊八年（一〇八五）に同省邵武府邵武県、[30]宋代（詳細不明）に四川省瀘州府納渓県[31]にも関羽の祠廟（漢寿亭侯関公廟など）がそれぞれ建立されていることがわかったが、残念ながら個々の祠廟の詳細に関しては不明である（郘武県についてのみ後述する）。

このように唐代はもちろん、宋代の関羽信仰についても、史料上の制約もあってか、井上の研究以降、祠廟に関する個別的な事例の増加はありえても、新たな展開を示すような事実の発掘や論点の抽出などはきわめて難しいのが現状であり、研究上の進展はほとんど見られない。

元代（大元ウルス）の関羽信仰

元代（大元ウルス）の関羽信仰についても、井上の議論によりながら整理すると、さしあたり、①顕烈廟の閉鎖と復興、②解県関聖廟の台頭、③関羽祠廟の普及の三点が重要となる。

まず①顕烈廟は、南下した世祖クビライの軍が襄陽・鄂州を席捲し、湖北省当陽県も戦禍に見舞われるようになると、やむなく神位を奉還して一時的に閉鎖したが、十余年後にクビライが帝位に即いて治安が安定するにいたって復興された。仏教を篤く尊信したクビライは関羽を「監壇」として崇拝し（第五章を参照）、その結果、元代の仏教界において顕烈廟は異彩を放つことになった。(32)

続いて②山西省解県の関聖廟については、天暦元年（一三二八）に「顕霊」の封号が賜与されたが、井上は元代の戯曲「関雲長大破蚩尤」の内容などから勘案して（この戯曲については第二章で言及する）、その封号を受納した祠廟は顕烈廟ではなく解県関聖廟であったと推測している。ここに関聖廟を中心とした関羽の道教的崇拝がすでに流布していたことを読み取り、顕烈廟と並ぶ道仏二教の代表的な祠廟が誕生したとする。(33)

最後に③顕烈廟・関聖廟以外にも、たとえば武安王廟（山西省平定県、延祐元年、一三一四）、関帝廟（山東省莘県、泰定四年、一三二七）、関王廟（河南省郟県、至順三年、一三三二）、関帝廟（山東省高唐県、元統二年、一三三四）、関王廟（河南省許昌県、至正一二年、一三五二）、関侯廟（山西省鳳台県、至正一四年、一三五四）、関帝廟（山東省掖

県、至正二七年、一三六七）など多数の祠廟が文献史料中に確認され、関羽信仰が各地に普及していった。[34] このほか四川省茂州直隷州の地方志にも元代に建立された関羽の祠廟があることが記されている。[35]

一方、この元代（大元ウルス）の関羽信仰については、近年モンゴル史研究の立場から興味深い研究が行われ始めている。モンゴル時代の出版文化について網羅的な研究を行った宮紀子は、元代の雑劇や平話のなかで張飛とともにスターであった関羽について、胡琦『関王事蹟』五巻なる同時代資料集が編集されたが、残念ながら元刊本は伝わっておらず、現在ではその記事と挿図に明代のデータを加えた『義勇武安王集』八巻（『北京図書館古籍珍本叢刊』14、所収）として閲覧できると紹介して分析を加えた。[36]

宮は著者の胡琦と『関王事蹟』の執筆・出版について以下のように説明する。胡琦は、字は光瑋、巴郡の人で、関羽の没地とされる当陽章郷でひっそりと学究生活を送っていたが、正史に記載がなく文献が散在して不便な関羽の事蹟本末をまとめ、世俗の伝承中のでたらめ、鄙俚怪誕を正したいと考えていた。その後、執筆したものを当陽県尹の李夢卿が気に入り、玉泉寺に命じて刊行させたという。それが『関王事蹟』であった。祠廟の歴史、絵地図、碑文、制命、霊異、縁起などを一冊にまとめた『関王事蹟』は、宮の分析によれば、むしろ玉泉寺の側がモンゴル政府に対して「加封」や租税免除を申請するために内々に依頼したものであった可能性を指摘している。

またチベット仏教と関羽は縁が深く、井上が指摘したように大法会に軍神関羽が持ち出され、監壇の役目を担い、ケシク（宿衛）の寵敬を集めた。まさに「関羽は文字どおりモンゴルの軍神[37]」となったのであった。このケシクの関羽信仰はチンギス・ハーンの時代からあったようで、宮は『関王事蹟』巻四、「梁瓊感夢破賊」のなかから、次のような興味深い話を引用している。

太原平遙の人、梁瓊は若年よりチンギス・カンの腹心太師国王ムカリの質子（トゥルカク）としてケシクにあった。……（金の軍閥の一つ恒山公武仙が反乱を起こすと、梁瓊は武勇を買われ、討伐・鎮圧にあたったが、益都に籠城する武仙を攻めあぐね、五年を経過した）丙戌の歳（一二二六）の三月のある日、梁瓊は桑林に鞍を枕としてまどろんでいるうちに、鎧兜に身をかため刀を携え、世に描かれる関王の絵姿にそっくりの髭の将軍が現れ、「梁元帥よ。おどろくなかれ。我なんじを護助するのみ」と告げ馬に乗って去るのを夢見た。目覚めた瓊は不思議なことに思い、部下にあちこち探させたところ、文書一巻を見つけた。開いてみれば、なんと関王の画像。瓊は陣幕の内にこれを敬虔に祀ったところ連戦連勝、神の御加護があるかのようであった。この機に乗じて、諸将と兵をあわせて益都の城を打ち破ることができた。……丁亥の歳、瓊は故郷に凱旋し、関王廟を建て、いご毎年祭祀をおこなうようになった。(38)

ここではケシクの梁瓊の夢のなかに関羽が「顕聖」し、反乱平定に加護を約束したのみならず、実際に連戦連勝、鎮圧に成功している。梁瓊は故郷の平遙県にもどって関王廟を建設、祭祀を執り行った。こうした関羽の霊異伝説は同恕『榘菴集』巻三、「関侯廟記」にも見られ、隴右鞏昌府の関侯廟では、金の大定年間（一一六一～八九年）の戦火のなか、関羽が自ら出馬して外敵を駆逐した、また名族汪氏世顕の子、汪徳臣忠烈公もこの廟神の加護によって勝利を得たとされている。(39) すなわち「軍神関羽の信仰は、旧金朝下の山西軍閥の武人の子弟たちがケシクに加入し、モンゴルの一員として認められていく過程で、モンゴル貴族にも広まっていったのである」(40)。山西省出身の関羽に対する信仰が、山西軍閥がモンゴルに編入されていく過程で霊異伝説を媒介としながら取り込まれていき、その結果、モンゴル貴族にも受容されていったとする宮の指摘はきわめて示唆的である。

このようにモンゴル史の立場から元代の関羽の霊異伝説が発掘され、関羽信仰とモンゴル朝廷との関係が明らかにされつつある点は高く評価できよう。今後さらなる事例の発掘が期待される。

三　明朝における関羽の霊異伝説

関羽信仰の「最盛期」

井上は明代の関羽信仰を宋元代の「発展期」に続く「最盛期」として位置づけた。その特色として、①武成王従祀の伝統が廃止され、新たに中央官祭祠廟たる白馬廟が創建されたこと、②民衆的中央代表廟として月城廟が隆昌を迎えたこと、③当陽県関帝陵廟と解県関聖廟が地方祠廟中の代表格となったこと、④万暦四二年（一六一四）に月城廟に帝号である「三界伏魔大神威遠震天尊関聖帝君」が賜与されて、その尊崇が最高潮に達したことなどがあげられている。(41)

まず①については、洪武帝朱元璋の宗教政策が指摘されねばならない。(42)朱元璋は洪武元年（一三六八）に復古的粛正策を実施し、関羽に賜与されていた壮繆・武安などの封号を廃止、単に漢前将軍寿亭侯とした。洪武二一年（一三八八）には武成王廟の祭祀が廃止され、関羽従祀三〇〇年の伝統的祭祀は消滅したが、同二七年（一三九四）には南京に漢前将軍寿亭侯廟が造営され、京師における関羽官祭単独祠廟の嚆矢となった。一方、北京については、燕王（後の永楽帝）によって洪武年間に漢前将軍寿亭侯廟、通称白馬廟が創建されたと推定されている。しかし宗教政策の影響もあって、これら二廟はその規模も小さかったと考えられるが、明代の官祭は該二廟をもって定期的に執り行われたようである。(43)井上は白馬廟を「関羽の忠勇武烈を追慕讃仰する徳教的武神官祭廟(44)」と位置づけている。

これとは対照的に「福祉安生を祈願する道教的財神私廟(45)」とされるのが②北京の月城廟である。井上は該廟が小規模ながらも、財神としての関羽祠廟の代表格となり、北京にいたった者は必ずや参詣することが慣例となっていたと指摘する。[46]

③地方祠廟では顕烈廟から派生した、該廟東方の関羽の墓地に永楽帝の頃に増設された関帝陵廟が台頭し、嘉靖三五年（一五五六）には司礼太監黄錦らが資金を拠出して重修され壮麗を極めたらしい。その結果、顕烈廟は単なる伽藍神に還元したという。また一方で、解県関聖廟は道教的色彩が元代よりいっそう濃厚となり、民間に広く信仰され、関羽祠廟中の最高地位を占めるようになった。[47]

最後の④は、万暦四二年に司礼太監李恩が勅命を奉じて月城廟にいたり、神位を「三界伏魔大神威遠震天尊関聖帝君」に封じたことをさしている。しかし井上はこれが官廟である白馬廟ではなく民衆中心の財神廟である月城廟に賜授された点に注目し、「想うに当時専横を極めた宦官と狡譎なる道士との合作に成ることは猶お往年解県関聖廟帝号賜与の経緯の如きものがあろう」[48]と推定する。すでに言及したとおり、この帝号賜与に関しては不明な部分が多く、今後の解明が俟たれる。ともあれ万暦末年には関羽は相当の信仰を集めるようになったと考えられ、「いま天下の神祠の香火の盛んなること、関壮繆にまさるものはない」とすら称されるようになった。[49]

関羽信仰の高潮（一）――文禄・慶長の役

このように明代にいたって関羽信仰はまさに「最盛期」を迎えたわけであるが、とりわけ高潮したのは嘉靖～万暦年間の国難――文禄・慶長の役（一五九二～九三年と一五九七～九八年）と倭寇（一五世紀のいわゆる後期倭寇）――のときであったといわれる。井上によれば、文禄・慶長の役に際して建設された代表的な関羽の祠廟は、古今島関王廟（全羅南道康津、慶長二年、万暦二五年、一五九七）、星州関王廟（慶尚北道星州、慶長二年）、南大門関王廟（京城崇礼門、慶長三年、万暦二六年、一五九八）、安東関王廟（慶尚北道安東城内、慶長三年）、南原関王廟（全羅北道南原城西門外、慶長四年、万暦二七年、一五九九）、東大門関王廟（京城興仁門外、慶長四～七年、万暦二七～三〇年、一五九九

～一六〇二）の六つであるという（図1-5）。これら六廟はすべて慶長の役のときに建てられ、これ以前に朝鮮に関羽祠廟の存在を確認できないため、朝鮮における関羽祠廟の濫觴であろうと述べる。これらのうち京城（ソウル）以外の古今島・南原・星州・安東の四廟は図を一瞥すればわかるとおり、朝鮮半島南部の全羅・慶尚両道を西南から東北に縦断するように位置しているから、慶長の役の戦場の前線に駐屯する明軍によって設けられ、神の加護を祈ったものではないかと容易に推測できる。

京城に建設された南大門関王廟と東大門関王廟については、井上が詳細に経緯を記している。前者は慶長三年（一五九八）に創建されたものである。創建に中心的な役割を果たした朝鮮派遣軍軍務計略の楊鎬と陳寅はともに豊臣の遠征軍に大敗北を喫し、京師において滞在・療養していたおり、崇礼門外山麓の地に関羽の祠廟を建てようとし、朝鮮政府もこれに協力せざるをえなかった。その後、さらに明軍の側が朝鮮国王に行礼を要請するという横暴な態度に出たため、朝鮮側の反感は甚だしかったが、次第に態度をゆるめるようになり、自発的に参拝するほど信仰が浸透するようになったとされる。こうした経緯から井上は、該廟設置の目的は失態挽回・名誉回復のために神の加護を念願することにあったと推定する。[50]一方、後者は神佑報謝・霊徳顕彰のために設けられたとされ、慶長の役の戦塵がようやく鎮まった万暦二七年、朝鮮政府の協力のもとに着工されたものの、国力疲弊のために告成したのは万暦三〇年（一六〇二）のことで

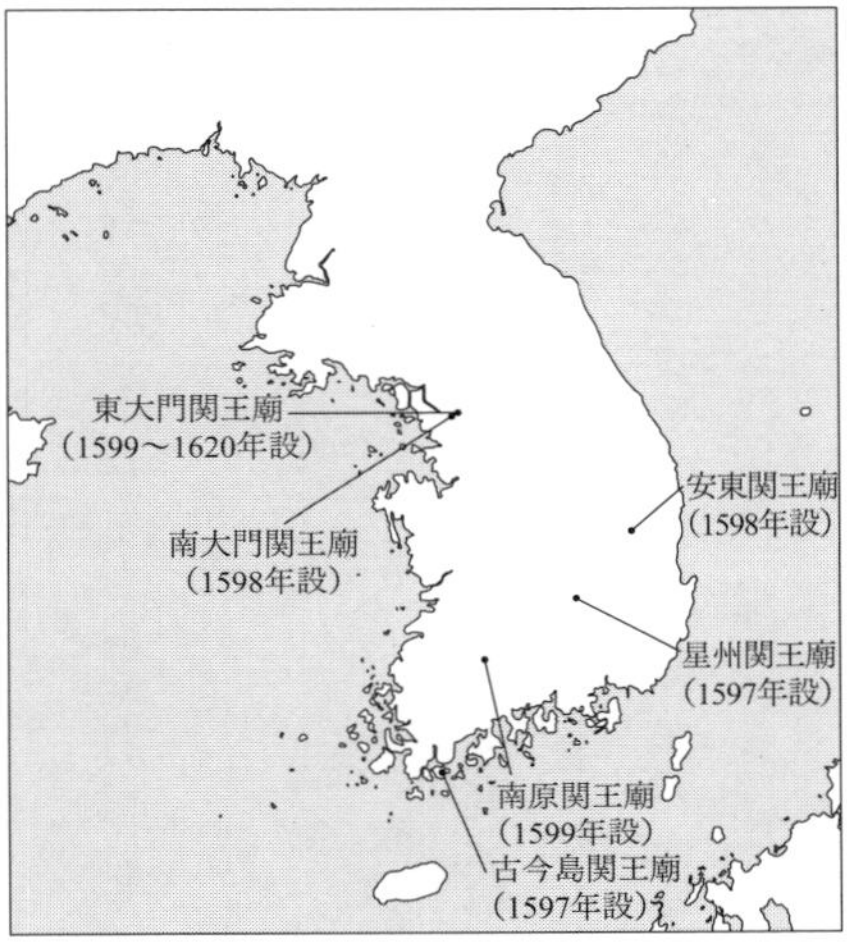

図1-5　朝鮮半島における関王廟の分布

出所）井上以智為「関羽祠廟の由来並に変遷（上）（下）」などをもとに筆者作成。

あった。

この文禄・慶長の役をめぐる関羽の霊異伝説としては、慶長三年八月の豊臣秀吉の薨去について「しばらくすると倭首の秀吉が死に、朝鮮に駐屯していた軍は撤退した。これもまた道理としては測りがたいものである。……ましてや関王の剛大な気があって、どうして神が応じてくれることがないといえようか[51]」と、関羽の霊応によるものだとする説も存在する。このような文禄・慶長の役に見える、明軍における関羽信仰の高潮、朝鮮半島への関羽信仰の伝播および朝鮮政府内における関羽信仰の受容には、軍事遠征による神（特に武神・戦神）の移動や、神に関わる霊異伝説の創出といった個別具体的な現象を伴っていたことがわかる。文禄・慶長の役以後の関羽信仰の伝播・受容から考えるとき、朝鮮半島は、関羽が顕聖しその加護を受けられるいわば〝神の領域〟内へと組み込まれた――あくまでも漢民族の視点からではあるが、朝鮮政府内の一部でもそれを認めざるをえなかった――といえるのかもしれない。

関羽信仰の高潮（二）――東南沿海の倭寇

関羽信仰が高潮したもう一つの国難としてあげられている倭寇（後期倭寇）については、実際に若干の史料を分析することにしてみたい。これまで倭寇に関する関羽の霊異伝説に言及した研究は少なくないが、いずれも紹介程度に留まっており、いまだ十分な分析・検証はなされていないからである。

まず唐順之[52]『唐荊川先生文集』巻三「常州新建関侯祠記」の記載から検討してみよう。

嘉靖三四年（一五五五）、倭寇が東南沿海を乱した。天子は督察の趙文華に命じて軍隊を統率し討伐させた。軍隊が〔浙江省〕嘉興に駐屯すると、軍中には関羽が霊応で我が軍を加護してくれるのを〔夢で〕見た者があった。しばらくして我が軍は大いに勝利を得た。趙文華は朝廷に請うて、祠廟を嘉興に建てて関羽を祀った。その経緯については趙文華が自ら作った祠廟の碑文中に詳しい。翌年、倭寇がまた乱すと、趙文華は再び軍隊を統率して討った。軍隊が〔江蘇省〕常州を通過するさい、軍中にはまた嘉興のときと同じように関羽が霊応で加護してくれるのを〔夢で〕見る者があった。趙文華は喜んで「必ずや再び勝利するであろう」と曰った。しばらくして趙文華は総督の胡宗憲と協力して、倭寇の頭目徐海らを尽く生け捕りとした。趙文華は関羽の加護を讃えて、地方官に命じて祠廟を常州に建てさせた。関羽の祠廟は北方で盛んであったが、江南の諸府における関羽の祠廟はこのときに始まった。

ここには江南デルタに位置する浙江省嘉興府と江蘇省常州府において倭寇をめぐって起きた関羽の霊異が記されている。いずれも関羽が兵士の夢に現れたいわば夢告であり、具体的な霊験は特に確認されていないまま、明軍の勝利が関羽の加護と結びつけられ解釈されている。霊異伝説としてはきわめてシンプルな構成といえよう。

続いて唐時升[53]『三易集』巻一二「東城関公廟記」には次のようなくだりが見える。

我が県（江蘇省太倉州嘉定県）では嘉靖二年（一五二三）に倭寇が海上から蹂躙し、東門に迫っていたが、当時はまだ城壁がなく、土塁を築いて守備していた。門外には倉庫一〇〇間があり、倭寇が東風を利用して火を放ったので、延焼して民家にまでおよび、煙と焔とが天地を塞ぎ、守備する者は目も開けられないような状態であった。倭寇がついにこれに乗じて城内に入ろうとした。知県の万思謙が神を呼んで叩頭したところ、その言葉が終わるや風向きが反転した。一人の倭寇が躍り上がって壕を飛び越えてきたが、そのとき人びとのなかには弓矢に慣れた者がおらず、お互いに顔を顧みて呆然となった。簡校の張大倫がたまたまその場にいたり、弓を引いて神を呼んで次のように叫んだ。「神よ、〔城内の民〕一〇万人を活かしたいと思し召しなら、願わくばこの弓で倭寇の喉を貫かせてください」と。弓を放つや否や、それは倭寇の喉を貫き、〔倭寇は〕斃れたので、他の多数の倭寇は大騒ぎして退いていった。これによって我が県の人びとは〔関〕帝を信仰することますます敬虔となった。

この嘉定県の事例では、関羽の具体的な霊異は描かれていないものの、実際の戦闘に結びつけられて語られており、現実味を帯びた内容となっている。しかし問題はこうした個別具体的な戦闘が本当に当初より関羽の霊異として認識されていたのか否かであろう。

じつはこの事例についてはベースとなる故事がすでに発見されている。(54) 万暦『嘉定県志』巻一五、倭変には「〔嘉靖二年〕五月三日、〔倭寇が〕城下に迫り、東風に乗じて火を放ち、廬舎を焼いた。煙と焔が天を覆い、城壁上の人は目を開けることもできなかった。〔知県の張〕思謙が叩首して天に祈ると、風は反転して西風となった。応天府（南京）の検校張大倫は、〔山西省〕固原〔県〕の人で、弓を射るのが得意であった。たまたま城内にいたると、凶暴な賊六人が憤然と濠を乗り越えてきた。大倫がこれを弓矢で射ると、一人は喉を貫かれ、一人は目に命中し、一人は小さな弾丸が顔にあたった。一人は弓矢が左手にあたったがこれを引き抜いて笑い、城壁上の者に示して「これはいったい人を傷つけられるのか」と曰ったが、その言葉も終わらぬうちに、一つの弓矢が耳に命中し、あわてて弓矢を捨てて逃げ去っていった」とあり、明らかにこの故事を下敷きとして関羽の霊異伝説が創出されていることがわかる。つまり本来は張大倫の武勇伝であったものが関羽の霊異に仮託されて、再度語りなおされたのである。なぜ関羽の霊異伝説に仮託されたのかという理由としては、たとえば実際に倭寇撃退に活躍した張大倫が山西省出身であり、そもそも関羽信仰の盛んな地であることから、自らの戦功を関羽の加護によるものと認めた可能性、あるいは霊異伝説を創出した唐時升にとっては、内容の是非はともかく関羽の霊異を前面に押し出して、明朝に対する関羽の貢献・加護を都合よく語る必要があった可能性などがあろう。現時点ではこれ以上の推測は留保するが、いまだ関羽の霊異伝説の骨組みができておらず、他の故事に仮託して創出されていた点はおもしろい。

このほか、江蘇省松江府金山県の乾隆『金山県志』巻一六、寺観には「義勝庵、松隠鎮にある。明の万暦一五年（一五八七）、僧の無我が〔資金を〕募って建設した。これより以前、その地には倭寇がやって来た。相い伝えるところでは、倭寇は関壮繆（関羽）が火を灯して荒野を遍く照らすのを見て退いていった。松隠鎮の人びとはその地を寄付して義勝庵を設けた。松江府の朱軺が扁額に題字を書いた」という記載が見え、倭寇撃退と関羽の霊異とがはっきりと結びつけられている。

また関羽の霊異などを収録した書籍中にも倭寇に関する記述がいくつか散見する。『関聖帝君徴信編』巻一五、霊異には「(浙江省）天台府志によれば、崇和門の外に関帝廟があったが、明代には傾いてしまっていた。その廟のかたわらには大木があったが、嘉靖三六年（一五五七）に台風によって倒れてしまい、大勢で起こそうとしたが果たせなかった。みな「王（関羽）の霊はここを捨てて他に移ってしまった」と謂った。以後、倭寇がやって来て、天台府は安寧の歳がなかった。嘉靖三七年（一五五八）の夏、多数の倭寇が城下にいたり、ほしいままに略奪・殺人を行って去っていった。嘉靖四〇年（一五六一）の四月一日、大木に落雷して元のようになった。ある人は「王（関羽）の霊がまたもどったようだ」と曰った。憲副の唐順之、参戎の戚継光がこれを祀った。しばらくして数千の倭寇が花街を略奪した。戚継光が兵を率いて、一たび太鼓を打つと悉く倭寇を斬り殺した。捕獲された倭寇は「戦いの最中、緋色の衣を着た赤い顔の者がいた。きっと王（関羽）の霊であろう」といった」とあり、神木など一連の関羽にまつわる不思議な出来事が述べられた後、倭寇との戦闘中に「緋色の衣を着た赤い顔の者」が目撃され、それが関羽であろうと捕虜となった倭寇の口から説明される。霊異伝説中で赤い顔を関羽と結びつけることがはたしていつ頃に始まったかは残念ながら判明しないが――当然ながら第二節で検討した『三国志演義』のなかの関羽顕聖の姿の影響が強く想定される――、こうした倭寇をめぐる霊異伝説中にすでに見られるようになったことは誠に興味深い。

『解梁関帝志』巻一、霊異にも「嘉靖四一年（一五六二）、倭寇が福建省の仙遊県にいたり、南門を厳しく攻めた。そこには関廟があって〔関羽が〕顕聖して、城門を堅く守ったので、ついに門を破ることはできなかった、倭寇が退くと神（関羽）は騎馬して廟にいたって下馬した〔ように見えた〕。兵士たちがこれを目撃し、廟に入って神像を確認すると、額に満面の汗をかいていた」と記されており、倭寇の攻撃を撃退する関羽の霊異が目撃された後、それが関帝廟内の関羽の神像が汗をかいていたことで事実であったと認定されるストーリーとなっている。廟内の神像に神の霊がやどるという設定は決して関羽のみに限定されるものではないが、神と現実の人びととを媒介する回路としての神像の役割に注目しておきたい。

以上、さきに検討した文禄・慶長の役であれ、中国東南沿海の倭寇であれ、いずれも偶然にも外患としての日本との関係が問題となったものであった。特に唐順之の説に典型的に見られるように、朝鮮半島、江南デルタともに、外患を契機として関羽の〝神の領域〟が明朝の版図内――華北に発祥した関羽信仰が華中・華南へと浸透していく――に、あるいは版図の外側の周縁地域に接触・拡張していく過程として捉えられるのかもしれない。つまり周縁（華北から見て）における霊異の頻発を通じて表現される関羽信仰の拡大・普及は、明代にあってはそうした過程の半ばにあったといいうるのではないか。そして実際の霊異を確認してみると、各地で起こった軍事行動において関羽の加護を唱ったものが多く、軍神・戦神としての関羽の霊力が盛んに宣伝されたのであった。

華南・西南地域における関羽の霊異伝説

さきには明代における関羽の霊異伝説について江南デルタへの拡大を見たが、じつは華南地域や西南地域の軍事行動においてもその跡は確認できる。たとえば、正統一三年（一四四八）から翌年にかけて福建省延平府沙県を中心に発生した抗租暴動として有名な鄧茂七の乱でも関羽が顕聖している。[55] 福建省延平府の康熙『南平県志』巻八、特祠、武安王祠には、次のような記載がある。

正統間、沙尤（鄧茂七）が延平府城を攻めたとき、はるかに城中を臨むと兵士はすべて赤い顔の神兵であったため、心から怯えてついに退却した。これを軍が追撃して全滅させた。これは神（関羽）の陰助によるものであろう。関王は忠義と勇烈をもって正神に属している。いまその祠廟は武官によって奉祀されている。

ここでは鄧茂七の乱において赤い顔の神兵が目撃され、それが関羽の霊異によるものであったと解釈されている。明代後期の福建省でも関羽の加護が宣伝されたのである。ただしこの記事自体は明代ではなく、下って康熙年間の記載の可能性もあるが、少なくともこの頃までにははっきりと「赤い顔」と関羽を結びつけるようになっていたことがわかる。

また同じく福建省の嘉靖『邵武府志』巻一〇、祀典には、簡潔ながらも鄧茂七の乱のみならず、非常に興味深い内容が書き残されている。

漢寿亭侯関公廟は〔邵武県〕城の東隅の進賢坊にある。宋朝の元豊八年（一〇八五）九月に建立された。民間では永楽七年（一四〇九）、邵武の官兵たちは、大軍が西洋へ遠征した際、神が陰功を著したので、ついに凱旋することができ、その祠廟を重建したという。正統年間（一四三六～四九年）、沙尤の平定においても神の陰功があった。武人たちはいつも祭祀を絶やさない。

この記述が本当であるとすれば、邵武県の関公廟はさきにも指摘したように、北宋末期に設けられたことになり、かなり歴史を遡れる祠廟であることになる。そして文末には正統年間の鄧茂七の乱についても神佑があったとしている。そしてさらにおもしろいのが〝民間の言い伝え〟と前置きしながらも、永楽七年の西洋遠征のときにも関羽の加護があったと記す点である。永楽七年の西洋遠征とは、歴史上きわめて有名な、計七回にわたって行われたとされる鄭和の大航海の第三回目にあたる。[56] あくまで〝言い伝え〟であり、一三〇年以上も前の話であるから、信憑性は高いとは言い難いが、こうした〝言い伝え〟が残っていること自体が注目されてよいのかもしれない。なぜならそれは軍事的な大遠征あるいは版図の外側との接触と関羽の霊異・加護とが〝民間〟でも自然に結びつけて語られていた可能性を示すものだからである。

このような視点から関羽の霊異を読み解こうとするとき、明朝にとって周縁に位置していた西南地域の貴州や雲南などの事例も重要な分析対象となるであろう。たとえば、天啓元年（一六二一）に発生した奢安の乱で目撃された関羽の顕聖がある。奢安の乱とは天啓元年にまず重慶の土司の永寧宣撫使奢崇明が反乱を起こし、翌年に貴州の水西宣慰司の安邦彦ら付近の土司が呼応したもので、苗族・猓玀《ロロ》族（彝族）などの土司軍と明軍とのあいだで十数年におよぶ戦闘が繰り広げられた。[57] 四川省重慶府の光緒『銅梁県志』巻二、壇廟には、次のような霊異が語られている。

武廟は以前より〔銅梁〕県城の成慶門外にある。その創建がいつ頃かは判然としない。旧志（道光『銅梁県志』）

には以下のような記載がある。明代の万暦四八年（一六二〇）、奢崇明が滃県を陥落させ、銅梁県にいたって〔武廟の〕匾額を奪おうとしたが、県城を攻めているときに匾額が落下して賊首梅四ら数人を圧死させた。賊は神の霊異に驚いて、ついに慌てて逃げ去っていった。祠廟は焼き払われたが、士民が協力して再建したものの、明末には傾いてしまった。清朝の康熙二九年（一六九〇）にもとのように再建された。

奢崇明の乱では、城外にある武廟内に懸けられていた匾額の落下によって、数名の賊が落命したことが関羽の霊異として解釈されている。すなわち「赤い顔」などが目撃されたわけではないが、武廟内に懸けられた匾額もまた関羽と人びとを結ぶ回路の一つとして認識されていたのである。やはり霊異伝説中において何が関羽とのあいだを媒介する回路とされているかに注目しておく必要があろう。またこうした霊異が苗族・猓玀族といった非漢民族との接触において創出されていることにも注意を払っておきたい。ただし霊異の宣伝自体は決して苗族・猓玀族向けではなく、あくまで漢民族向けに行われたと考えるべきである。

一方、雲南では万暦一一年（一五八三）、ビルマ（ミャンマー）のタウングー（トゥングー）朝の雲南侵入において関羽の霊異が報告されている。光緒『永昌府志』巻六二、雑記志佚事、神霊には次のようなくだりが見える。

明朝のとき、突然ビルマのタウングー朝が姚関を攻撃して施甸を焼き払った。永昌府まで六〇里（三六キロメートル）にいたると、忽然と雲中に関聖（関羽）が〔青龍〕刀を提げて騎馬し、その背後には無数の旌旄（旗幟）や戈甲（槍や甲冑）が見え隠れしたので、賊はこれを仰ぎ見て恐れおののき、ついに逃げ去った。

岳罕（岳鳳）が芒市（雲南省徳宏タイ族チンポー族自治州の県）から騰越州に侵入しようとしたとき、州まで五〇里（三〇キロメートル）の地点にいたると、忽然と関聖（関羽）が雲のうえに仁王立ちし、敵を拒むような姿勢を取っているのを見て、岳罕はついに驚いて逃げ、あえて侵入しようとはしなかった。
崇正（崇禎）年間（一六二八〜四四年）、永昌府人の王盤が夷人と結んで反乱を起こし、永昌を攻めた。推官の陳旬業はこれを防いだ。夕暮れにいたって〔王盤らは〕突然退却していった、のちに捕虜となった王盤に問うと、関聖（関羽）が兵士を率いて永昌府城を守っているのを見て、驚いて退却したのだと云った。

ここには三つの霊異伝説が掲げられているが、いずれもビルマ（緬甸）が雲南に侵入したときのものと考えられる。そしてすべてにおいて関羽が顕聖することでビルマの侵入を防いだという内容となっている。これまでに検討した霊異伝説と比較すればわかるように、ここでもやはり非漢民族との接触・衝突のなかで関羽の霊異伝説が創出されていた。ただし文中に見える岳罕らタウングー朝の人びとは本当に関羽を認識していたのかという疑問はある。もちろん完全に否定することはできないが、これは記録者による仮託の可能性が高いのではないか。むしろなぜ関羽に仮託したのかに注目する必要があろう。もちろん軍隊内における日常的な信仰が軍事衝突の過程で顕在化したとも解釈できるであろうが、さきに検討した朝鮮半島、倭寇、苗族・猓玀族といった事例をも考慮すれば、非漢民族との接触における関羽の加護が霊異伝説の一つの重要なナラティヴとなっていたと想定することもあながち間違いではないように思われる。

最後に、崇禎一七年（一六四四）、四川省で発生し、明朝を滅亡へと導いた流賊張献忠の乱[58]における関羽の霊異に関する事例を見ておこう。康熙『重慶府涪州志』巻四、藝文には夏道碩[59]「西門関帝像霊顕記」を載せている。

蜀漢の関夫子（関羽）は古より聖人のなかで忠烈なる者として称えられている。海内・海外の人びとが祠廟を建てて祀るようになって久しい。しかし性格が義に近い者はこれを宗び、性格が勇に近い者はこれを慕う。たとえ義・勇でない者であっても、これを畏れ、これを愛さない者はない。凡庸な者はこれに儆め、劣る者もまた謬りて妄りにこれを祝《まつ》る。そのため関羽の忠烈を敬いながら、またその神像を仰いでいるが、神像は土木でできている。夫子（関羽）がたとえ顕霊しようとしても、土木を用いることはない。おおむね出来事のなかに示したり、夢のなかに現れたり、簽卜（御神籤）で表したり、迷魂囈語に托したり、また空中の雲霧荒渺のなかに見え隠れしたりするのみである。土木を用いて霊異を顕すことはできないからである。〔ところが〕ただ我が涪州の西門外にある関〔羽〕像のみは、土木を用いて顕霊している。不思議なことだ。かつて、明朝の崇禎一七年（一六四四）六月初八日、流賊の張献忠が数十万の衆を擁して江を遡って涪州へといたった。涪州の人びとは逃げた。賊は城内外の官衙・民舎を尽く焼き払った。涪州は燃え尽きた。すべての祠廟が焼き払われたことはいうまでもない。たとえ銅鉄の神像であっても、焼けて溶けないものはなかった。〔しかし〕ただひとり関〔羽〕廟のみは焼かれても、関羽の二つの神像は巍然として残り、二神像とも何の変化もないようだった。二神像は前後に約一メートル五〇センチから二メートルほど離れて立っていた。前の神像は人の背丈より高く、後の神像は約三メートルほどだった。火が燃えていたとき、甎瓦《レンガ》は厚くて重く、ばらばらになって雨のように降り注いだ。しかし二つの神像はすべて土木であったが、少しも壊れることがなかった。近づいてこれを見ると、かんむりや履き物は厳かな様で、鬚や眉はもとのとおり、金箔はまったく剝げていなかった。左右の諸侍将〔の神像〕は、みな焼け崩れ、金箔もまったく残っていなかった。黄金の刀は四〇斤あまり、変色し歪んでいた。ただ神殿のなかの横木で二つの神像のあいだに崩れ落ちたものだけは、そのまま残って焼けることがなかった。その他のむな木や柱、たる木や楹（丸く太い柱）、衝立や台はすべて燃え尽きていた。余はその当時、賊に捕まえられていたが、怪我をして火煙のなかにいたものの、死なずにすんだ。賊が去って火が消え、遠くから見ると二つの神像の黄金の光が黒焦げの瓦礫のうえにあらわれていた。三日三晩、煙が立ち上って人をむせかえらせた。その後、人びとがもどってこれを見て崇敬の念をもち、草小屋を建てて雨露をしのがせた。しばらくして職人と材料を集め、新たな神殿を建ててそこに安置した。つまりいまの神殿がそれである。しかし参拝した人びとは〔神像が〕新しく造られた神殿と同じ〔ときに作られた〕と思い、じつは明代から伝来のものであることを知らないのだ。現在、余は六八歳である。このことがしばらくして忘れられてしまうのではないかと恐れ、知府の蕭公にたずねたところ、公は「そのとおりだ」と曰った。余は石に刻んで〔このことを〕伝える。ここに記す。

この「霊顕記」は主に①関羽という神、②張献忠の乱のさいに目撃された神像の奇跡、③石刻碑文を立てた目的の三つの内容から構成されている。最も注目すべきは②であり、張献忠の乱で多くの建物が焼き払われたなかで、関羽の祠廟も例外でなく焼け落ちてしまった。しかし安置されていた二つの神像は奇跡的にまったく燃えたり傷ついたりすることもなかった。これを夏道碩は関羽の霊験と見なし、後世に伝えるために碑文を立てたと述べている。

このように「霊顕記」の内容を詳細に分析しても、関羽の霊異と張献忠の乱とのあいだには直接的な関係が薄く、また明朝という王朝国家を加護するような内容にはなっていない。反乱に伴う明朝の滅亡、その後の清朝政権の誕生という現実が関羽の奇跡をこうした神像の奇跡のみに収斂させた可能性があるのかもしれない。しかし明末の四川省において関羽の霊異がかくも詳しく書き留められていることは、明代における関羽信仰が民間にもかなり深く浸透していたことを物語っており、きわめて重要な事実であるといっても過言ではなかろう。

四　関羽の神格化と霊異伝説

本章では、第二章以下において清代の王権と関羽信仰、関羽の霊異伝説の内容とその変遷を考える前提として、唐代から明代までの関羽信仰と霊異伝説について若干の検討を加えてきた。各王朝における関羽の神格化と霊異伝説について推測をも交えながら整理すれば、以下のようになろう。

第一に、関羽の神格化を考えようとするとき、正史である『三国志』はもちろん、元末明初の小説『三国志演義』も決して軽視することはできない。本文中でも述べたとおり、濱島敦俊は、実在の人物が死後、「鬼」ではなく疑うべくもない「神」となる不可欠の条件として、①生前の義行あるいは優れた資質、②死後の霊異、③天の代理者たる皇帝の認証の三つをあげた。これらのうち①は正史『三国志』に見出せたとしても、②は他の時代に求めざるをえないわけであるが、後世の霊異伝説を分析すると――この課題は本書全体において検討・解明すべきものである――、そこには少なからず『三国志演義』の影響が看取される。とりわけ霊異伝説中の関羽の姿は、後述するように『三国志演義』で定式化された「顔はくすべた棗のごとく、切れ長の目、太く濃い眉」「三筋の美髯をなびかせ、緑の袍、黄金の鎧」にまさに酷似するようになっていくが、唐代から明代までの霊異伝説を検討するかぎり、そうした姿はいまだ十分には形成されていなかった、あるいは形成過程にあったといいうるかもしれない。すなわち『三国志演義』という小説の浸透を俟たねば、霊異伝説中の関羽の姿も確立できなかったと考えられるのである。

第二に、唐代の関羽信仰の特徴としては、関羽が長安の武成王廟に古今名将六四人の一人、蜀前将軍漢寿亭侯として官祭されたこと、関羽を専祀する私廟として当陽県城外玉泉寺内の顕烈廟が登場したことの二点があげられる。とりわけ後者については、天台宗の開祖・智者大師（智顗禅師）が登場する霊異伝説が出来上がっており、関羽が仏教に帰依し、玉泉寺の伽藍神となったことに結びつけられている。唐代はまさに関羽信仰の「揺籃期」あるいは「萌芽期」と呼んでよいと考えられる。

第三に、宋代の関羽信仰は、顕烈廟など関羽の祠廟の官祭廟化をその特徴としていた。ただしその当時の政治的・社会的背景については金朝による宋への圧迫という国難が従来の研究では強調されてきたものの、文献史料から実証的に導出されたものではなく、史料上の制約が大きく立ちはだかっているといわざるをえない。今後の新たな史料の発掘、大胆な発想の転換が求められよう。

第四に、元代の関羽信仰については、近年モンゴル（大元ウルス）史研究の立場から新たな史実の発掘が進められ、興味深い指摘が行われている。具体的には、関羽がケシク（宿衛）の寵敬を集め、「関羽は文字どおりモンゴルの軍神」となっていたこと、関羽に対する信仰が旧金朝下の山西軍閥のモンゴルへの編入過程で取り込まれていき、モンゴル貴族にも次第に受容されていったことなどがあげられよう。ただし当時の関羽の霊異伝説を分析するかぎり、いまだ『三国志演義』に見られるようなお馴染みの関羽の姿は形成されておらず、夢のなかに関羽が出現するといったきわめてシンプルなかたちに止まっている。

最後に、明代の関羽信仰は、井上以智為が「最盛期」と称したように、史料中の記載の多さにおいても、記載内容の充実度においても、前代に比較してかなりの進展が見られる。それだけ文献史料に豊富に書き留められているという事実それ自体が関羽信仰の浸透を明確に物語っていよう。当然ながら霊異伝説も多数確認できるようになり、江南デルタの倭寇をめぐる霊異伝説中では「関羽の祠廟は北方で盛んであったが、江南の諸府における関羽の祠廟はこのときに始まった」という記述が見られ、明代中期以降における関羽信仰の華北から華中・華南への伝播を想定することができそうである。しかも伝播の契機となったのが各地で発生した軍事行動であったことを踏まえれば、関羽信仰はまず軍隊内の武官・兵士へと普及し、さらにそれが軍隊によって華北から周辺地域へと持ち運ばれていったと推定できよう。東南沿海の倭寇、四川・貴州・雲南における土司など少数民族の反乱、ビルマ（緬甸）・タウングー朝の雲南侵入などはそうした事例の典型的なものといってよい。関羽信仰は軍隊・軍事行動を媒介としつつ版図内に広く伝播していったのである。それが国家間レヴェルで版図外にまでおよんだのが朝鮮半島における関羽信仰の伝播・受容であった。また霊異伝説中の関羽の霊験にも多様性が加わり、「赤い顔」などを特徴とする関羽の姿が形成されつつあると同時に、関帝廟内の神像や扁額なども関羽と軍隊・民衆をつなぐ回路として登場するようになっている。このように信仰の地域的な拡大、霊異伝説のパターンの形成という視点から見たとき、明代の関羽信仰は「最盛期」というよりは、むしろ「発展期」――井上は宋元時代をそう呼んだが、上述のとおり、関羽信仰のあり方には不明な部分が少なくない――と呼ぶ方がふさわしいと考えられる。

第二章　清朝と関聖帝君の「顕聖」
――霊異伝説の創出

一　清朝における関羽の祭祀・封号と軍隊

関羽の祭祀・封号

本章では、前章における唐代から明代までの関羽信仰と霊異伝説の分析を受けて、清代の関羽信仰と霊異伝説について本格的な検討を進めていく。具体的には、清朝と関羽信仰をめぐる諸事象のうち、清朝皇帝・文武官僚によって創出・宣伝された、関羽――神としての関聖帝君――の「顕聖」を主題とする霊異伝説を手がかりとして、皇帝・官僚がいかに関羽信仰を政治的・軍事的に利用しようとしたかについて分析することにしたい。なぜなら前章でもある程度確認されたとおり、皇帝・官僚自らが創出・宣伝する霊異伝説中の関羽の姿にこそ、彼らが期待する関羽との理想的な関係、関羽の役割が集約的に表現されていると考えられるからである。

最初に、清朝の関羽に対する祭祀と封号について簡単に整理しておくことにしよう。清朝は入関以前から関羽を信仰し、崇徳八年（一六四三）に太宗ホンタイジが盛京地載門外の教場に関帝廟を勅建した。順治元年（一六四四）

には、北京地安門外の関帝廟、すなわち白馬廟（明代に永楽帝が建立した）を復興するとともに、毎年関羽の生誕日＝五月一三日に祭祀を執り行うこととし、翌年に初めて挙行している。雍正三年（一七二五）四月にいたると、関羽の曾祖・祖・父三代をそれぞれ公爵に封じ、さらに各府州県の関帝廟のなかから規模が大きく壮麗なものを選んで官廟に認定し、春秋二季にも祭祀を行うこととした[1]。ここに北京白馬廟を頂点として地方の官廟を管理・統制する清朝の関帝廟祭祀体系が確立したのである。咸豊三年（一八五三）には、太平天国の鎮圧に「顕佑昭昭」たるものがあったとして、群祀から中祀に昇格され、文廟の孔子と肩を並べることとなった[2]。

こうした国家祭祀の整備と同時に、封号もまた順調に加増されていった（前掲表1-1）。清・順治九年（一六五二）四月に「忠義神武関聖大帝」に勅封されたのを契機として、光緒五年（一八七九）の「宣徳」まで、新たな封号が次々と加増されていく。その多くは軍事行動中の関羽の顕聖に対する謝恩であった。これらのうち、建国当初の順治年間以降、初めて賜与された、乾隆三三年（一七六八）の「霊佑」の称号については、従来、『清俗紀聞』の記載によりつつ、三〇年以上も前の雍正年間に台湾で発生した反乱（呉福生の乱）[3]における霊験がわざわざ取り上げられたのではないかと推測されてきたが[4]、じつは「西師之役」における関羽の顕聖に謝恩したものであった[5]。ここにいう「西師之役」とは、乾隆帝が行ったユーラシアに跨る大領域（版図）を形成する大軍事遠征＝十全武功の一つであるジュンガル・回部平定をさしている。この歴史的にも有名な十全武功における関羽の顕聖がその後に続々と加増される封号の契機となったとすれば、乾隆帝のときに関羽信仰のあり方が一つの大きな転換点を迎えた可能性がある。なぜなら乾隆年間以降、清朝は何らかの理由で関羽をこれまで以上に政治的・軍事的に取り込んでいこうとしていたと推測されるからである。

さらに注目すべきは関羽が顕聖した軍事行動の性格・場所である。実際のところ、軍事行動中に霊験を顕わす神は必ずしも関羽とは限らなかった。たとえば、福建・台湾における媽祖（天后）の顕霊[6]、四川の梓潼君（文昌帝君）

の霊験譚[7]など、軍事行動中の神々の奇跡は枚挙に遑がない。すなわち軍事行動中の奇跡＝関羽の加護という単純な図式を想定することは不可能なのであって、むしろ重要なのは、ある特定の神がいつ、どこに（清朝皇帝ないし文武官僚によって）「顕聖」せしめられたかである。このような視点から国家による封号（前掲表1-1）と顕聖の関係を見なおせば[8]、関羽の顕聖は、まず中国内地における天理教・太平天国など、いわゆる千年王国的宗教運動に、次に十全武功をはじめとする大軍事遠征とのあいだに一定の関係を読み取ることが可能となろう。

このように王朝国家の軍事行動に注目するならば、当然ながら軍隊との関係が問われねばならない。では、清朝の二つの軍隊＝八旗（満洲八旗・蒙古八旗・漢軍八旗）と緑営（漢民族から成る）は関羽といかなる関係を有していたのであろうか。清朝は関羽を「三軍の帥」に任じて、八旗・緑営に定期的に祭礼を挙行させていた。ただし文献史料を詳細に見ていくと、八旗の場合、『八旗通志初集』巻五五、典礼志六のなかに関帝祭祀に関する規定を確認できるが、北京以外の各地に駐屯した駐防八旗のなかには関帝廟をもたない場合すらあり[9]、地方における祭祀の実施状況や、一般の満洲人・蒙古人八旗兵への関羽信仰の浸透には疑問が残らないわけではない。十分な史料的裏づけを欠くものの、八旗兵による関羽に対する祭祀には上からの〝押しつけ〟的な色彩が少なからず感じられ、一般兵士レヴェルの下からの熱心な信仰を汲み取ったものとは考えにくいように思われる。

一方、緑営兵の祭祀活動についてはこれとはやや異なる状況が見出せる。緑営の地方志とも位置づけうる道光『揚州営志』の巻一四、祝儀志の記載からうかがってみることにしよう。江蘇省揚州府に駐屯する揚州営の場合、①喜神（吉祥の神）・貴神（占いの神）、②旗纛（軍牙六纛、軍旗を祀る）[10]、③関帝、④馬神（馬王）、⑤城隍神・土地神などの諸神を祀っていた。これらの神々に対する祭祀は八旗でも同じであるから[11]、清朝は八旗・緑営を問わず軍隊に必要不可欠な神々として認定していたと考えてよい。これら軍隊と密接な関係をもつ神々のうち、歴史上の実在の人物であり、『三国志演義』でも名高い関羽が、緑営の武官・兵士に最も身近な英雄神として信仰されたことは想像に難くない。たとえば、何徳剛『客座偶談』巻四の記事によれば、武官・兵士の話す内容はいつも『三国志演義』に関わるものであり、なかでも関羽ひとりの人気が高かったという。[12] 揚州営でも、地方官が主祭する関帝廟のほかに、教場内に営専用の廟（順治七年、一六五〇年建）があり、[13] 指揮官の遊撃らの寄付を財源として建設されていた。さらに同教場には、元代以来の三義閣（関羽・劉備・張飛を祀る。嘉靖および康熙年間に重修された）があって関侯廟とも呼んだから、[14] 同営には関羽を祀る廟があわせて三つも存在したことになる。これはあくまで一事例にすぎないが、漢民族から成る緑営の関羽信仰がいかに熱心であったか、上からの〝押しつけ〟というよりは、下からの〝自発的〟な信仰であることの一端を十分にうかがいうるものといえよう。あまりに断片的な史料に基づく八旗と緑営の比較ではあるものの、両者の関羽信仰のあり方それ自体に若干ながら差異を見出せるように思われる。

伏魔大帝としての関羽

これまで主に王朝国家レヴェルの関羽信仰を中心に概観してきたが、ここで緑営兵の下からの信仰の基底にある、漢民族の民間レヴェルの関羽信仰について簡単に検討しておくことにしよう。ここで注目したいのは、明代には広く士民上下に浸透したとされる、元代の戯曲（元曲）「関雲長大破蚩尤《しゆう》（関雲長、大いに蚩尤を破る）」である。[15] 柴継光によれば、この戯曲は『太平御覧』巻一五、「黄帝戦蚩尤」の故事に倣ったもので、内容を要約すると以下のようになる。

宋の大中祥符年間（一〇〇八～一六年）、ある年の夏、山西の潞塩は生産の最盛期を迎えたが、塩池には陰気が垂れ込め、砂塵を巻き上げ、天が暗くなって製塩できなかった。ある夜、塩池を管轄する官吏の夢に、一匹の蒼い顔で牙をもつ妖怪が出現し、大声で「おれは蚩尤だ。天帝はおれに塩池を掌管させることにした。製塩できるか否かはおれの胸先三寸だ」と叫んだ。官吏は目覚めるや、慌てて宋の皇帝に報告した。皇帝がただちに護国張天師に蚩尤退治の方法をたずねると、張天師は「蚩尤は以前に涿鹿で黄帝に殺されましたが、いま妖怪変化したからには、私にも奴を制する方法はございません。ただ漢の関羽ならば、死後伏魔大帝に封ぜられ、祖籍も塩池のある解州ですから、きっと蚩尤を退治できるに相違ありません」と答えた。その話を信じた皇帝が祈禱を始めて二日目、塩灘の上空ににわかに黒雲が垂れ込め、雷鳴が轟き、電光が煌《きら》めくや、戦馬が嘶《いなな》き、金戈が擦れ合う音が鳴り響いた。まるで千軍万馬が対陣しているかのようである。伏魔大帝関羽が天兵・天将を率いて蚩尤討伐に現れたのだ。両者は空中で激しく戦い始めた。蚩尤は大胆不敵・変幻自在で、手下の妖魔鬼怪も多くいた。蚩尤は妖兵・鬼将を関羽の兵将に変化《へんげ》させ、相手の目を眩まそうとした。ところが、関羽は蚩尤の陰謀を看破して術を逆手に取ったので、蚩尤は大いに敗れ、関羽に殺されて、血は流れて塩池に入った。[16]

かかる戯曲成立の背景に同じ内容をもつ民間説話が存在したことは、井上以智為や柴継光が夙に指摘するとおりであるが、内容的には蚩尤が妖怪であったこと、当時関羽にすでに妖魔退治の能力が認められていることに注意したい。なぜなら民間流布の故事に基づくと推測される戯曲が元代に製作され、明代に関羽の妖魔退治が広く民間に確認されることは、下からの関羽信仰の特色を探るうえで重要な手がかりを与えるものと考えられるからである。では、清代の軍事行動に関わる関羽の霊異伝説は、はたしていかなる特色を有したであろうか。次節で検討することにしよう。

二　関聖帝君の霊異伝説の分析

霊異伝説分析の視角

ここでは封号賜与の契機となった清朝の軍事行動における関羽の霊異伝説を実際に分析することにしたい。関羽の霊異伝説はこれまで荒唐無稽の談として切り捨てられるか、わずかに怪力乱神的なものとして紹介されるにとどまってきた。したがって霊異伝説を分析しようとするとき、当然ながら新たな分析視角の模索が必要とされるわけであるが、前章でも取り上げたとおり、濱島敦俊が、実在の人物たる「鬼」が疑うべくもない「神」となる不可欠の条件として、①生前の義行あるいは優れた資質、②死後の霊異、③天の代理者たる皇帝の認証（廟額・封爵）の三点を実証するとともに、①〜③を内容とする霊異伝説が巫師＝憑依型シャーマンによって偽造された点を指摘したことはきわめて示唆的である[17]。

関羽の場合も、後述するように、清朝皇帝ないし文武官僚が関羽に仮託した奇跡を繰り返し創出し、皇帝の認証たる封号が次々と賜与されている。換言すれば、清朝皇帝や文武官僚自らがあたかも巫師と同じような役割を果たしていたのであって、こうした点は十分に考慮されなければなるまい。すなわち、ある人物（集団）が創出・宣伝した霊異伝説は何らかの明確な意図をもち、そこに登場する神々もその人物（集団）の期待を反映した偶像なのであって、このような霊異伝説に込められた目的の達成のためには、伝説の全体構成すらも必ずしも事実である必要はなく、むしろフィクションをまことしやかに、かつ効果的に繰り返し表現することそれ自体に意味があったと仮定し、関羽の霊異伝説に特有のナラティヴ、そこで関羽に求められている霊力、霊異伝説の創出・宣伝の目的などについて検討するのである。

そこで以下、かかる分析視角を用いて関羽＝関聖帝君（以下、清代における神としての関羽をいう場合には呼称を関聖帝君に統一する）の顕聖を伝える霊異伝説を分析していくわけであるが、前節で検討したように、そこには主に二つの場面、つまり第一に、中国内地における千年王国運動的宗教活動、第二に、十全武功をはじめとする大軍事遠征が想定される。そこで本章では、まず千年王国運動的宗教活動に関わるものを検討対象とし、ユーラシア世界との関わりが想定される大軍事遠征については第五章・第六章で取り上げることにする。また千年王国運動的宗教活動に関わる霊異伝説も多数におよぶため、ここでは封号賜与の契機となっていた天理教と太平天国運動の二つの事例を取り上げて詳察することにしたい。[18]

天理教の乱と関聖帝君の顕聖（一）——河南滑県城占拠事件と「顕聖」

嘉慶一八年（一八一三）九月、河南省滑県の李文成と、北京近くの大興県の林清が同時に蜂起した。これを天理教の乱と呼ぶ。特に林清が宦官の手引きで紫禁城に突入し、皇帝暗殺未遂を起こしたことは有名であり、スーザン・ナクウィン（Susan Naquin）をはじめとして諸先学によって取り上げられてきた。[19]嘉慶帝はこの反乱を鎮圧した後、関羽に「仁勇」の封号を賜与している。では、嘉慶帝はなぜ関羽に封号を賜与したのか。天理教の乱は李文成の河南滑県城占拠事件と林清の紫禁城突入事件という二つの事件から構成されているから、霊異伝説も事件ごとに腑分けして検討していくことにしよう。

まず滑県城占拠事件では、政府軍による県城奪回作戦中に関聖帝君が顕聖して政府軍——八旗が出動した形跡はなく、緑営兵のみの可能性が高い——を勝利へと導いている。

臣〔那彦成《だげんせい》〕は官兵を率いて、〔嘉慶一八年〕本月（一二月）一〇日、滑県城を奪回しました。……その夜、三更（午前零時）にいたり、臣らが兵を率いて守備していると、なんと城内に突然多数の賊が現れて城壁のない場所（奪回作戦中に政府軍の地雷で爆破された）を突破しようと大声を挙げて押し寄せてまいりました。官兵は勇敢に戦って賊を斬り殺しましたが、賊は死に物狂いで突撃するなど誠に獰猛でありました。またときは正月黒夜（傍点は引用者。以下同じ）であり、官兵が砲を放っても的確に命中させられません。ちょうどそのときです。たまたま城壁の傍らにあった廟宇が突然発火して燃え上がるではありませんか。その光で賊の数を確認すると約二、三〇〇〇人ほど。官兵はあたかも白昼のごとき明るさのなかで賊と戦い斬り殺しました。城内の官兵も救援に駆けつけ両方から挟撃したため、賊一〇〇〇人ほどが死にました。……事態が収まった後、このことを住民に問いますと、城壁の傍らの廟宇の後方に三教仏前殿があり、関聖帝君の神像が塑《つく》られており、廟宇は燃えつきたものの、神像のみは燃えることもなく、毅然としてひとり残って、まったく傷ついたりすることもないことがわかりました。[20]

ここから次のような知見が得られるであろう。第一に、これは奪回作戦の指揮官であった陝甘総督那彦成（満洲人）[21]の上奏に見られる関聖帝君の顕聖である。那彦成はまさに皇帝への戦況報告のなかで関聖帝君による加護を述べたのであった。第二に、さきに八旗の一般兵士レヴェルにおける関羽信仰の薄さを指摘したが、満洲人官僚たる那彦成が霊異伝説を創出している点はおもしろい。これは彼が満洲人官僚であった――同じ満洲人であったとしても、官僚としては関聖帝君を積極的に利用あるいは信仰する必要があった――ことと同時に、政府軍が主に緑営兵で構成されていたことに関連していたと考えられる。第三に、霊異伝説のナラティヴを見ると、まず滑県城奪回後の李文成軍の反撃と官兵の混乱を〝闇の混沌状態〟――黒夜（原文は「黒」）という語がそれを連想させる――として表現し、その直後に廟宇の発火と白昼のごとき明るさのなかでの関聖帝君の顕聖と賊の殲滅を語ることで、〝闇の世界〟から〝光の世界〟への復帰をより鮮明に描き出している。なお三更（午前零時）という時刻については、前章で指摘したとおり、関聖帝君の顕聖に最も相応しい時間――『三国志演義』でも三更に顕聖することが多い――が、報告者たる那彦成によって選択されたのであろう。第四に、論理構造としては、敵対勢力の脅威（非常事態・危機状態＝カオス）→関聖帝君の顕聖→政府軍の勝利、それに続く秩序・規範（＝ノモス）の回復、現体制の維持という一連の流れを推測・確認できる。第五に、このような一連のナラティヴにおいて、清朝は関聖帝君の加護を祈願してはいない。にもかかわらず関聖帝君は顕聖する。一般に神々の顕聖には、神の加護を祈願した結果としての顕聖と、祈願せずとも神自身が自らの意志で行う顕聖との二種類の定型化したパターンがあると考えられるが、ここでは明らかに後者を採用している。これは漢民族の英雄神である関聖帝君が、清朝の正統性を認めて、祈願なくとも自らの意志で顕聖し、秩序の再生産に貢献したことを暗示しているのではなかろうか。第六に、ひとり関聖帝君の神像のみ燃えずに残る点は、さきの明末張献忠の乱にまつわる語りと同様となっている。神像が霊異伝説を関聖帝君に結びつける重要な役割を果たしていることは間違いない。最後に、最終的に指揮官自らが確認することで、関聖帝君の顕聖はゆるぎない事実となっている。

この事件に関わる関聖帝君の顕聖は、他の史料中にも確認できる。たとえば、同治『滑県志』巻一二、雑志に収められている教諭郭景泰「教匪紀事」には、次のようなくだりが見える。

嘉慶一八年、黄河の南北は連年の飢饉であった。滑〔県〕民の李文成は白蓮教を説いて民衆を惑わせ、その仲間が蔓延するようになった。……〔政府軍が滑県を奪回した後〕三更にいたり、官兵が城外で休息していると、賊数千が突撃してきて、昏黒《くらやみ》のなかで敵味方の区別がつかなくなった。すると、にわかに古廟から火が天を衝くように出て、あたかも白昼のように輝いたので、賊を全滅させることができた。見てみると、なんと関帝廟であった[22]。

同治四年（一八六五）、滑県教諭であった郭景泰は、李文成の教門を「白蓮教」と決めつけている。しかし『大清律例』禁止師巫邪術律の事例に明示され、取締・弾圧の対象であった白蓮教という教門名はすでに清代には使用されておらず[23]、実質的な意味を失っていたから、郭景泰がそのように認識していたというよりは、むしろ白蓮教の名を借りることで、白蓮教にまとわりつく〝邪〟のイメージを李文成の教門に付与する意図があったと考えられる。また郭景泰は次に紹介する盛大士と同様、県学の教諭であり、いずれも邪教を厳しく批判し、関聖帝君の奇跡を積極的に宣伝している。かような彼らの行動は、淫祠・邪教を論難するとともに、関聖帝君の加護を宣揚することで民衆を教化する、これが教諭の重要な職務の一つであったことを推測せしめるものである。

さらに蘭簃外史『靖逆記』巻三、「平定滑県」は、滑県城をめぐる攻防について、次のように語っている。

にわかに滑県城の西南角で〔政府軍の仕掛けた〕地雷が爆発し、南門の城壁が二〇丈あまりにわたって崩壊した。その際、レンガ（甎《せん》）が乱れ飛んで賊を攻撃し、あたかも「神人」の加護があるかのようだった。……〔政府軍が城内になだれ込むと〕賊のうちに手に大斧をもつ者がいたので、兵士が首を切り落としたところ、血が出ず、白気が立上るのが見えただけで、立ったまま撲れなかった。兵士は叫んだ。「もしおまえに「妖法」があるなら、まだ戦うか」と。賊の死体はなおも敵を迎える姿勢を取ったが、兵士が一突きすると、死体は撲れた。この日激戦すること一昼夜、三鼓（三更）に官兵が城外で休息していると、突如賊三〇〇〇人が現れて突入し、死に物狂いで戦い始めた。昏黒《まっくら》ななかで兵と賊の見分けがつかない。にわかに古廟のなかから光が出て、あたかも白昼のごとく照らした。それゆえに官兵は賊を殲滅できた。翌日行って見ると、関聖帝君廟であることがわかった。[24]

この史料『靖逆記』の著者は盛大士、字は子履、江蘇太倉人で、蘭簃外史は号である。嘉慶五年（一八〇〇）に挙人となり、事件当時は江蘇山陽県県学の教諭であった。[25] 盛大士がいつごろ、いかなる経緯から『靖逆記』を著したかは定かでないが、嘉慶二五年（一八二〇）の刻本が存在するから、ほぼ同時代史料と考えてよい。ここでは李文成軍の「妖法」と、政府軍への「神人」の加護、関聖帝君の顕聖とが対照的に描き出されている。李文成軍の「妖法」は関聖帝君の〝光〟のなかで破られ、勝利は最終的に政府軍の掌中に帰したのであった。

天理教の乱と関聖帝君の顕聖（二）――紫禁城突入事件と「顕聖」

次に林清の紫禁城突入事件の場合を見てみよう。さきに紹介した那彦成報告中の関聖帝君の顕聖に対して、嘉慶帝は硃批のなかで、以下のような感慨を述べている。

〔爾《なんじ》の〕上奏を覧《み》た。朕も誠に深く感激している。京師でも〔嘉慶一八年〕九月一五日夜、賊が、関帝が〔紫禁城の〕午門に端座しているのを見て、ついに投降したり自尽したりした。かような加護を賜り、何と有り難いことであろうか。[26]

ここに非常に簡潔ではあるが、李文成の事件のみならず、林清の紫禁城突入事件の際にも、関聖帝君の顕聖によって危機を救われたとする嘉慶帝の感慨が、あますことなく吐露されている。

もう少し詳細な記事を検討してみよう。さきに取り上げた蘭簃外史『靖逆記』巻一、「蹕回鑾伏莽（皇帝の車駕が戻ってきて賊を誅伏した〉」には次のように記されている。

〔賊が紫禁城に突入した混乱の最中〕まさに夕暮になろうとするとき、諸王・内務府大臣がそれぞれ兵を率いて救援に駆けつけ、激戦を繰り広げる。賊の勢いは次第に衰えて、〔賊は苦し紛れに〕火を放とうとした。すると突然大雨が降り出し、雷鳴が轟き、落雷して賊二人を撃ち殺し、武英殿の御河へと転落させた。電光きらめくなか、恍惚とした状態のうちに、関聖帝君が午門のうえに顕現して端座しているのが見えた。賊は驚き恐れて、慌てて逃げ隠れもできず、河に飛び込んで溺死する者が甚だ多かった。その他の賊はみな捕虜となった。[27]

この史料は、林清ら天理教徒が紫禁城に突入した後に起こる関聖帝君の顕聖を、じつに興味深く語っている。賊の放火とそれを阻止する一陣の雷雨、落雷による賊の震死など、奇跡が次々と演出され、稲妻と雷鳴の恍惚状態のなか、ついに午門上に関聖帝君が顕聖する。かくして賊は壊滅され、王朝存亡の危機は脱せられたのである。

まずここでも林清の率いる邪教徒が関聖帝君の顕聖を目撃・体験するという体裁がとられている。関聖帝君の顕聖の信憑性・客観性を高めるためであろう。また清朝の祈願なくとも関聖帝君が顕聖するのも、さきに確認したとおりである。

続いて稲妻であるが、これも李文成の事件における関帝廟の発火と同様、暗黒を切り裂く明るさを演出する役割を果たしている。あるいは火・雷＝赤＝関聖帝君を象徴した色彩的な効果を狙ったものかもしれない。[28]

関聖帝君と降雨との関係については、いくつかの興味深い点がある。金井徳幸によれば、水旱の際に関聖帝君に乞雨を行うのは、早くも南宋孝宗の淳熙一四年（一一八七）に見られるという。[29] こうした関聖帝君に対する乞雨は、現在の現地調査でも確認されており、[30] そこに民間に残る信仰の根深さを見て取ることができる。つまり関聖帝君の霊異伝説にもかかる民間信仰の断片をうかがいうるとともに、それが著者盛大士によって意識的に取り込まれたと推定することも可能なのである。

最後に、『靖逆記』巻一、「蹕回鑾伏莽」の末尾に付された按語を検討しておきたい。そこで盛大士が降雨や落雷など一連の出来事について以下のように解釈していることは、清朝と関聖帝君の関係を考えるうえで重要な示唆を与えるものである。

八卦教（＝天理教）は畿南で乱を倡《とな》えて（河南滑県城占拠事件）、宮廷を驚き震わせたが（紫禁城突入事件）、もし皇帝の治政が広く遠方にまでおよび、天意にかなうことがなかったならば、反乱の勢いは天にまで達し、その災いもにわかに消し去ることはできなかったであろう。したがって、狩猟が雨に阻まれ、皇子がさきに帰ったため、宮廷に出現した賊はみな首を並べて殺されたこと、かつときは閉蟄、雷鳴が轟き、神明（＝関聖帝君）が霊力を現したので、賊は肝をつぶしたこと、「これらのことは」まことに「天人相感」に違わないものであった[31]。

皇子（後の道光帝）が狩猟に出たが、降雨のために急遽中止して引き返し、それが結果的に林清らに襲撃された嘉慶帝を救援することになったこと、そのほかにも降雨や落雷といった自然現象など、一見偶然かと思われる出来事を、盛大士はすべて「天意」に結びつけている。ましてや「神」たる関聖帝君が紫禁城内にまで顕聖して、皇帝の危機を救ったのである。これこそまさに「天人相感」にほかならなかった。このように盛大士は「天人相感」、すなわち天人相関説・感応説[32]を強調することで、清朝の支配が「天意」にかなったものであることを宣伝したのである。

これまでの検討で明らかとなった、天理教の乱を〝場面〟とした関聖帝君の霊異伝説の特色を整理しておこう。

第一に、清朝皇帝・文武官僚が創出・宣伝した関聖帝君の顕聖の場面の一つは、中国内地の千年王国的宗教運動(ここでは天理教の乱)であった。第二に、天理教の乱の場合、まず敵が「白蓮教」「妖法」など〝邪(教)〟の性格を有していたことを述べる。これはその後の関聖帝君の顕聖と鮮明に対比される。つまり関聖帝君の最も重要な霊力は〝破邪〟にあったと考えられる。第三に、関聖帝君の加護の対象は満洲人皇帝ないし官僚、あるいは漢民族から構成される軍隊=緑営兵であった。彼らが〝闇〟で表現される混沌状態(カオス)に陥ると、関聖帝君が顕聖して〝光〟の世界へと転換し、〝闇〟を照らし出すことで敵の殲滅に成功する。つまり霊異伝説は、白蓮教による非常事態・危機状態(=カオスないしカタストロフィー)→関聖帝君の顕聖→秩序・規範(=ノモス)の回復という定型化されたナラティヴをもつのである。第四に、清朝皇帝・文武官僚が祈願せずとも関聖帝君は顕聖した。これは清朝の正統性を高める効果を有したと推定される。第五に、白蓮教徒にも関聖帝君の奇跡を目撃させることで信憑性を補強している。第六に、霊異伝説には降雨など多くの民間信仰の要素が取り込まれている。そのうち最も注目すべきは「関羽大破蚩尤」であろう。霊異伝説がこれを下敷きにしていることは、蚩尤が妖術を駆使する妖怪であったこと、関聖帝君に〝破邪〟の能力を認めることなどいくつかの類似点から十分に推測しうる。かかる事実は霊異伝説が下からの信仰を汲み取りつつ創出されたことを如実に物語っているのである。最後に、かような特色をもつ霊異伝説の再三にわたる創出・宣伝の目的を推測すれば、一つには、白蓮教によって説かれ、いままさに現実化せんとしている末劫の到来と弥勒掌教の世界の出現——これを清朝側は〝闇〟の世界として表現する——を、関聖帝君の顕聖によって阻止し、〝光〟の世界=現世の秩序を回復すること、いま一つには、現世の頂点にたつ清朝皇帝個人と漢民族の英雄神=関聖帝君の関係を強調することで、満洲人皇帝個人のカリスマ性を漢民族の文武官僚ないし一般民衆に誇示し、求心性を高めることにあったと考えられる。

太平天国の乱と関聖帝君の顕聖

続いて、時期的にはやや下るが、清末に拝上帝会（キリスト教）の洪秀全らが起こした太平天国の乱（咸豊元～同治三年、一八五一～六四、これに呼応した捻《ねん》軍を含む）の場合について検討を加えてみよう。(33) 太平天国の乱に関わって関聖帝君が顕聖したことは、すでに郭松義・張羽新らによって言及されている。(34) しかし管見のかぎり、関聖帝君の顕聖を伝える霊異伝説を取り上げたものはまったくない。したがって、以下に掲げる史料は、本書で初めて紹介・分析されるものであることをあらかじめ指摘しておく。

最初に、詳細な内容こそ判明しないものの、関聖帝君の顕聖が報告されている事例をいくつか紹介しておきたい。たとえば、咸豊六年（一八五六）二月一八日の上諭によると、咸豊三年四月六日に広東省城、その後、韶州府城、広州府新会・三水両県城、恵州府龍川県城などに関聖帝君が次々と顕聖し、太平天国軍の撃退に成功したという。このとき、咸豊帝は謝恩して「精誠」の封号を賜与した。(35) また同治三年（一八六四）五月初一日の上諭に引く巴揚阿の上奏によれば、咸豊四年（一八五四）に太平天国軍が湖北省荊州府龍会橋を攻撃したとき、関聖帝君が顕聖し、政府軍は少数ながらも勝利を得ることができた。(36)

もう少し詳しい状況が判明する事例を検討してみよう。同治元年（一八六二）五月初一日、太平天国軍（原文では粤逆）が陝西省同州府潼関《とうかん》庁を包囲・攻撃したときの様子について、中国第一歴史檔案館蔵、軍機処録副奏摺、農民運動類、補遺項、九〇一二巻九三号、同治元年七月二九日、陝西巡撫瑛棨《えいけい》「奏為関帝両次顕霊懇恩頒給匾額仰祈聖鑑事」には、次のような報告が見える。

〔陝西巡撫瑛棨が〕拠《う》けた潼商道蔣徴陶・潼関庁同知劉芬の上奏には、本年（同治元年）五月初一日、粤逆（太平天国軍）の馬兵・歩兵約四万人が〔潼関〕庁城を囲んで攻撃したとき、城壁上の官兵が砲撃すると、平野部に分駐していた賊（太平天国軍）がみな撃ち殺されただけでなく、山間部に拠った者もすぐさま斃れないものはなかったとありました。また生擒《ほりょ》の逆賊や脅され〔て付き従っ〕た人びとの供述によれば、彼らは〔潼関〕庁城の南塬に駐屯していたが、〔庁城は〕高くかつ遠く、最も攻め難く、また〔庁城からの〕砲撃で傷つく者（太平天国軍）も多かった。夜間に庁城をはるかに望むと、火焔は天にも届き、〔指麾の〕旗が目にも眩しく、無数の官兵が隠れていて、庁城を出て挟撃してきたので、〔太平天国軍の〕営のなかは驚いて大混乱となり、敗退してしまったとのことで、それが関聖帝君の神霊によるものであること、まったく疑いようがございません。[37]

さきに天理教の乱における関聖帝君の顕聖を検討した結果と比較しながら、この史料から得られる知見を整理してみよう。第一に、この報告は陝西巡撫瑛棨（漢軍八旗）が潼商道蔣徵陶・潼関庁同知劉芬の上奏、および捕虜とした太平天国軍の供述に基づいて作成したもので、やはり戦況報告のなかで関聖帝君の顕聖について語っている。第二に、ここでは供述のかたちをとって、太平天国軍の兵士の口から関聖帝君の顕聖を語らせることで、顕聖の信憑性・客観性を高からしめている。第三に、彼らの言によれば、夜間に潼関庁城をはるかに望むと、天にも届かんばかりの火焔のなかに旌旗が煌《きらめ》き、隠れていた無数の官兵が庁城を出て攻撃してきたため、太平天国軍は壊乱したという。〝闇〟夜を照らし出す火焔、その火焔＝〝光〟のなかに見える旌旗、〝天兵（神兵）〟の出現など、天理教の乱の事例で確認したものと類似したナラティヴを確認できる。第四に、ただし関帝廟ないしは関聖帝君の姿の目撃といった、関聖帝君の顕聖を明確に証拠づけるようなものはまったく確認されない。同時に報告されている、同治元年七月初六日に回匪[38]が山西省西安府涇陽県を攻めたときの関聖帝君の顕聖では、「紅臉《あかいかお》・黒臉《くろいかお》の人」が目撃され、この「紅臉《あかいかお》」が明らかに関聖帝君を表しているのとは大いに異なっている。[39]つまり潼関庁城における関聖帝君の顕聖は陝西巡撫瑛棨の解釈にすぎないのであって、瑛棨が意図的に関聖帝君に仮託した可能性をもつといえよう。こうした仮託が行われることは、奇跡があれば関聖帝君の顕聖に相違ないとする定式が出来上がっていたことを意味すると考えられる。最後に、ここでも天理教の乱の場合と同様、特に祈願しておらず、関聖帝君は自らの意志で顕聖したという体裁が採用されている。

ところで、右の最後の点については、太平天国の乱の場合、指揮官自らが祈願を行い、その結果として関聖帝君が顕聖した事例も見られないわけではない。同治三年（一八六四）四月一四日の上諭に引く、江蘇巡撫李鴻章の上奏に見える江蘇省常州府城奪回作戦中の顕聖がそれにあたる。

〔江蘇巡撫李鴻章の率いる〕江蘇省の政府軍が〔太平天国軍に占領されていた〕常州府城を囲んで攻めようとしたとき、たまたま昼夜を分かたず霪霖《ながあめ》が降って、砲撃することが難しかった。そこで巡撫〔李鴻章自ら〕が関帝廟に赴いて虔《つつし》んで祈禱したところ、幸いにも神霊（関聖帝君）の加護が得られ、たちまち晴れ上がり、なおかつ府城を攻めて差し迫ったときには、忽然と順風にかわり、大砲・火器が通常以上の威力を発揮したため、たちどころに常州府城を攻め落とすことができた。また調べによれば、常州府城はかつて咸豊一〇年（一八六〇）四月初六日午後二時に〔太平天国軍によって〕陥落させられたが、このたびも四月初六日午後二時〔という四年後の同時刻〕に奪回できたとのことである。(40)

ここでは江蘇巡撫李鴻章らが親しく関帝廟――この祠廟は常州府城外の近郊にあったのであろうか――に赴いて祈禱を行っている。そうであるすれば、李鴻章が何を祈願したかが問題となるが、可能性としては以下の二つを想定しうる。一つは、常州府城奪回作戦の早期成功、いま一つは、祈晴（禱晴）である。当然ながら前者の可能性も安易に捨象できないが、天理教の乱のときに検討したように、関聖帝君が降雨とのあいだに密接な関わりを有していること間違いないから、前者よりむしろ後者の可能性が高いのではないかと推定する。なぜなら李鴻章は打ち続く霪霖《ながあめ》を防ぐことで膠着した戦局の打開を図ったのではないかと考えられるからである。(41)

関羽と他の神々の顕聖

さらに咸豊七年（一八五七）春、太平天国の乱に呼応して蜂起した捻軍が、河南省帰徳府永城県を包囲・攻撃した際、目撃された関聖帝君の顕聖について検討してみたい。この永城県をめぐる顕聖の結果、咸豊帝はさきの「精誠」に続いて、「綏靖」の封号を関聖帝君に与えている。(42)

皖《かん》匪（捻軍）の張楽行(43)らが永城県城を包囲・攻撃すると、西門内に忽然と大砲四門が、城隍廟内に火薬一樽が出現し、賊匪数千名を撃ち斃しました。東関の外には関帝廟があって、賊匪が廟の前にいたるたびに、呆然として立ちつくして動けず、大砲によって轟斃《うちたお》されてしまいました。廟内に住宿していた賊匪は朝までに尽く死んでいました。また兵丁・勇丁（義勇兵）が防守し疲れ果てて解散を望んでいると、呂純陽（呂祖）が夢に現れて志気を鼓舞したため、人心はますます固まったのです。〔捻軍側の〕築いた砲台や雲梯は、県側が人を城壁から下ろして焼き払わせましたが、そのとき黒夜に火神が旗幟をもって先導するのが見え、賊匪は火薬によって自ら焼け死んでしまいました。さらに擒獲《ほりょ》とした匪徒の供述によれば、〔永城県〕城を攻めたとき、〔龍神の加護によって〕城壁がますます高く、河水が日々増加したように見え、毎夜〔県〕城のうえには観音大士・土地神が出現して、城楼のうえに立ったり、馬を駆って走らせたりしました。また薛家湖などにおいて聚落が連合して賊匪と交戦したとき、〔風神の加護によって〕忽然と大風が吹き、砂を巻き上げて樹木を引き抜き、たちまち賊の包囲を解いてしまったのであります。(44)

これは河南巡撫英桂（満洲人）が永城県城で目撃された諸神――関聖帝君のほか、呂純陽帝君・龍神・火神・風神・観音大士・土地神・城隍神――の顕聖を報告し、それぞれに封号を賜与するよう求めたものである。呂純陽帝君、すなわち呂洞賓は唐の貞元一四年（七九八）四月一四日の出生といわれ、北宋末には神仙中の代表的な地位を獲得し、元代には盛んに信仰されて、至大三年（一三一〇）に元の武宗から純陽演正警化孚佑帝君に封ぜられた。また「邯鄲の夢」の逸話――科挙に落第して長安で遊んでいるとき、酒屋で道人に会い、粟の飯を炊いているうちに、立身出世して大臣となり失脚した夢を見たが、目覚めてもまだ飯は炊きあがっていなかった――はよく知られている。(45) このように夢で有名な呂純陽帝君が兵勇の夢に顕聖して志気を鼓舞したとする英桂の報告は、まさに民間側の下からの信仰を意識的に取り込んだものといってよい。

龍神・火神・風神はそれぞれ水・火・風を司る神である。雨乞いといえば龍神（龍王）を連想するように、龍神は旱《ひでり》のときに祀る神であった。火神は火を神聖化したもので、その正体は炎帝とも祝融ともいわれる。一方、風神（風伯）は飛廉《ひれん》と呼ばれる神鳥で、よく風をおこすことができた。(46) かかる幻想神・自然神に対する信仰は決して漢民族に限られたものではないが、少なくとも漢民族にも広く信仰された神々が顕聖せしめられ、反乱軍の鎮圧に一役買っている点はおもしろい。

観音大士（観音菩薩）は周知のごとく仏教神であったが、道教にも取り込まれ、次第に民間に広く信仰されるにいたった神である。もともと男性神であったのが、南北朝の頃から女性神に変化したという。然りとすれば、観音大士が戦場に出現したという英桂の報告には釈然としないものを感じざるをえないが、民間では「招財送子（金運をもたらし子供を授ける）」のほか、「救苦救難（苦難から救う）」「済世造福（この世を済《すく》って幸福をもたらす）」「扶正除邪（正を扶《たす》けて邪を除く）」の神として信仰されていたから、(47) 観音大士の顕聖も必ずしも場違いの感を与えるものではなかったのであろう。

城隍神・土地神については非常に多くの論攷が蓄積されている。(48) これら先行研究によれば、両神のあいだには、城隍神（都市の守護神であると同時に、一定の冥界の守護神でもある）――土地神（死と関わる各郷村の神）という冥界の地域支配の系統が形成されていた。このうち城隍神は都市の守護神だけあって、永城県城のみならず、他の都市の危機にもしばしば顕聖している。

城隍神の顕聖

たとえば、同治三年（一八六四）二月一九日の上諭に引く、漕運総督呉棠の上奏によれば、同治二年（一八六三）五月に匪徒盛広大らが髪逆（太平天国軍）と結びついて長江を渡って、江蘇省通州城を襲撃しようと図ったとき、城隍神と僧伽大聖(49)が顕聖し、恙なきを得たという。(50)

また同治三年二月二九日の上諭中に見える陝西按察使張集馨の上奏によれば、同治三年二月、陝西省漢中地方は髪逆の攻撃を被ったものの、西安府寧陝庁城については城隍神の顕聖によって事なきを得たことが語られている。(51)

さらに湖広総督李瀚章および湖北巡撫郭柏蔭による同治一一年（一八七二）四月頃の上奏には、湖北省武昌府蒲圻《ほき》県城における城隍神の顕聖について以下のように述べられている。

> 窃《ひそ》かに拠《う》けた湖北蒲圻県知県姚縄瀛《えい》の詳文によれば、拠けとった〔該県の〕紳士陳光聯らの稟文には、蒲圻県の城隍神は前明・洪武年間に顕佑伯に封ぜられた、漢の忠臣紀信の霊であると相い伝えております。本県が崇祀して以来、捍災御患・祈雨禱晴に最も顕応を見せました。咸豊五年（一八五五）に髪逆が大挙して蒲圻県城を陥れると、県城付近一帯はみな賊の被害を蒙りました。前任巡撫胡林翼が西城外に駐軍し、連日攻撃しておりますと、突然ある夜に、賊は多数の兵士が西城から突入し、火光がまっすぐ天にあがり、顕佑伯紀信の旗号

がたなびき、その威勢・勇敢さには敵することができないほどであったのを目撃しました。〔そのため〕賊軍は大いに乱れ、ただちに北門を開いて逃亡しましたが、互いに踏み潰しあって、死んだ者が甚だ多かったのでありました。官軍は数里にわたって〔賊軍を追撃・〕殺害し、大いに勝利を得たとありました。〔そして〕擒獲《ほりょ》の賊が供述した崩潰の原因を聞いて、はじめて神霊の加護があって、地方は幸いにして平静を得ることができたことを知りました。(52)

咸豊五年に太平天国軍に占拠された湖北省蒲圻県城をめぐって、これを奪回しようとする湖北巡撫胡林翼と太平天国軍とのあいだで連日攻防戦が繰り広げられるなか、ある夜、城隍神が〝天兵（神兵）〟を率いて顕聖し、太平天国軍を駆逐して、政府軍に勝利をもたらした。本県の紳士陳光聯の言によれば、この蒲圻県城の城隍神は前漢の忠臣紀信で、明・洪武年間に顕佑伯に封ぜられたという。濱島が夙に指摘するように、当為としての城隍神は人格神たる属性を奪われたが、現実には過去の英雄が神格化したものとして崇められていたのである。(53)この紀信なる人物については、宋末元代の嘉興府華亭県城、鎮江府城、慶元府城でも城隍神として祀られていたことが確認されている。(54)ところで、紀信が「忠臣」と称される理由は、『漢書』巻一上、高帝紀第一上の次の記事によれば、以下のとおりであった。

〔高祖の四年（二〇三）〕夏四月、項羽が漢王〔劉邦〕を栄陽に囲むと、漢王は和を請い、栄陽以西を割いて漢とするとした。……五月、将軍紀信が「事は急ぎます。臣《わたくし》は楚を誑《あざむ》いてやりましょう、こっそり逃げて下さい」と曰《い》った。そこで陳平が夜に東門から女・子供二千余人を出すと、楚は四面よりこれを攻撃した。紀信はそこで王車、すなわち覆いの裏に黄色の絹を用い、衡（よこぎ）の左に羽毛ないし牛の尾の毛で飾った旗を立てた天子の車に乗って、「食糧が尽きた、漢王は楚に降る」と曰った。楚はみな万歳を叫び、城の東側に之《い》って観《み》たので、ゆえに漢王は数十騎とともに西門から遁走することができた。御史大夫周苛・魏豹・樅《しょう》公に栄陽を守らせた。項羽は紀信を見て、「漢王はどこにいるか」と問うた。〔紀信は〕「すでに出て行かれた」と曰った。項羽は紀信を焼き殺した。(55)

紀信は漢王(劉邦)の身代わりとなって楚の項羽に投降し、怒った項羽によって殺害されたのであった。かかる行為が紀信を「忠臣」たらしめた理由である。このように生前の義行は明らかとなったが、死後にどのような霊異を顕わしたか、いかなる理由でかくも多くの都市で城隍神として祀られたかの解明は今後の課題である。しかし、このようにして過去に都市あるいは一定の地域に貢献があり、その後、民間で熱心に信仰されている英雄神が、いままた都市ないし地域の危機を救うべく城隍神として顕聖するという霊異伝説は、文武官僚、兵士、さらには一般民衆にとってもきわめて受け入れやすいものであったに相違ない。

さらにもう一つ関聖帝君・城隍神など複数の神々が同時に顕聖した事例を紹介しておこう。咸豊八年(一八五八)一〇月一四日の上諭に引く、河南布政使兼署河南巡撫瑛棨の上奏には、次のように記されている。

河南省光州の固始県城が昨年(咸豊七年)一二月に賊匪に攻囲された際、該県知県張曜と文武官僚・紳民らが関聖帝君・城隍神・李侯神に虔《つつし》んで祈禱して加護を求めると、官兵は多数の逆匪を撃ち殺すことができ、また煙と火焔のなかに旌旗と隊伍が見えたので、逆匪はみな神助に驚きました。ゆえにしばしば危機に瀕しても、ついに保全を得ることができたのであります。(56)

咸豊七年（一八五七）一二月、賊匪（太平天国軍）が固始県城を囲むと、知県張曜は文武官僚・紳民らと親しく関聖帝君・城隍神・李侯神を祀って霊佑・加護を求めた。その結果、神々が〝天兵（神兵）〟を率いて顕聖し、賊匪を打ち破ることができた。常州府奪回作戦時の李鴻章の場合と同様、知県らの祈禱があって神々ははじめて顕聖したのである。この固始県城の城隍神は蒲圻県城の場合と同じく前漢の紀信、一方、李侯神は後漢・建武二年（二六）に固始侯に封ぜられた李通であった。瑛棨はこのたびの霊佑に謝して、李侯神を県の祀典（公式祭祀リスト）に入れるよう求めている。[57]固始県城ではいまだ祀典に登録されていない「土神」[58]も顕聖したのである。ところで、この李通は『後漢書』巻一五に立伝されている。李通は字は次元、南陽宛人で、最初王莽に仕え、五威将軍従事や巫県の丞に補せられたが、後に光武帝（劉秀）のもとに走り、前将軍・固始侯に封ぜられた。[59]しかし残念ながら、現在のところ、特に生前の義行や死後の霊異などを確認することはできていない。

このように清末の太平天国の乱における関聖帝君の顕聖を伝える霊異伝説のなかには、永城県城の関聖帝君・呂純陽帝君・龍神・火神・風神・観音大士・土地神・城隍神、固始県城の関聖帝君・城隍神・李侯神のごとく、関聖帝君が単独で顕聖するのでなく、多数の神々と一斉に顕聖する事例がしばしば見られる。それは城隍神など他の神々の場合でも同様であった（江蘇省通州城の事例）。このように多数の神が同時に顕聖する状況は、管見のかぎり、太平天国の乱以前にはほとんど見られないから、当該時期の、いわば清朝それ自体の存続が危ぶまれる時期の霊異伝説の特色といっても過言ではなかろう。できるだけ多くの神々の顕聖を内容とする霊異伝説を創出することによって、可能なかぎり高度かつ広汎な権威の調達を意図していたものと考えられる。またこれら諸神の大半は関聖帝君のほか、観音大士・城隍神など「全国神」として著名な神々が占めているが、その一方で李侯神のような土神をも含んでいる点に注目しておきたい。

さらに太平天国の乱では関聖帝君をはじめ、諸神の顕聖の頻度の上昇を推測できる。すでに整理したように（前掲表1-1)、関聖帝君には、咸豊二年(一八五二)から同治九年(一八七〇)のわずか一九年間に「護国」「保民」「精誠」など五つもの封号が賜与されていることからも明白である。その結果として関聖帝君は咸豊三年(一八五三)に群祀から中祀に昇格し、ついに孔子と肩を並べるにいたったのである。

以上、太平天国における関聖帝君の顕聖を伝える霊異伝説を検討してきた。その特色を簡単に整理しておくと、以下のようになる。第一に、太平天国の乱に遭遇するなかで創出された関聖帝君の霊異伝説に、天理教の乱の場合とほぼ同じ定型化されたナラティヴを見出すことが可能ではある。しかし関帝廟あるいは関聖帝君の姿の目撃といった、奇跡と関聖帝君とを直接に結びつけるような現象は必ずしも確認されない。つまり報告者による意図的な仮託が行われた可能性が高い。第二に、関聖帝君の顕聖には、清朝皇帝・文武官僚が祈願せずとも行われるものと、祈願した結果として生起したものとの二種類が見られた。天理教の乱の場合には前者のみであったのとは少しく異なる。この変化がいかなる意味を有するかは、関聖帝君の事例のみからでは判然としない。第三に、関聖帝君の加護の対象は必ずしも軍隊に限られず、太平天国軍の攻撃を受けた都市住民にまで拡大されている。第四に、太平天国軍にも関聖帝君の顕聖を目撃させることで、その信憑性・客観性を高からしめている。第五に、太平天国における霊異伝説にも祈雨祈晴など民間信仰の要素を見出せる。第六に、関聖帝君が単独で顕聖するのではなく、多数の神々と一斉に顕聖する事例がしばしば見られるようになる。それらの神々には呂純陽帝君・観音大士・城隍神・土地神・龍神・火神・風神など全国各地で漢民族に広く信仰されている、いわゆる「全国神」と、李侯神のような特定の地域でのみ信仰されている「土神」とがあった。最後に、再び清朝それ自体の存続が危うくなった時期、関聖帝君の顕聖を伝える霊異伝説が頻繁に創出・宣伝された。その数が他の時期に比較して突出していることは、関聖帝君に賜与された五つの封号が雄弁に物語っている。

三　関聖帝君の顕聖と「われわれ」意識の共有

最後に、冒頭で述べた、清朝皇帝・文武官僚が期待した関聖帝君の役割、繰り返し行われた霊異伝説の創出・宣伝の目的について、天理教・太平天国の両反乱が抱える政治的・社会的背景の類似点・相違点をも考慮に入れつつ検討しておくことにしたい。天理教・太平天国のいずれにも該当しないが、かかる問題を考えるうえで有効な手がかりを提供してくれる興味深い史料がある。それは中国第一歴史檔案館蔵、軍機処録副奏摺、農民運動類、補遺四二、嘉慶八年（一八〇三）正月一二日、那彦成「奏為奏聞事」に見える、広東省恵州府博羅県の匪徒陳爛厳らの起事に関する記述である。

反乱軍と関羽信仰

窃かに査べますに、〔広東省恵州府の〕博羅県の羊屎坑《ようしこう》内の柏塘墟[60]には、関帝廟が建てられていました。本年〔嘉慶七年、一八〇二〕、陳爛厳が事を起こさんとしたとき、〔関帝〕廟に赴いて東南の〔恵州府〕永安〔県〕に往くのに利が有るか否かを卜《うらな》いますと、神（関聖帝君）は籤《くじ》で東南には利あらず、西北に往くのが吉であるとしました。該匪らは〔関聖帝君の〕神像を抬《かつ》いで行き、ただちに西北の响水《きょうすい》一帯に向かい放火・略奪しました。しかしちょうど〔広東〕提督の孫全謀が兵を率いて、この路より進撃してくるのに遭遇し、賊は敗れて羅渓営に入りましたが、また攻め破られてしまいました。該匪らは神が霊佑を顕わさないのを怨み、大胆不敵にも神像を毀《こぼ》ちて棄擲《ほうりすて》ました。査べましたところ、柏塘墟は永安〔県〕まで甚だ近く、当日該匪らが真っ直ぐに東南に向かって行き、永安〔県〕の匪徒と合流していたならば、〔永安県の〕住民の禍はさらに悲惨で、事件はさらに処理し難いものとなっていたでありましょう。伏して査べますに、関聖帝君は我が王朝が開国して以来、久しく霊験を顕わしてきました。いま陳爛厳が小坑で反乱すると、神籤で誘い出し、兵と遭遇させて敗潰せしめ、たちまち投降させたのは、すべて神霊の黙佑によって速やかに戦功を得られたものであります。奴才《わたくし》は員に委ねて博羅〔県〕の撫恤（事後の救済活動）を行わせたとき、このことを知り、神像を塑《つく》らせ、廟宇を修復させました。落成の日、四方の男婦の参集した者は、ついに数千人にも達し、神の威霊に感激しない者はなく、歓びの声が響きわたったのです。(61)

嘉慶七年、匪徒陳爛厳らは反乱に先立ち、博羅県羊屎坑内の柏塘墟にある関帝廟に赴いて、「永安県に向かおうと思うがどうか」と神意を占った。すると御神籤では東南に利はなく、西北に往けば吉との結果が出た。そこで陳爛厳らは関聖帝君の神像を抬いで西北に赴き放火・略奪したが、偶然に広東提督の孫全謀が兵を率いてくるのに出会して撃退された。そのため賊匪は関聖帝君を怨み、その神像を壊して放り捨てる。そして反乱鎮圧後、このように御神籤で正しい託宣を下し、賊匪を誘い出して殲滅させた関聖帝君の霊佑に対して、那彦成は再び神像を塑り、廟宇を修復することで謝恩するのである。

このように霊異伝説で称讃されている関聖帝君の御神籤(62)は、かつて濱島が詳察した、抗租暴動の去就を占った農民に誤った託宣を下したとして処罰された江蘇省蘇州府昭文県の四つの「土神」＝「総管」「周神」「猛将」「李王」の御神籤を想起させるものである。(63)濱島は基層社会で民衆がどのような信仰を有したかを解明する手がかりとして、これら「土神」に注目したのであるが、本章で検討してきたさまざまな関聖帝君の霊異伝説は、「土神」ではなく、まぎれもなく「全国神」、なかんずく英雄神（武神、戦神）を、基層社会の人びとから清朝皇帝・文武官僚までがいかに信仰していたか、という問題を解明する重要な手がかりを提供するものといえよう。

まず上述の霊異伝説についていえば、清朝皇帝・文武官僚はいうまでもなく、匪徒の陳爛厳らも関聖帝君を熱心に信仰していた。そうであればこそ、関帝廟に赴いて御神籤で神意を問うたのである。王朝国家と「反乱」者——それはあくまでも王朝国家から見ての話であるが——ともに関聖帝君の加護を祈願していたのである。このような状況を第三者の立場から観望している、基層社会の一般民衆は態度を決めかね揺らいでいたに相違ない。もはや神=関聖帝君の意志——清朝の権威を支持して反乱を鎮圧するのか、それとも陳爛厳ら反乱軍を支持して王朝の交替を認めるのか——に従うほかなかったのではなかろうか。しかしその後、陳爛厳ら反乱軍は政府軍によって呆気なく鎮圧されてしまう。すると、本来ならば、清朝皇帝（ここでは嘉慶帝をさす）に反乱の鎮圧を報告するだけでよいにもかかわらず、那彦成はわざわざ関聖帝君の霊異伝説を上奏文中に挿入し、清朝が関聖帝君の加護のもとにあることを強調するとともに、その一方で、基層社会の人びとに対しても関聖帝君の加護によって災禍を免れたことを宣伝したのである。とりわけ那彦成が自ら神像・廟宇を修復して、落成式を挙行したことは、非常に重要な意味を有したと考えられる。なぜなら那彦成のそうした行為は明らかに神=関聖帝君が清朝を選択したという〝正しい判断〟を行ったことに対する謝恩にほかならなかったからである。そうすることで、はじめて清朝皇帝から一般民衆までの心性の領域に踏み込むことが可能となったのである。少なくとも一般民衆への宣伝効果は、落成の日に多数の男婦が集まって歓びの声を挙げたという事実に明確に表現されている。那彦成は関聖帝君を媒介として民衆の心の統合に成功したといえよう。

関聖帝君の加護のもとにあるという「われわれ」意識の共有

こうした演出が王朝国家レヴェルで繰り返し行われたことは、これまで検討してきたさまざまな霊異伝説の創出、封号の賜与、国家祭祀の整備・挙行が十分に物語っている。とりわけ天理教の乱は賊匪が紫禁城に突入して皇帝を暗殺しようとする清朝成立以来の最大の危機であった。そのとき、唯一顕聖したのが関聖帝君であり、その意味で関聖帝君は選ばれし神となった。つまり清朝皇帝は、上諭のなかで関聖帝君の顕聖を伝える霊異伝説に言及し、その認証としての封号を賜与することで、漢民族の英雄神（武神、戦神）＝関聖帝君が最も権威ある神の一人であることを文武官僚・兵士たちに誇示したのである。そしてさらに全国各地の関帝廟で関聖帝君の顕聖に謝する祭祀が挙行された結果、文武官僚・兵士たちから一般民衆にいたるまでが関聖帝君の権威を共有したであろうことは想像に難くない。関聖帝君の権威の共有とは、換言すれば、関聖帝君の加護のもとにあるという「われわれ」意識（we-feeling）の共有にほかならない。それは弥勒信仰を媒介として「われわれ」意識を形成している白蓮教集団など――関聖帝君を媒介とする側から見れば、彼らは「われわれ」ではなく「やつら」にすぎない――と繰り返し衝突することでさらに増幅されていく。

ところが、太平天国の乱にいたると、それまでとはやや異なる状況が見られるようになる。実際の軍事行動では、正規軍たる八旗・緑営がその無能ぶりを露呈し、もはや楚勇・湘勇など、民間から召募した郷勇に頼らざるをえなくなっていた。[64] かかる状況のなかで、当然にこれまで以上に関聖帝君の霊異伝説が創出され、多数の封号が賜与されたが、同時に各地で他の神々も盛んに顕聖した。関聖帝君だけでなく、城隍神・土地神・観音大士など他の諸神も一斉に顕聖する場合が見られるようになる。これらは漢民族に広く信仰されていた神々であり、また李侯神にいたっては、祀典（公式祭祀リスト）に未登録の「土神」であった。つまり清朝の実質的な支配が弛緩し、漢民族の一般民衆の心性に広く訴えざるをえなくなると、各地の文武官僚は関聖帝君、全国各地に普及した他の「全国神」、さらにはある一定の限られた地域で信仰されていた「土神」の霊異伝説を繰り返し宣伝することで、一般民衆の「われわれ」意識を鼓舞したのである。ただし他の神々はあくまで補完的な役割を果たしていたにすぎず、この段階においても、関聖帝君が現体制による秩序維持の中心的な位置を占めていたことはいうまでもない。

以上、推測に推測を重ねるかたちで、清朝の漢地支配に果たす英雄神（武神、戦神）＝関聖帝君の役割について検討してきた。冒頭で述べたごとく、これまで諸先学の研究では清朝は関羽の忠義・武勇を政治的に利用したという安易な指摘にとどまってきた。筆者もただちにすべてを否定するわけでは当然ないが、関聖帝君の霊異伝説を詳細に検討してみると、そこでは決して単に関羽の忠義・武勇を強調するのではなく、破邪・乞雨・祈晴、さらには御神籤による託宣など、民間の下からの信仰に基づく具体的な霊力が期待されており、かかる回路を通すことではじめて清朝皇帝から一般民衆までの心性に踏み込んだ、関聖帝君の加護のもとにあるという「われわれ」意識の形成が可能となったと考えられるのである。この「われわれ」意識の共有とその空間的拡大については、本書の第五章以下において、十全武功をはじめとする大軍事遠征における関聖帝君の顕聖を伝える霊異伝説を分析する際に再度俎上に載せ、上述の結論を再検証することにしたい。

第三章　関帝廟という装置

一　現代中国の関帝廟

なぜ関帝廟なのか

前章では、これまで荒唐無稽の談として放置されたまま本格的な研究対象として見なされてこなかった、関聖帝君の顕聖を内容とする霊異伝説を取り上げ、清朝と英雄神たる関聖帝君との関係について分析を行った。そこでは霊異伝説を中心として話が進められたため、関聖帝君を祭祀する施設・空間としての祠廟＝関帝廟の意味については十分に論及できなかった。そこで本章では、視点を少しずらし、関帝廟という施設を手がかりに、それと関聖帝君の顕聖との関わりについて一歩掘り下げた分析を加えることにしたい。それはいまでも各地——中国・香港・台湾はもちろん、多数の華僑・華人が居住する日本の横浜・神戸・長崎・函館[1]、あるいは韓国のソウル・全州・江華・安東などの諸都市——に現存する関帝廟の存在意義を問うことにもつながる。もちろん現在の関帝廟が関羽を祀る祭祀・宗教施設であることは間違いないが、歴史的に遡ってみた場合、特に霊異伝説中に描出された関帝廟がいかなる装置として機能していたのかを検討することによって、関帝廟の祭祀・宗教施設とは異なる別の相貌を見出せる可能性がある。関帝廟も時代の移り変わりに沿って刻々とその役割を変化させているからである。

まず関帝廟に関する予備知識を得るために、現地調査（フィールドワーク）から現代中国の関帝廟について紹介・概観してみたい。一九九五年一〇月から二年間、中国人民大学清史研究所に留学した筆者は、実際に自らの目で研究対象地域を観察すべく、一九九六年の冬に東南沿海地域に赴いた。(2) そのとき福建省南部（閩南《びんなん》地区）で二つの関帝廟を偶然に〝発見〟し、調査する機会を得た。一つは詔安県旧県城内の武廟（以下、関帝廟A）、もう一つは龍海市の「赤嶺関帝廟」（以下、関帝廟B）である。(3) かつておそらくは中国全土に無数の関帝廟が存在したし、いまもなお多数現存している――ただし政治的な影響の強い華北では〝生きた〟廟は少なく、むしろ緩やかな華中・華南の方が黙認された〝生きた〟廟を目にできる可能性が高い――に違いない。関帝廟の数を推定することはまず不可能であるが、一般的な傾向として文化大革命（一九六六～七七年）の「破四旧（古い思想・文化・風俗・習慣を打破する）」のなかで放棄・破壊されてしまったものの、八〇年代以降の改革開放のなかで次第に復活を遂げてきたものと思われる。ここに紹介する二つの関帝廟はそうした歴史を生き抜いてきた貴重なものであり、後述するように、きわめて興味深い霊異伝説をいまに語り伝えているのである。

詔安県の関帝廟――関聖帝君と倭寇

武廟とも呼ばれる関帝廟Aは官営の祠廟と考えられる（写真3-1）。詔安県人民政府の説明書きによれば、明・嘉靖年間（一五二二～六六年）に建設され、その後も何度か修築されたという。現在では、あくまで〝重要文化財〟という位置づけである。該廟の近くには「関帝坊」（写真3-2）と記された牌坊があり、刻まれた文字からそれが明・天啓五年（一六二五）孟冬に当時の知県によって建てられたものであったことがわかる。

筆者は一二月一六日に該廟を訪れたが、ちょうど旧暦の一〇月一九日が関羽に随従した有名な武将＝周倉[4]の生誕日だったらしく、廟正面上に「周倉爺公寿誕（周倉爺の生誕日）」、対聯に「水浸曹軍力擒龐徳（曹操軍を水没させ、龐徳《ほうとく》を擒《とりこ》とした）」（右側）・「忠扶漢室義佑関公（忠をもって漢室を扶《たす》け、義をもって関公を佑《たす》けた）」（左側）の文字が赤い紙に大書されて貼りつけてあった。廟の入口の左右にはたくさんの『三国志演義』の名場面が描かれており（図3-1。「三顧茅廬」すなわち三顧の礼で諸葛孔明を迎える場面）、いまも関羽信仰における『三国志演義』の影響の強さを物語っている。

廟それ自体は非常に壮麗な建物で、正面入口上に「武廟」の文字が入った額が掛けられていた（写真3-3）。入口をなかへと進んでいくと、「山西夫子」の横断幕や「協天大帝」[5]の匾額（山西夫子・協天大帝のいずれも関羽をさす。写真3-4）が目に次々と飛び込んでくる。そして真正面には紅臉《あかいかお》に黒髯《くろひげ》をたくわえた関聖帝君の神像が見えた。右には息子関平、左には周倉を従えている。

しばらくすると、筆者は廟内に明・万暦四〇年（一六一二）、知県羅登雲「武安王廟首創香灯祖碑記」[6]（写真3-5）と清・乾隆一二年（一七四七）「重修帝廟誌」の二つの石刻碑文があることに気がついた。ここでは前者の碑文に注目してみたい。文字が長い年月で磨滅してしまい、判読できな

写真 3-1　詔安県の関帝廟「武廟」

出所）筆者撮影（以下写真 3-9 まで同じ）。

写真 3-2　関帝坊

図 3-1　「三顧茅廬」

写真 3-3　「武廟」の扁額

い部分もあるため逐語訳を諦め、大略を整理すれば以下のとおりとなる。

〔生前に〕関雲長がその力で漢室を扶けたことについては一代の忠臣であり、〔死後も〕顕聖して歴代王朝を加護したことについては歴代の忠臣といえよう。このようなことは唐・宋両朝はもちろん、我が朝（明朝）でも同様であり、福建・広東両省で倭寇が猖獗したときには、詔安・恵州などで関雲長が顕聖してこれを救った。詔安・恵州の城中の民は白昼に赤い顔の将軍が風雨を起こして倭寇を撃退したのを目撃したのである。[7]

この碑文が刻まれた石碑建立の目的は、武安王（関帝）廟の維持・修理費を捻出するための田租（小作料）の免除を明記することにあったが、右に大略を示したように、内容的には関羽の顕聖をはっきりと語っていた。ここでは倭寇襲来時に詔安・恵州の城中の民が「紅面《あかいかお》将軍」を目撃し、それが関羽の顕聖であると解釈されている。この霊異伝説は石碑という媒体に刻み込まれることで現在にまで伝承された。もし石碑が廟内に建てられ保存されてこなければ、約四〇〇年もの歳月を越えて現在のわれわれの目に留まることは難しかったであろう（右の説話は詔安県の地方志＝康熙『詔安県志』には収載されていない）。つまり石碑は関羽の顕聖を記念するとともに、それを記憶・伝承する役割を果たしていたと考えられる。口頭伝承のみでは次第に忘れ去られてしまう可能性も高く、またこれほど正確には伝えられてこなかったに相違ない。関帝廟は決して共産党政府が押しつけようとする、過去の遺物としての存在＝〝重要文化財〟なのではなく、まさに過去から現代にいたるまで脈々と生き続けてきた信仰の象徴的

写真 3-4　「協天大帝」の匾額

写真 3-5　廟内の石刻碑文（明・万暦 40 年）

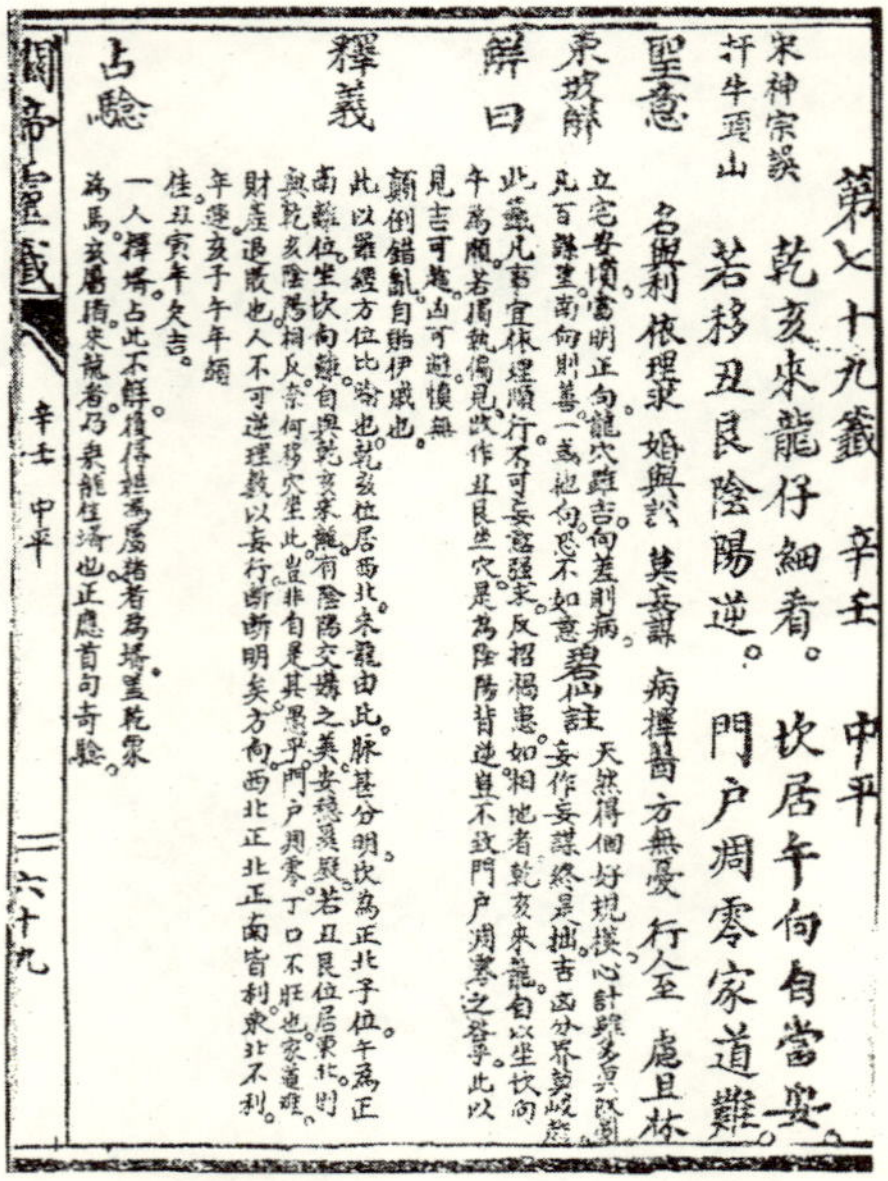

図 3-2　関帝霊籤（御神籤）第七十九籤

な存在であるといえよう。

関帝廟には文字史料となりうるものがもう一つある。それは「関帝霊籤《れいせん》」と呼ばれる御神籤である。(8) 関帝廟Aにもあったか否かは記憶に定かでないが、現在でも多くの関帝廟で抽くことができる。もちろん、こうした御神籤は関羽に限ったものではないが、関帝霊籤がいつ頃まで遡りうるかは寡聞にして知らない。この霊籤は関羽にまつわる善書の一つ『関帝明聖経』(9) の末尾に附載されており、すべての内容を見ることが可能である。ちなみにいま、筆者の手元にある『関帝明聖経』を繙いてみると、関帝霊籤は第一籤から第一百籤までちょうど一〇〇種類あった。たとえば、図3-2は第七十九籤であるが、「詩」「聖意」「東坡《とうは》解」「解曰《かいえつ》」「釈義」「占験」の項目からなっており、日本の御神籤と同様、人びとは訴訟事や病気、婚姻などで祈願したり吉凶を占ったりしたいときに関帝廟を訪れて、この関帝霊籤を抽いたと考えられる。とりわけ科挙や訴訟に関しては案外具体的なことを記しているので、読んでいて誠に興味深い。こうした御神籤を通して、人びとは関聖帝君と交感しえたのであろう。

龍海市の赤嶺関帝廟――現代中国における関聖帝君の顕聖

一方、関帝廟Bは一九九六年一二月二五日に筆者が福建省龍海市のある聚落を通りかかった際に偶然に見つけたものである（写真3-6）。この廟は関帝廟Aのような壮麗な建物ではなく、旧倉庫を改築して関聖帝君の神像を祀って関帝廟と名づけたものにすぎなかった。二つに折れたまま廟の入口に立て掛けてあった石刻碑文（写真3-7）、清・光緒一八年（一八九二）「重修赤嶺廟碑記印」の記載によれば、該廟は少なくとも順治一四年（一六五七）までには建てられ、康熙・嘉慶年間など幾度かにわたって修築されたらしい[10]。

その後、この廟の運命を変えたのは中華人民共和国成立後の文化大革命であった。筆者を廟内に招き入れて廟の由来を熱心に語ってくれた二名の老人の話によれば、当時次のような事件があったという。文化大革命が発動されると、まもなく紅衛兵がやって来て、住民たちの猛反対にもかかわらず、封建迷信であるとして関帝廟を完全に拆毀《こわ》してしまった（写真3-8）。ところが、その夜の出来事だった。紅衛兵を率いてきた一人の共産党幹部が廟の

写真 3-6　龍海市の関帝廟

写真 3-7　重修赤嶺廟碑記印（清・光緒 18 年）

写真 3-8　破壊された関帝廟

写真 3-9　「龍海市民間信仰活動許可証」

かたわらの倉庫で就寝していると、関羽が夢に顕れて「なぜ廟を拆毀したか！」と幹部を怒鳴りつけたのである。幹部の驚きと慌てぶりは並大抵でなく、翌日から病気に罹って逃げるようにして出ていった。その倉庫こそがいまの関帝廟である、と。

現代中国にあっても関羽は顕聖したのである。関羽の霊力をあらためて確認した住民たちはただちに倉庫を関帝廟に改築して関聖帝君像を安置し、現在もなおきわめて熱心に崇拝している。文革時の逸話を語る老人たちの生き生きとした目、外国人のあなたに是非とも話しておきたいと興奮しながら懸命に説明する姿がそれを如実に物語っていた。

関帝廟Bは関帝廟が関羽の顕聖の舞台となった一例である。該廟は現在では龍海市から「民間信仰活動許可証」(11)を与えられ一定の宗教活動が保証されている（写真3-9）。民間の宗教活動を管理・統制しようとする中国共産党らしいやり方ではあるが、現状に鑑みれば、民間信仰が生き残っていくためには受け入れざるをえない選択肢であるといえるかもしれない。

これら二つの事例からわかるように、関帝廟には、関聖帝君の姿を具現化した神像のほか、顕聖を記念して霊異伝説を刻んだ石碑（碑文）、関聖帝君と交感する媒体としての御霊籤など、われわれ訪問者と関聖帝君とをつなぐさまざまな回路が設けられていた。それら一つひとつがわれわれに関聖帝君の霊力を可視化していたのである。それらの集合体としての関帝廟を一つの装置と見なした場合、それは顕聖を記憶・伝承していく、あるいは関帝廟とそれを取り巻く空間を、関聖帝君の顕聖する聖なる空間へと変質せしめる機能をもっていたと見なすことができるのである。

二　記憶・伝承装置としての関帝廟

関聖帝君の顕聖①——明代正徳年間、劉六・劉七の乱の事例

次いで本節では、現代の関帝廟の機能を踏まえたうえで、関聖帝君の顕聖と関帝廟との関わりを歴史的に遡って考えてみることにしたい。たとえば、民国『睢寧《すいねい》県旧志』巻九、災祥には、以下のような記述が見える。

正徳六年（一五一一）、劉賊（劉六・劉七の乱[12]）は〔睢寧県〕城を陥落させたが〔住民を〕殺し尽くすにはいたらなかった。〔正徳〕七年にまたやって来ると、〔賊軍は住民を〕ほとんど殺戮したが、なお逡巡して退かなかった。〔ところが〕どうしたことか、〔賊軍は〕四散して逃げ散り、あたかも北方へと駆逐されるかのようであった。ある人がその理由を問うと、人びとは「睢寧県城の南門上に一人の赤面将軍がいて、その威勢は当たるべからざるものがあり、疾走して逃げなければ生擒《とりこ》となったのだ」と曰った。これによって城中で身を全うさせることができた者は甚だ衆《おお》かった。ある人はあの赤面の者が必ずや関帝であろうと考えた。そこで〔関帝〕廟を南門外に建て〔関羽を祀っ〕た[13]。

これは明・正徳六年、劉六・劉七の乱が華北を中心に発生したとき、江蘇省徐州府の睢寧県城で目撃された関羽の顕聖について記したものである。ここでもさきに見た関帝廟Aの倭寇の場合と同様に、「赤面将軍」の姿が目撃され、それが関羽であると解釈されている。そしてこれを契機として関帝廟が南門外に建立され祭祀されることとなった。これが関羽の顕聖を記念し、それを記憶・伝承していくことを目的としたものであったことは容易に推定できよう。

関聖帝君の顕聖②——清代乾隆年間、清水教の乱の事例

また清・乾隆三九年（一七七四）八月、山東省の兗《えん》州府寿張県・東昌府堂邑県を中心として発生した清水《せいすい》教王倫の乱[14]では、東昌・柳林の二つの戦いで関聖帝君の顕聖が目撃されている。

かつて陽穀県の「妖人」王倫が乱を起こしたとき、臣〔徐〕績[15]は山東巡撫の職にあり、標兵（巡撫直属の緑営兵＝撫標）四〇〇名を自ら率いて東昌府城に駆けつけ賊の拠点を衝いた。ゆえに賊は城を攻め落とせず退却した。臣はただちに兵を率いて追跡し、小鄧荘・張四孤荘で賊と遭遇して大半を殲滅した。さらに柳林にいたると、潜み隠れていた賊が突如襲撃してきたので、我が軍は重囲に陥って死闘となった。するとにわかに疾風が起こって砂を巻き上げ、昼なのに夜のように暗くなったため、賊は潰乱して方向を見失った。そのとき偶然に兗州の兵が到着して力を併せて戦ったので、賊は蹴散らされて四散した。乾隆三九年九月七日のことである。賊が退いた後、兵士は「賊にひしひしと囲まれたとき、緑の袍《ひたたれ》に紅い臉《かお》、あたかも廟内の関聖帝君像のごとき者が左右を指麾するのを見た。それで賊はついに崩潰した」といった。臣はあえてこれを信じなかったが、標兵を集めたとき、生き残った者は一〇〇名にも満たず、衣類や履物を調べると、多くは賊刀で切られ傷つい

ていたので、自分が賊に殺されなかったのは神の加護のおかげだと思った。賊平定の後、捕虜を訊問すると、みな口々に「東昌を攻めたとき、柳林で対陣したとき、ともに関聖帝君を目撃し、ついに驚きおそれて退却した」といった。その姿をたずねると、はたして兵士が述べたのとすべて符合した。(16)

この記事は清・王元啓撰『祇年居士《しねんこじ》集』巻二二、記二、所収「勅封忠義神武大帝霊応記」の一部で、山東巡撫徐績自身によって記されたものである。この逸話は反乱鎮圧後、河南省城（開封）の西門内に新建された関帝廟に、石碑に刻まれて「神威垂佑」の扁額とともに奉納された。ここにも関聖帝君の顕聖を契機として建立された関帝廟のほか、霊異伝説を刻んだ石碑、顕聖に対する王朝によるお墨付きとしての扁額といった、関聖帝君とのあいだをつなぐ回路の存在を確認できる。これらの回路は、王朝が関聖帝君の加護を宣伝し、神によって自らの王権が権威づけられていることを表現するものであることはもちろん、皇帝による関帝廟への石碑・扁額の賜与という行為が逆に神を権威づけるという相互作用的な役割を果たすものでもあった。そうした図式は同時代人のみならず、未来永劫に記憶・伝承されていくことが期待されていたのである。

さらにここで注目したいのは兵士が「緑の袍に紅い臉、あたかも廟内の関聖帝君像のごとき者が左右を指麾するのを見た」と証言している点である。すでに第一章で述べたとおり、関羽の赤面・緑袍は『三国志演義』の影響が強かったと考えられているが、当時文字の読めない人びとが大半を占めるなかで、関帝廟内に安置されていた関聖帝君の神像は、神の姿を固定化させる一助を担ったのではないかと推測される。村芝居などでも『三国志演義』は人気演目の一つであり、そこで演じられる関羽の姿も赤面・緑袍・黒髯を特徴としていたから、関聖帝君の神像のみが人びとの思い浮かべる神の姿の固定化を進めたわけではなかろうが、日常的に関帝廟内で目にすることのできる神像が少なからぬ影響をおよぼしたことは十分に考えられる。色彩による神のイメージの固定化は実際の軍事行動中に発生した多数の不可思議な現象のなかから関聖帝君の顕聖を差別化させる作用を果たしたと思われる。こうした点を考慮するとき、右の表現は霊異伝説のなかに意識的に取り込まれたと考えてよいのかもしれない。

関聖帝君の顕聖③——清代広東省韶州府の事例

続いて『関聖帝君聖蹟図誌全集』[17]世系の記事を検討しておきたい。これは康熙二四年（一六八五）、広東省韶州府城の関帝廟に立てられた石碑に見える、劉樹琪・朱受昌二名が記した碑文の一部である。やや長文であるが、興味深い内容を含むから、以下に訳出してみたいと思う。

広東〔省〕韶州府城の西門の楼上には現身関帝廟があり、外には石刻された帝像および二神将（関平・周倉）像がある。……順治一三年（一六五六）五月二〇日、〔黄思〕徳が芙蓉山に遊んだ帰り道に他の人びとと舟で対岸に渡っていると、〔西門の〕楼上に眩いばかりの豪光が煌めき、〔関〕公（関聖帝君）が黄金作りの鎧、藍紗巾を身に着けて楼の垣根に立ち、北を向いていたのが次第に西に向いて消えてゆくのが見えた。目撃した者で驚き拝まない者はなかった。二一日・二五日・三〇日にもまた顕聖した。当時の南韶連道の周、右翼鎮総兵官の張、知府の何、知県の夏、百姓（一般民衆）は感じ入って祭祀を執り行った。当時の南韶連道の周……両広総督の李率泰は親しく赴いて祭祀を行い、白金一〇両を寄付した。広東巡撫の李棲鳳は官を差《つかわ》して盛大に祭祀させた。その翌年の順治一四年（一六五七）七月一〇日・一二日・一四日にも黄蓋[18]あるいは二〔神〕将を後に随えて顕聖した。目撃した者は非常に多かった。そもそも後漢より現在にいたるまで一八八五年、〔関〕公ほど顕聖する神は古よりいまだかつて聞いたことがない。もし石に鐫《きざ》んでその〔他の神々と〕異なることを識《し》らしめなければ、天下後世に正しく伝わらないであろう。そこで資金を寄付し工匠に命じて〔そうした内容の碑文を〕石に勒《きざ》ませ、その

〔関聖帝君の〕像を勒ませて、敬信する者とともに拓本を取ってそれを祀らせれば、その霊の永遠の加護を広く播《つた》えることができよう。順治一四年九月、韶州府英山県の弟子黄思徳は石碑を立てて、関聖帝君が一三・一四年に顕聖し、多くの人が舟・岸で目撃したことを記した。英山県の黄思徳はすでに〔関聖帝君〕像を石に刻み〔その経緯を〕書き記して海内に流伝したのである。康熙七年（一六六八）・一一年（一六七二）にいたってまた以前と同様に顕聖したが、〔韶州〕府の人びとは周知していたので再記する必要はないと思った。その後、顕聖して府城を保って寇を殲滅させたことは、韶州府城を救護した最も大きな事件であった。ついで康熙一六年（一六七七）七月に楚逆(19)が兵数万を統べて帽峯山にいたり、府城を囲んで攻めたため、城楼は尽く傾き、危機に瀕した。〔そのとき〕つねに空中に〔関聖〕帝君が騎馬して見え隠れしているのが目撃され、わずかに三里（約一・八キロメートル）ほどしか離れていない府城を一〇日間も攻めたにもかかわらず、ついに破ることができなかった。七月一四日に〔楚〕逆がまた大砲を対河に移して府城の西側に向かって撃ち、必ずや陥落させようとした。この日午後四時頃、〔関聖〕帝君は顕聖して西方を向いた。〔賊が〕大砲を撃とうとすると忽然と暴発してしまい、逆衆は自ら傷つき、その他は逃亡したため、府城は保つことができた。九月二四日におよんで、〔関聖〕帝君はまた顕聖して清師（軍隊）を助けて逆巣（敵の根拠地）を大いに破ったので、〔逆賊は〕宵に紛れて遁《に》げていった。これは、韶州府城が恙なきを得たのはみな〔関聖〕帝君の陰かに加護する霊によるものであることを示している。顕身碑刻はもともと帝君座の側にあって、海内で拓本を摹《と》る者が甚だ多い。ただしその後、顕霊して府城を保ったことについてはいまだにそれを明確に刻んだものがない。ここに幸いにも〔礼〕部に摧《はか》り、安公（江西巡撫安世鼎のことか）が帝恩を受けて思い立って重修し、石〔刻の帝像と碑文〕を解《かい》愠亭《うんてい》のなかに移した。〔劉樹〕琪らはわずかに数言を書いて碑中に鐫み、永遠に記憶しようとした。このようにすれば遠近から見に来た者はともに〔関聖〕帝君の霊が韶州の民のために大いに霊異を発したことを知るのであろう。[20]

この碑文の記事によれば、明清交替期の順治から康熙前半のあいだ、広東省韶州府では関聖帝君がかなりの頻度で顕聖したようである。順治年間の顕聖については、両広総督李率泰・広東巡撫李棲鳳ら地方大官から知府・知県、さらには百姓すなわち一般民衆にいたるまでが祭祀を行って謝恩し、[21]また英山県の黄思徳が関帝聖君および二神将（関平・周倉）の像を石刻して顕聖の経緯を碑文に記すなどした。記事の冒頭に見える現身関帝廟とは実際に何度も関羽が顕聖したことに由来する呼び方であろう。順治年間の顕聖は石刻の神像・碑文によって永遠に語り継がれることになったのである。

しかし劉樹琪・朱受昌はむしろ康熙年間の顕聖が同時代人にとって周知のものとして認識されるようになり、何の碑文も立てられていないことに危惧を抱いていた。とりわけ三藩の乱（楚逆＝湖南の呉三桂による反乱）では韶州府城の上空に関聖帝君が顕聖し、大砲を暴発させて府城を守っただけでなく、清軍を加護して勝利に導いていた。このことを同時代人に広く伝えて関聖帝君の顕聖を讃え、さらにこれを記憶・伝承していくために新たな石刻碑文の建立が計画されたのである。このような劉・朱による石碑建立の意図と信仰心の篤さは、「〔劉樹〕琪らはわずかに数言を書いて碑中に鐫み、永遠に記憶しようとした。このようにすれば遠近から見に来た者はともに〔関聖〕帝君の霊が韶州の民のために大いに霊異を発したことを知るであろう」という文言に明確に示されている。ここに神像・石碑（碑文）設置の目的と顕聖との関わりを鮮やかに確認することができたのである。

関聖帝君の顕聖④——清代嘉慶白蓮教（四川）の乱の事例

最後に、有名な嘉慶白蓮教の乱をめぐる関聖帝君の霊異について記した碑文を、民国『万源県志』巻二、祠廟、淡士灝[22]「額勒登保重修武廟記」から引用しておこう。

嘉慶元年（一七九六）九月、襄陽・武漢で邪教（白蓮教）が反乱を起こしたとき、〔四川省〕達州や太平〔県〕にも白蓮教の奸民があって、同時に呼応して立ち上がった。〔四川省の〕本県（万源県）の邪教の匪徒は県内を通過したとき、義勇〔兵〕によって殺し尽くされた。各指揮官たちが〔匪徒を〕追撃したので、匪徒の残党は太平〔県〕へと乱入した。賊が通過したところは何年にもわたってしきりに放火・略奪されたため、村々は何もなくなった。……〔嘉慶〕三年（一七九八）七月初、威勇侯の額〔勒登保〕は邪教の匪徒を掃討した後、張漢潮の残党を追撃して、太平〔県〕にいたり、形勢を見渡して、武廟に拝謁し、ただ帝（関羽）の霊佑のあるところに戦功があげられると思った。……賊を平定した後、後世の人が聖帝（関羽）の〔万源県を〕守った功績を維《おも》い、ますます義勇を堅め、神の霊佑を思えば、額侯（額勒登保）が武廟を増修し、神への感謝の意を表したのは、どうしてすばらしいことでないことがあろうか。〔淡〕士灝は命令を受けて工事を監督し、工事が竣わって、その事を後世に伝えねばならないと思い、言葉を石に刻んで永遠に伝えようとした。ここに記す。

この碑文は四川省叙州府知府の淡士灝の手になるものである。そこでは嘉慶元年から数年間にわたって続いた嘉慶白蓮教の乱の戦火や民間に与えた被害、清軍による鎮圧の過程が述べられた後、軍を指揮していた額勒登保が武廟（関帝廟）にいたり拝謁して、関聖帝君の霊佑に感謝したことが記されている。そして額勒登保の命令により武廟の修築を監督した淡士灝が関聖帝君の霊佑を「石に刻んで永遠に伝えようとした」のであった。ここにも記憶・伝承装置としての関帝廟の機能を明確に看取することができよう。

三　顕聖する空間としての関帝廟

関聖帝君の顕聖⑤——清初三藩の乱の事例

前節では、関帝廟の記憶・伝承装置としての役割に着目しつつ検討を進めてきたが、以下では、それとは異なる役割を示す史料を取り上げることにしたい。最初に検討するのは清初に発生した三藩の乱の際に目撃された関聖帝君の霊験である。福建省の光緒『黄巌県志』巻九、建置志、叢祠には次のような記載がある。

武安王廟は応秀門外にある。また関王廟ともいう。……康熙一三年（一六七四）、閩藩（三藩の乱のうち福建の耿精忠をさす）は反乱を起こすと、部下の曾養性を遣わして本県を攻撃し、羽山に駐屯させた。夜間に武安王廟の方を見ると灯光が燦めいていたため、伏兵がいるのではないかと疑い、火を縦《はな》ってこれ（武安王廟）を焼き払った。翌日の朝、〔関羽の〕神像を見ると、曾養性の駐屯地を指さし、神（関羽）の鬚は燃えていなかった。賊は大いに驚き、ついに梅花庵に移動し、この廟のために金刀一振、磁瓶二個を献納した。〔磁瓶の〕高さは約六〇センチほど、康熙の年月が刻まれている。しばらくして金刀は失われ、磁瓶は現在一個だけ残っている。

ここでは精南王耿精忠によって派遣された部下の曾養性が灯りの点る武安王廟（関王廟）を、清軍の伏兵を疑って焼き払うと、翌日、神像のみが焼け残って自分たちの方を指さしているのを目撃したという。これも関帝廟内の神像に神霊が宿っていたことを物語る一例として注目されよう。

耿精忠をめぐっては、民国『衢県志』巻一八、碑碣志三、「清同治重修北隅関帝廟碑記」にも関聖帝君の霊験に関する報告が残されている。

康熙七年（一六六八）、耿精忠は福建省から浙江省へと侵入した。まず衢州を攻撃し、その勢いは甚だしく荒れ狂っていた。兵部侍郎総督浙江軍務の李文襄公（李之芳）は軍隊を督率して浙江へと救援に駆けつけた。聖祖仁皇帝（康熙帝）は親王（康親王傑書）に命じて元帥となし、学憲校士館を元帥府とした。〔清軍の〕大兵は衢州城に雲のごとく集まった。しばらくして西安・龍游・江山・常山・開化はすべて陥落した。賊の営は福建省から〔浙江省の〕金華・厳州〔府〕にまでおよび、浙江省全体が震え上がった。耿精忠の大営は衢州の西門外の馬棚嶺に駐屯し、精鋭〔部隊〕はここに集まり、耿精忠自身もまたこの営にいるといううわさがあったので、しばしば探ったが判明しなかった。総兵官および衢州知府の二人は斥候に扮して、ただ数人のみの伴を連れて衢州城を離れ、自ら西門外へ往って賊の営を探り、はじめて賊首が南下して糧道をこっそり断とうとしているのを知った。周囲はみな賊であったが、不利な情勢は確実なので、急いでもどり計画しようとした。〔そのとき〕賊の営から突然に一〇騎あまりが飛び出し追跡してきた。二人は逃げて北郊外の三霊確の前にある平水殿に隠れた。すなわちそこは現在関帝の神像を祀っている場所である。賊は追跡して一つの小廟を見ると、蜘蛛の糸がたくさん掛かって青草が茂っていたので、互いに顔を見合わせて「もしなかに人が入ったならば蜘蛛の糸は必ず破れるだろう。いま廟のなかの蜘蛛の糸がきれいに掛かっているから、なかにはきっと誰もいない」と曰って、ついに去っていった。〔そのため〕二人は脱出することができ、再び城内にもどり、李之芳に報告し、関帝の黙佑がありましたと謂った。その夜、賊が衢州城を襲おうとすると、「関」という文字を書いた提灯がひめがきのうえにびっしりと並んでいるのを目撃し、驚き怖れて逃げ去っていった。数日後、〔清軍の〕大兵が出撃し、賊は潰れて南へと逃げた。元帥府（親王）と李之芳は一部の軍隊を派遣して追撃させたので、衢州城はようやく無事を得た。その後、耿精忠は生け捕りにされ、蟒袍・玉帯・銅製の大刀など物が押収された。康熙二一年（一六八二）に平定された。李文襄公は国費で廟を建てて、平水殿の〔関〕帝の神像を迎えて入城させた。

この石刻碑文は関聖帝君の霊佑があった関帝廟（平水殿）に立てられたものである。具体的には二名の斥候が耿精忠の部下に追跡されたが、関帝廟に逃げ込んだところ、あたかも誰も入らなかったかのようにして関聖帝君が加護してくれたという。しかも後半に見える夜間に「関」の文字を書いた提灯を並べた結果、賊が驚いて逃げていったというくだりは、実際に関聖帝君の加護があったと伝えるか、あるいは関聖帝君の黙佑があったと報告を受けた李之芳らがその保佑にあやかったものかもしれない。

以上、二つの事例はやや地味な、あるいは仮託かと思われるような内容ではあるが、清初の浙江・福建両省でも関羽信仰がすでに浸透し、関帝廟が関聖帝君の〝顕聖〟する空間として認識されていたことをうかがわせる興味深い史料である。

関聖帝君の顕聖⑥――清代嘉慶年間、天理教の乱の事例

次の史料はすでに第二章で関聖帝君の顕聖について検討を加えた際に用いたものであるが、天理教の乱における顕聖と関帝廟の関わりをはっきり示しているのでもう一度俎上に載せ、関帝廟の機能という視点から再検討してみたい。嘉慶一八年（一八一三）九月、林清の反乱軍が紫禁城に突入した天理教の乱では、河南省滑県でも李文成らがこれに呼応して県城を占拠した。関聖帝君の顕聖はまさにその奪回作戦中に目撃されたのである。繰り返しにな

るが、『那文毅公（彦成）総統河南等省軍務奏議』巻三五「籌定善後」の記述をいま一度引いてみたい。

臣〔那彦成〕は官兵を率いて、〔嘉慶一八年〕本月（一二月）一〇日、滑県城を奪回しました。……その夜、三更（午前零時）にいたり、臣らが兵を率いて守備していると、なんと城内に突然多数の賊が現れて城壁のない場所（奪回作戦中に政府軍の地雷で爆破された）を突破しようと大声を挙げて押し寄せてまいりました。官兵は勇敢に戦って賊を斬り殺しましたが、賊は死に物狂いで突撃するなど誠に獰猛でありました。またときは正月黒夜であり、官兵が砲を放っても的確に命中させられません。ちょうどそのときです。たまたま城壁の傍らにあった廟宇が突然発火して燃え上がるではありませんか。その光で賊の数を確認すると約二、三〇〇〇人ほど。官兵はあたかも白昼のごとき明るさのなかで賊と戦い斬り殺しました。城内の官兵も救援に駆けつけ両方から挟撃したため、賊一〇〇〇人ほどが死にました。……事態が収まった後、このことを住民に問いますと、城壁の傍らの廟宇の後方に三教仏前殿があり、関聖帝君の神像が塑られており、廟宇は燃えつきたものの、神像のみは燃えることもなく、毅然としてひとり残って、まったく傷ついたりすることもないことがわかりました[23]。

ここでは明らかに関帝廟とその周辺が関聖帝君の顕聖の舞台となっている。関帝廟（三教仏前殿）の発火が関聖帝君の顕聖によるものと解釈され、その証左として関聖帝君の神像のみが燃えることなく残っていたことが示される。このように神像に神が降りて霊力を発揮する例としては、すでにいくつかの事例を紹介したように、たとえば、軍事行動に関わって発汗したり（第一章の倭寇の事例）、関帝廟が燃えつきても神像のみ燃え残ったりする（第一章の張献忠や本章の三藩の乱の事例）場合など、そうした事例は枚挙に遑がない。この関聖帝君の神像の場合もそうした事例に類するのであろうが、こうした霊異伝説を鎮圧軍の指揮官自らが創出・宣伝している点がおもしろい。

関聖帝君の顕聖⑦——清代咸豊年間、太平天国・捻軍の事例

もう一つ神像に関わる事例を紹介しておこう。梁敬叔『勧戒録』第六集、巻二、「武帝顕霊」によれば、咸豊七年（一八五七）、太平天国軍が福建省建寧府城を攻撃したとき、次のような関聖帝君の顕聖が目撃されたという。

各門の雉堞《ちちょう》（ひめがき）の前にはみな神像を供奉《ぐぶ》しているが、ただ聖帝真武天尊(24)と武帝（関聖帝君）のみが多く、神像の前には昼夜大きな二本の蠟燭が灯されていた。……このような〔賊が城壁を登って攻めてきた〕危急のとき、〔兵勇が疲れ果てて〕みないびきをかいて目醒めないでいると、たちまち武帝（関聖帝君）が座前の大きな蠟燭を突然地面に倒して、兵勇の顔を焼いたので、痛さ極まって狂ったように呼ぶと、みな驚いて目醒め、賊を見て、大声でひとしく「賊を殺せ」と叫んだ。……〔その結果、太平天国軍を撃退できたが〕このときもし武帝に霊がなければ、この蠟燭はどうしてさきでもなくあとでもなく、ちょうど賊が登ってきたときに地面に倒れたのであろうか。また活擒《ほりょ》の長毛（太平天国軍）の供述を聞くと、みな「夜に各門を攻めると、各城壁のうえには長髯の大将がいて、馬に騎《の》って駆け回り、軍を指麾して防御する様子だったから、さまざまな方法で攻囲したが、ついに破ることはできなかった」といった(25)。

梁敬叔の記述によれば、建寧府城では、以前から各門の雉堞に関聖帝君（武帝）の神像が安置され、兵勇たちの熱心な信仰を集めていたらしい。太平天国軍との戦闘の最中、兵勇たちが疲れから熟睡していると、敵が城壁を登っ

て攻めてきた。まさにこうした危急のとき、関聖帝君が神像に降りて、蠟燭を倒して一人の兵勇の顔面を焼いたため、その大声によって他の兵勇たちが目覚め、結果的に府城の死守に成功したのであった。さらに捕虜は「長髯大将」が騎馬して軍を指麾するのが見えたと証言している。これらは神の降りる神像それ自体が周辺の空間を聖なる空間へと変質させる機能を有していたことを示すものであろう。

さらに関帝廟と関聖帝君の顕聖に関わる史料を補ってみたい。すでに第二章で紹介したように、咸豊七年（一八五七）春、捻軍が河南省帰徳府永城県を包囲・攻撃したとき、目撃された関聖帝君の顕聖としては「皖匪（捻軍）の張楽行らが永城県城を包囲・攻撃すると、西門内に忽然と大砲四門が、城隍廟内に火薬一樽が出現し、賊匪数千名を撃ち斃しました。東関の外には関帝廟があって、賊匪が廟の前にいたるたびに、呆然として立ちつくして動けず、大砲によって轟斃《うちたお》されてしまいました。廟内に住宿していた賊匪は朝までに尽く死んでいました(26)」という内容をもつ霊異伝説が残されている。これは太平天国軍に呼応した捻軍との戦闘の最中に目撃された関聖帝君の顕聖（前半では城隍神の顕聖にも触れる）について述べたものである。ここでは関聖帝君の姿こそ目撃されていないが、関帝廟の前を通過しようとした者が身動きできなくなって撃ち殺されたり、廟内に宿った者が翌朝までに絶命したりしている。つまり関帝廟が関聖帝君の顕聖する舞台であるとともに、王朝国家の支配に逆らう者を打ち破る装置として宣伝されているといえよう。

関聖帝君の顕聖⑧——王朝国家・反乱者集団・一般民衆と関聖帝君

これまで関帝廟および関聖帝君の神像が周辺の空間を顕聖の舞台となる聖なる空間へと変質させている事例を検討してきた。そこで最後に関聖帝君の顕聖と王朝国家・在地社会との関係を、関帝廟および神像を通じて分析するのに最も適した事例を挙げておこう。これも第二章で簡単に分析を加えたが、関聖帝君との交感という点で興味深い内容を含んでいるため、再度詳察してみたい。

窃かに査べますに、〔広東省恵州の〕博羅県の羊屎坑内の柏塘墟には、関帝廟が建てられていました。本年〔嘉慶七年、一八〇二〕、陳爛厳が事を起こさんとしたとき、〔関帝〕廟に赴いて東南〔北?〕の〔恵州府〕永安〔県〕に往くのに利が有るか否かを卜いますと、神（関聖帝君）は籤で東南〔北?〕には利あらず、西北に往くのが吉であるとしました。該匪らは〔関聖帝君の〕神像を抬いで行き、ただちに西北の响水一帯に向かい放火・略奪しました。しかしちょうど〔広東〕提督孫全謀が兵を率いて、この路より進撃してくるのに遭遇し、賊は敗れて羅渓営に入りましたが、また攻め破られてしまいました。該匪らは神が霊佑を顕わさないのを怨み、大胆不敵にも神像を毀ちて棄擲ました。査べましたところ、柏塘墟は永安〔県〕まで甚だ近く、当日該匪らが真っ直ぐ東南〔北?〕に向かって行き、永安〔県〕の匪徒と合流していたならば、〔永安県の〕住民の禍はさらに悲惨で、事件はさらに処理し難いものとなっていたでありましょう。伏して査べますに、関聖帝君は我が王朝が開国して以来、久しく霊験を顕わしてきました。いま陳爛厳が小坑で反乱すると、神籤で誘い出し、兵と遭遇させて敗潰せしめ、たちまち投降させたのは、すべて神霊の黙佑によって速やかに戦功を得られたものであります。奴才は員に委ねて博羅〔県〕の撫恤を行わせたとき、このことを知り、神像を塑らせ、廟宇を修復させました。落成の日、四方の男婦の参集した者は、ついに数千人にも達し、神の威霊に感激しない者はなく、歓びの声が響きわたったのです。(27)

この記事でまず注目されるのは、嘉慶七年（一八〇二）に匪徒陳爛厳らが反乱に先立って関帝廟を訪れ、その吉凶を占っている点である。陳爛厳らも関聖帝君を熱心に信仰していたのであろう、関帝霊籤を用いて神意をうかがっている。そのとき、陳爛厳らは東南の永安県か、あるいは西北の响水に向かうべきかについて尋ねたようであるが、地図で確認してみると、実際には永安県は東南ではなく東北にあたる。なぜかような細事に拘泥するかといえば、陳爛厳らが引き当てた霊籤が一〇〇種類のいずれであったかを突き止められるからである。さきに図3-2で紹介した第七十九籤の「釈義」の末尾を御覧いただきたい。「方向については西北・真北・真南はみな利あり。東北には利なし」と記されており、右の記事の東南を東北の誤りと考えれば完全に符合することになる。他にはこれに類するものが見られないことから、陳爛厳らが関帝廟で引き当てた霊籤はまさにこの第七十九籤だったといえよう。これを信じた陳爛厳らは関聖帝君の神像を抬いで西北へと向かうが、出会した広東提督孫全謀の軍によって打ち破られる。すると陳爛厳らは関聖帝君が霊力を発揮しないのに腹を立て、神像を破壊して放り捨ててしまう。期待した関聖帝君の加護が受けられず失望した果ての行為であった。

次に着目したいのは、陳爛厳らの行為を伝聞した後の那彦成の行動である。那彦成は右の一連の鎮圧過程を関聖帝君の加護によるもの、すなわち霊籤を用いて陳爛厳らを誘き出し清軍と遭遇させたと解釈する。しかもこれを在地社会の人びとにも宣伝すべく関帝廟を修復し新たな神像を塑らせる。その落成式には関聖帝君の顕聖を伝えて謝恩したのであろう、集まった数千人の男女は関聖帝君の威霊に感激し歓びの声が響きわたったという。

この事件をめぐって登場するのは陳爛厳ら反乱者集団、それを鎮圧しようとする王朝国家、両者の動きを傍観する一般民衆の三者である。鎮圧軍の指揮官の報告という史料のもつ性格にも注意を払う必要があるが、三者の行動・反応はそれぞれ関聖帝君の顕聖と密接に結びついている。関帝廟で吉凶を占い神像を抬いでいく反乱者集団の行為は、彼らの信仰心の発露であることはもちろん、関聖帝君の加護を外部にアピールする目的を併せもっていたと推定される。これを傍観する一般民衆も本当に反乱者集団に関聖帝君の加護はあるのかを見守っていたのではないか。一方、王朝国家は反乱の鎮圧に成功すると、事件の顛末を自らの都合がよいよう整序化し、いわば関聖帝君の顕聖の物語として在地社会に宣伝した。それを記念するとともに永遠に伝承せんことを企図し、一種のモニュメントとして修築されたのが関帝廟であった。関帝廟はきわめて政治性を帯びた装置だったといってよいであろう。

関帝廟を通して見た王朝国家と関帝信仰

第一章、第二章で関羽の霊異伝説について唐代から明代、そして清代へという順で詳細な内容とそのナラティヴについて分析を加えた。本章では、その霊異伝説を伝える媒体としての関帝廟という装置に着目し、関帝廟を構成する神像のほか、関帝霊籤、霊異伝説を刻んだ石刻碑文を取り上げ、それぞれの有する機能を明らかにした。

冒頭での現代中国の事例からもわかるとおり、関帝廟のなかには、関聖帝君の姿を具現化した神像――それが『三国志演義』のなかで顕聖する際の姿を実体化したものであることは容易に推定できる――、顕聖を記念して霊異伝説を刻んだ石碑碑文、神として関聖帝君と庶民とが交感する媒体としての関帝霊籤など、一般民衆と関聖帝君、さらには王朝国家とをつなぐさまざまな回路が備えられていた。それら神像、石刻碑文、関帝霊籤はそれぞれが関聖帝君の霊力を可視化していたといいうる。そしてこうした回路の集合体としての関帝廟を一つの装置と考えるとき、それはまさしく顕聖を記憶・伝承していく、あるいは関帝廟とそれを取り巻く空間を、関聖帝君が顕聖する聖なる空間へと変質せしめる機能をもつ施設であり、決して単なる祭祀・宗教施設ではなかった。特に王朝国家との関係を考慮するとき、それはまさに王朝の統治・支配を象徴する政治性を色濃く帯びた施設であったといって過言ではないのである。

周知のように、関帝廟はすべてが官営の寺廟だったわけではなく、むしろ民間で主体的に建設された私廟の方が圧倒的に多かった。財神（商業神）としての関聖帝君を祀った廟はその典型である。しかしその場合でも本章で明らかにしてきた関帝廟の政治性と無縁ではなかったであろう。私見では、関聖帝君の場合、民間の〝下からの〟信仰より、むしろ歴代王朝国家が千年王国運動的宗教活動、あるいは大軍事遠征などを契機として行ってきた〝上からの〟権威づけがより重要な意味をもったと考えている。霊異伝説が繰り返し創出・宣伝され、封号が賜与されてきた、いわば王朝国家のお墨付きの神――武神としては最高位を与えられた――であればこそ、これほどまでに広く信仰されたのではないか。たとえ民間で自主的に私廟を建設しようとも、王朝国家が宣伝する関聖帝君のイメージの影響を免れなかったであろう。そのとおりであるとすれば、私的な御利益に由来する民間の私廟であろうとも、ときとして王朝国家を加護して反乱を鎮圧するための政治的な装置となりえたと考えられる。

第四章　「白蓮」の記憶

――明清時代江南デルタの謡言と恐怖

一　恐怖の謡言をめぐる研究視角

白蓮教と「白蓮の術」

これまで第一章では唐代から明代の関羽信仰、第二章では清代の千年王国的宗教運動をめぐる関羽の顕聖、第三章では関帝廟という装置の機能について、それぞれ霊異伝説を手がかりとしながら歴代王朝国家と関羽信仰ないし関帝廟の関わりを明らかにしてきた。いわば〝上からの〟霊異伝説の創出・宣伝、換言すれば、王朝国家にとって望ましい霊異のあり方を具体的に検討してきたといいうる。しかし注意を必要とするのは、序章でも指摘したとおり、〝下からの〟民衆レヴェルの信仰との関わり、すなわち清朝と関羽との関わりのなかで明らかにされてきた信仰の内容がいかに民衆レヴェルの信仰とつながっていたかという点である。関羽信仰を媒介として清朝と民衆が信仰レヴェルでどのような共通点を有していたかはきわめて興味深い課題として残されている。

さきに筆者は関羽の霊異伝説が①中国内地における千年王国的宗教運動と関連するもの、②十全武功をはじめとする大軍事遠征に関連するものの二つに大別できることを述べた。このうち前者はいわゆる白蓮教（第二章で検討した天理教などが含まれる）と呼ばれる〝邪教〟集団を中心としている。このような白蓮系の結社はしばしば妖術を用いて信徒の獲得を図っていたことが、濱島敦俊・野口鉄郎によって紹介・検討されてきた(1)。濱島によれば、「白蓮の術」の代表的なものとしては、おおよそ次のようなものがあげられる。

ⓐ照水の術。水盆に影を映して未来を示す。水盆に影を映して官爵を売買するなど、おそらくは王朝に模した権力機構が想定されており、現王朝の全面的否定と権力の獲得が志向されていた。

ⓑ紙人紙馬の術。紙で人馬を剪って戦闘を演じさせる(2)。

ⓒ屋壁を透して人家に入り込み、睡眠中の人を魘《うな》す（恐ろしい夢を見るなどして、眠ったまま苦しそうな声を立てる。金縛りのような状態に遭う）。

そのほか「近来の村荘の流俗は、仏経を勧世文の俗語に挿入し、什伍群集してあい唱和し、宣巻と名づけていう。これは白蓮の遺習である。村嫗がこもごも主となり、多くは黠僧の誘うところとなる。丈夫でもその術中に堕ち、大いに善俗の累となっている」（崇禎『烏程県志』巻四、風俗）というように、宣巻という宗教性を帯びた語り物が〝白蓮の遺習〟として認識されていた(3)。

このうちⓐは明代正徳年間の山西省の李福達、万暦年間の福建省の呉建、天啓年間の山東省の徐鴻儒などに見られ、それと教義との連関については不明であるが、「弥勒仏空降、当主世界」、すなわち弥勒下生・明王出生（弥勒仏が現世に現れ、明王が支配する）→世界大乱（末劫がおとずれる）→当主世界（弥勒が掌教する世界となる）→被験者の未来は？という論理をもって施されたらしい(4)。ⓑは永楽年間の山東省の唐賽児、天啓年間の張世佩などに見られ、この「術」に関係する史料のなかには「火光四合」の語があって火を用いていることがわかるため、あるいは

影絵芝居ではないかとも推測されている。(5)

このように白蓮教という宗教結社は「白蓮の術」と呼ばれる「術」を駆使し、「真空家郷、無生父母」を唱えながら、上は地主を想起させる「士大夫」層から、下は自作農・自小作農・佃戸を思わせる「小民」まで、幅広い階層を対象としたかたちで布教活動を展開していた。こうした白蓮教の活動は濃厚な終末観に裏づけられ、この世の終末の後に来る新しい社会への準備をめざして、新しい共同体の建設が進められた。終末後に誕生する新しい社会に夢を託し、官爵を予定したり、土地の給与をも意識したりするようになるなど、現世利益的な思いを反映させたユートピアのモデルを少しでもこの世に用意しておこうとしたのである。(6)

しかしこうした現王朝の全面的否定、国家社会の批判を伴う白蓮教の活動は、当然ながら王朝国家にとってきわめて危険なものとして目に映り、はたして弾圧の対象となった。その際には取締りのような暴力だけでなく、一般民衆に対しては白蓮教の無力を示す、具体的には「白蓮の術」を打ち破ってみせ、白蓮教が提示するユートピアを否定するかたちで民衆の心性にまで踏み込む必要があった。

本章では、これまでの各章とは少々視点を変え、そうした民衆の心性を写し出すものの一つとして、ある特定の地域で広まった恐怖の謡言（デマ）に注目してみたい。ある特定の地域とはここでは江南デルタ周辺（長江デルタ下流域）の諸都市と農村をさしている。清末の江南デルタで発生した恐怖の謡言がいかに多くの都市民・農民を巻き込んでいき人びとを恐怖のどん底に陥れたのか、その恐怖とはいったい何だったのか、最終的にその恐怖はどのようにして克服されていったのかなど、検討すべき課題は甚だ多い。そして分析を進めていくと、誠に興味深いことに、その恐怖はまさに「白蓮の記憶」とでも称すべき系譜関係を有しており、また清朝期には驚くべきことに関羽の顕聖とも関連づけられるようになっていくのである。

光緒二年における謡言の発生

光緒二年（一八七六）四月から六月にかけて、江南デルタの各地を、ある恐怖にまつわる謡言が駆けめぐった。たとえば、江蘇省松江府上海県の民国『上海県続志』巻二八、雑記一、祥異を繙くと「〔光緒〕二年丙子、民間において、邪術によって人の辮髪が翦《き》られた〈翦られた者は幼い童や労働者が多かった〉という謡言（デマ）が広まり、ある者は家畜の血で辮髪を染めてこれを避けようとした。また邪術で紙人を翦って祟りをなすという謡言が広まり、いずれの家でも毎夜〔何かあると〕驚いて、みな銅器を敲《たた》い〔て騒ぎたて〕た」と見える。このように上海県では何者かが「妖術（邪術）」を用いて辮髪を刈り取ったり、同じく「妖術」を使って「紙人」（紙の人形）を切って祟りをなしたりするという謡言が広まったらしい。詳細は記されていないものの、「妖術」のほか、「辮髪を翦る」「紙人」といった語が謡言のなかの重要な構成要素となっている。また蘇州府常熟・昭文両県でも「〔光緒〕二年の夏と秋のあいだ、住民たちは、妖人が邪術を用いて人の辮髪を翦ったり、睡眠中の人を圧（金縛り）したりすると噂しあった。しばらくしてようやく〔謡言は〕止んだ〈按ずるに、各省でこのような訛言（デマ）があり、決してわが県のみではなかった〉[7]」という謡言が書き留められている。ここでは「妖術」を用いる主体を「妖人」と表現する。はたして「妖人」とはいかなる者が想定されていたのであろうか、極めて興味深い点である。こうした謡言は他省でも確認されたと記しており、謡言伝播の範囲の一定程度の空間的な広がりを推測させる。さらに「辮髪を翦る」や「睡眠中の人を圧する」などという猟奇的な表現も特徴的である。

これら二つの謡言を見た段階で、読者のなかには、すでにお気づきになられた方もあるであろう。じつはきわめて類似した謡言が一〇〇年以上前の乾隆三三年（一七六八）にも確認されており、夙にフィリップ・A・キューン、谷井俊仁によって取り上げられてきたからである。[8] いわゆる割辮案と呼ばれる事件である。キューンはその大著の冒頭において「一七六八年、即ち、悲劇的な近代を迎えるその直前、中国社会は、それを先取りしたかのような恐怖に陥った。妖術師が何人も国中をうろつき廻り、霊魂を盗むと言うのである。名前を書きつけたもの、髪の毛、衣服などに呪いをかけると、犠牲者は病み死んでしまう。盗んだ霊魂の力は、妖術師が種々の目的のために使うのだと言う。この騒ぎをどう考えたらよいのだろうか。この事件は、一二の大きな省に広がり、農村から宮廷まで震撼させた」[9]と述べている。乾隆三三年に発生した割辮案は、「妖術師」が「辮髪を翦」りとって霊魂を盗むというもので、全国各省で散発的に発生し、乾隆帝の犯人捕縛の厳命にもかかわらず、広大な支配領域内において当時すでに激しい空間移動が見られた中国では、逮捕は決して容易でなく、結局、幾人かの「妖術師」をスケープゴートとして逮捕・処刑したのみで、自然に収束するに任せるほかなかった。

キューンは冒頭で紹介した光緒二年の謡言についても関心を有しており、大著の最終章で少しく言及している。「一八七六年の事件は、まだ幼い光緒帝の治世に起こった。……特に面倒な影響を及ぼしたのが、キリスト教改宗者と他の民衆との社会的衝突であった。これは、時として暴動を引き起こすことにもなった。南京で春に辮髪切りのパニックが勃発し、揚子江一帯の省に拡大した背後には、このような要因があった。当時の報告では、逮捕された者の中には、教団や秘密結社の一員と自供する者もいた。この事件で使われた「邪術」には、木や紙の人形に髪の毛を結わえつけ、然るべき呪文をかけ、命を吹き込んで兵士として仕えさせるというのがあった。妖術師の送り込んだ紙人形が、辮髪を切っていると信じる者もいた。総督の沈葆楨は、このような妖術は、白蓮教に由来すると信じていた」[10]。またキューンは光緒二年の謡言の背景にキリスト教との関係を読み取っていた[11]。「多くの民衆は、カトリックの宣教師と中国人改宗者が、盛んに妖術に従事していると信じており、そのため民衆の反妖術運動は、専ら宣教師への憎悪という形をとった」[12]と指摘するとおりである[13]。一方で、両江総督の沈葆楨のように「妖術」を白蓮教との関連で理解しようとする者もあった。ここで筆者が注目したいのは、謡言の背景に想定されているのが宗教、キリスト教（カトリック）であれ、白蓮教であれ、いずれも当時の中国社会で一部の人びとに受容・信仰されながらも、その外側にある者から〝邪教〟と見なされていた点である。このことは、謡言の生成過程を理解しようとすれば、その社会基盤を信仰や宗教、慣習・儀礼など精神的側面から照射する必要が生じることを示唆している。[14]

恐怖心の歴史

こうした謡言は人びとの恐怖（恐怖心）と密接に結びついていた。ジャン・ドリュモーは『恐怖心の歴史』[15]で「人間の恐怖心はわれわれの想像力の娘であって、ひとつでなく多様であり、固定したものではなくたえず変化してやまないものである。そこから、その歴史を書く必要性が生まれることになるのである」[16]「風聞はしたがって積み重なった不安というあらかじめできあがった土台のうえに生まれるのであって、いくつもの脅威あるいはさまざまな不幸がその結果を加算して集中することによってつくり出される心的準備から生じるのである」[17]と、恐怖心と風聞を歴史的文脈のなかに問うことの意義を唱えている。

このドリュモーの言葉を敷衍させれば、次のような解釈も可能となるのではなかろうか。人びとの恐怖心（不安）は人間や社会の心の闇にゆっくりと着実に積み重なりながら、時代背景の影響を受けてさまざまな変化を遂げ、ときに謡言（デマ）として社会の表層に突如姿を現し、人びとを恐怖のどん底に陥れ、秩序を崩壊させてしまう。しかし何かの出来事を契機として人びとの恐怖心が和らげられると、それは再びゆっくりと人びとの心の奥底深く沈澱してゆく。そして機会があれば、いつでも繰り返し表層に出現する可能性を秘めている。こうした一連の過程を実証的に明らかにすることは歴史学の一つの重要な課題たりうる。

本章ではこのような課題に答えるべく、さきに紹介した光緒二年の謡言を俎上に載せて本格的な分析を加えたい。謡言のナラティヴや散りばめられた諸要素はもちろん、謡言と民間社会における宗教や慣習・儀礼などとの連関性も重要な検討課題となろう。後述のように、光緒二年の謡言の場合、特に明清時代において〝邪教〟を意味する「白蓮教」との関わりが検討の中心的な位置を占めることになる。謡言の解釈、謡言への対応に関しては、民間社会のみならず国家をも舞台に上げる必要があろう。なぜならキューンが「「邪術」は、誰もが恐れ憎んでいたが、妖術譚を構成する諸要素は、それぞれの社会集団が、自身の世界観に合うよう調整していた。これが、妖術恐怖のような「事件」が、皇帝にも農民にも「降りかかり」得る理由である」[18]と記すように、王朝国家あるいは皇帝とて謡言とそれをめぐる騒動の埒外に置かれることはありえないからである。

以下では、次の手順で検討を進めていく。第一に、地方志の記載を中心に、県や市鎮社会の指導者層として一定の役割を果たした知識人層の目を通して、光緒二年に在地社会に流布した謡言と一連の騒動を分析する。そこでは知識人層が謡言それ自体や謡言によって惹起された騒動をいかに見ていたかが明らかにされる。第二に、光緒二年の謡言を書き留めた知識人層がこうした謡言をいかなる記憶と結びつけたかを考えてみたい。なぜなら、上述のとおり、光緒二年の謡言は「地域」に堆積した恐怖が表層に出現した一形態であり、決して単発的な一過性のものではないと判断できるからであり、実際に知識人層も「地域」のさまざまな記憶と結びつけながら謡言について論じている。最後に、恐怖を伴った謡言に対して王朝国家はどのような世界観を準備したのであろうか、王朝国家＝皇帝・文武官僚が創出した謡言打破の一つのナラティヴについて考えてみたい。

二　光緒二年の謡言（一）――県志中に見える紙人、魘魅、割辮

蘇州府呉県・鎮江府丹徒県・嘉興府嘉善県

光緒二年（一八七六）の謡言のあらましはすでに冒頭で述べたとおりである。以下では史料を補いつつ、江南デルタ各地にいかなる謡言が流布したかをより具体的に復原してみたい。実際のところ、驚くほど多くの地方志にこの謡言に関する記載が残されている。

まず県城で指導的な立場にあった県レヴェルの知識人層によって編纂された県志の記載から検討を始めよう。蘇州府呉県の民国『呉県志』巻五五、祥異考は『太湖備考続編』の記事を引用して具体的な人名をあげながら、次のように語っている。「〔光緒二年〕七月、民間に訛言《うわさ》が広がり、紙人によって魘魅《かなしばり》に遭うと噂されたので、〔人びとは〕一晩中驚き擾《さわ》いだ。蘇州の人が妖人の馮阿士を捕まえ、〔彼が〕法に伏す（死刑となる）とようやく落ち着いた」。ここから呉県でもさきの上海県や常熟・昭文両県と同様、「妖術」の一種として①「紙人」と②「魘魅」（金縛りに遭う）が確認できるが、③「辮髪を翦る」については言及がない。そしてⓐ秩序が乱れた後、ⓑ「妖人」馮阿士なる人物が捕縛・処刑されると、ようやく謡言も下火となった（①〜③、ⓐⓑといった記号は以下の分類にも用いる）。「妖人」の詳細については――おそらくキューンのいう「妖術師」であろう――残念ながら判明しない。

鎮江府丹徒県では「光緒二年の夏、また妖人があって、紙人を放って辮髪を剪り取り、夜には紙虎を放って人を魘《えん》した。また人の臂・肩・背・股に痕をつけ、〔色は〕紅色、紫色、あるいは黒色で、汚物でこれを洗うと消えさった。たずねたところ、各処でも同様なことがあり、八月にいたってようやく収束した。〔江蘇〕省全体や本県で捕縛された者は、斬刑に処される場合が甚だ多かった。しかし術に遭った者は、最後は〔何もなく〕恙なかっ

た[19]」という記事が見られる。ここでも妖人が①「紙人」や「紙虎」を用いて、②「魘」(金縛り)したり、③「辮髪を翦」ったりしたほか、人の臂・肩・背・股に④「打印」(痕をつける)などをしたことが確認できる。このような現象は本県のみならず省全体で起こっており、ⓑ事件に関わって捕縛された者の多くが斬刑となったが、辮髪を翦られたり「打印」されたりした被害者で死亡した者はなかったという。不可思議な妖術に遭った者は生命の不安を感じたが、現実には何も起こらなかったのである。

隣の浙江省嘉興府嘉善県でも「光緒二年丙午(子?)の夏、妖人が辮髪を剪ったり、衣服の角を剪ったりした。訛言では、夜間に紙人を放って人を魘したので〔それを〕魘猫と呼んだ。人びとは心から恐れおののき、終夜金物を打ち鳴らしてこれを駆逐しようとしたり、齕齻𪘏𪘏の四文字を黄色の紙に朱書して扉に貼れば邪を辟《さ》けられると言ったりした。七月にいたってようやく収束した[20]」とあるように、妖人が①「紙人」を放って、②人を「魘(魘猫)」したり、③「辮髪を翦」ったりしている。ⓐ人びとの恐怖によるパニックは一段と増幅され、一晩中金物を打ち鳴らしたり、道蔵に由来する(後述)齕齻𪘏𪘏の四文字を朱書した黄色の護符を扉に貼り付けたりして、「邪」を避けようとしている。特に収束の原因は記されていないが、二ヶ月程度で人心は落ち着き、一定程度の秩序の回復がなされたと考えられる。

松江府川沙庁

さらに史料を補ってみよう。江蘇省松江府川沙庁の光緒『川沙庁志』巻一四、雑記には「〔光緒〕二年六月、訛言では、夜に「黒気」が人を圧し、害を受けた者はあたかも夢魘《かなしばり》に遭ったかのようで、さらに人の辮髪を剪り、一〇〇日以内に必ずや死ぬと云われた。人の体ににわかに印記《あと》(痕)が現れ、印が移動して心臓にいたれば死ぬと云ったが、後にみなそうならなかった。秋が深くなってついに収まった〈……これは福建省九龍山の盗匪が起こしたことであり、蘇州・常州二府の騒擾が最も甚だしかった。案ずるに……順治一四年（一六五七）、伝《デマ》では、妖人があり、白昼に人の姓名を呼び、それに応えたならば、ただちに〔妖人に〕随って去《い》ってしまう。……しばらくして「妖が来た」と哄《さわ》いで、……人の寝室に入ると飛びかかって人の身体を圧し、死者まで出る始末だった。……家人は恐れおののいて銅鑼や太鼓で鬨《とき》の声をあげ、毎夜民間で金物や太鼓を打ち鳴らし、木板を叩いて音をたて駆逐しようとし、明け方まで息《や》まなかった。明の成化甲辰（二〇年、一四八四）、嘉靖己丑（八年、一五二九）、隆慶壬申（六年、一五七二）、万暦丁酉（二五年、一五九七）にもみなこのような変事があった〉」とある。この記事では②「夢魘」、③「辮髪を剪る」や④「印記」のほか、①「紙人」ではなく「黒気」が登場する。「一〇〇日以内に必ずや死ぬ」「心臓にいたれば死ぬ」と〝死〟を意識させる内容も見える。人びとの恐怖によるパニックの背景には、謡言中にこうした〝死〟にまつわる具体的な内容が盛り込まれていたことがあった。しかし実際にはこのような事態にはいたらず、その後、自然に収束した。

右の記述で興味深いのは割註である。今回の事態の原因を「福建省九龍山の盗匪」の仕業とする。なぜ「福建省九龍山」に言及するのか。光緒二年の謡言を検討した蘇萍によれば、九龍山は福建・江西両省の交界に位置し、太平天国で有名な洪秀全の息子・洪拱福と小燕王・張総愚が逃れ隠れた地であったため、光緒二年八月二三日に徹底捜査の上諭が下された。蘇萍はこれを根拠として事件の背景に反キリスト教との関わりを想定する。[21]ただし実証に必要な史料が十分には分析されておらず、「近代教案」研究という前提に沿って議論が進められており、本当に反キリスト教から説明することが謡言を解釈するうえで正確か否か——キューンも反キリスト教に言及しており、こうした観点を全否定するわけではない——は再検討を必要としよう。

さらにおもしろいのが〝たぐりよせられる過去の記憶〟である。ここでは順治一四年（一六五七）のほか、明中期の成化二〇年（一四八四）、嘉靖八年（一五二九）、隆慶六年（一五七二）、万暦二五年（一五九七）に同様の謡言が流布したとされる。地方志編集者は二五年から六〇年程度の間隔を置きながら、内容的にきわめて類似した謡言が繰り返し発生しては収束していることを知っていたのである。謡言の内容が時代的な制約を受けつつ変化したであろうことは容易に想像されるが（後述）、少なくとも人びとのあいだに一定程度の共通性を有した恐怖の謡言が形成されており、それがときとして表面化したり沈静化したりしながら人びとの心底に脈々と流れ続けてきたのではないかと推定されるのである。

湖州府徳清県

浙江省湖州府徳清県の民国『徳清県志』巻一三、雑志、異聞三則にも、やや長文の記事が書き残されている。「光緒丙子（二年）七月初、にわかに辮髪を翦る、人を圧するという異変が発生した。五月中に〔江蘇省〕鎮江〔府〕から始まり、しばらくして浙江〔省〕へと伝わると、鶏の翼にまで〔被害が〕および、ときには〔翼の〕毛を失うこともあった。謡言はあちこちで発生し、〔辮髪を〕翦られたり圧されたりした者で死なない者はないと噂した。人びとは耕織をすて、夜になると一ヶ所に集まり互いに見張りを行った。甚だしい場合には鼠の些細な物音にも妖怪だと思い込み、銅鑼を鳴らして駆逐しようとしパニック状態に陥った。誠に可笑しく不可解なことだ。小南門の汪老四は脚夫（荷担ぎ人夫）であった。ある夜、田地に集まって寝ているとき、圧されて吐血したが、久しくして他に何も起こらなかった。また辮髪を失った者は何の異変もなかった。彭姓の者があって戯言を好んだため、みなは〔彼を〕妖怪だと思い込み、糞などの汚物をかけ、天壇（地名）にまで引き立てていき、まさに焚き殺そうとした。幸いにも興和醤園の主人蔡駉生《さいけいしょう》が助けてくれた。〔こうした事件があって〕一帯の人びとは外出を避けたが、紙翦《はさみ》を携えている者や見覚えがなく不審な者があれば、往々にして妖人だと疑われ、冤罪で死にいたった者としては、僧道（僧侶）が最も甚だしかった。八月一六〔日〕の夜、ある漁船が香を焚いて蠟燭を点しながら、平窰渓から県城を通過して東へと漕いでいき「南朝の太均が妖怪を退治しにきたぞ」と口喊《さけ》んだので、以後〔謡言は〕

ついに後を絶った。按ずるに、周志（嘉慶『徳清県続志』）には、徳清〔県で〕下水城を建造したときにも辮髪を翦るという謡言があったと見える。『明史』によれば、永楽一八年（一四二〇）にもまた妖婦の唐賽児[22]があって、紙を翦って人馬を作って乱を起こしたという。庚子年（光緒二六年、一九〇〇）には、また義和団が妖言で人びとを惑わせ、満清の皇太后（西太后）や端〔郡〕王らはこれを信じたので、「三忠」（許景澄、袁昶《えんちょう》、徐用儀）は戮《ころ》され[23]、董福祥の軍がまた外国公使らを殺して[24]、ついに八ヶ国連合軍が北京へと入り、四五〇兆元の賠償金を支払うという痛ましい歴史を作り出すことになった。伝（春秋左氏伝）に云うには「妖とは人が興すものであって、もともと存在しないから、人が正気を保っていれば、妖は自から生まれようがない」と。いま丙子（光緒二年）の一事件は〔私が〕親《みず》から目撃したものである。ここに書き記して何事もないのに空騒ぎしないよう戒めるのみである」。

本記事でも川沙庁と同様、①「紙人」は確認できず、②「人を圧する」、③「辮髪を翦る」について語っている。新たな情報としては⑤「鶏翼が剪られる（抜かれる）」という事態の発生（辮髪を剪るに類似した行為であろうか）、江蘇省鎮江府から浙江省へという謡言流布の経路があげられる。またⓐ「翦られたり圧されたりした者で死なない者はない」とする〝死〟にまつわる内容が人びとを恐怖のパニックに陥れたことが縷々述べられ、僧道をはじめ嫌疑を掛けられた多数の人びとが害を被ったと指摘する。

ここで興味深いのは、正体こそ不明であるが、ⓑある漁船が農村から都市へ、さらに農村へと漕ぎ進んでいくなかで、「太均」なる神による妖怪退治を叫んだとたん、パニックは急速に収束し、秩序が回復したという点である。「太均」がいかなる神かは残念ながら判然としないが、音通から太君神の可能性もある。太君神とは湖州府石淙鎮の神で、北宋末の泗洲直州兵馬都監・陸圭を祀ったものである[25]。太君神は在地の人びとの篤い信仰を集める、いわゆる「土神」であり、そうであればこそ謡言によるパニックを鎮める力を有したのではないだろうか。

〝過去の記憶〟としては『明史』に記載の山東省唐賽児の乱が回顧され、紙人・紙馬なる「妖術」をもって記憶をつなぎあわせているが、江南デルタの事例ではない。

ただし『徳清県志』で最も注目すべきは文末に明確に記載されるように、地方志編纂者が謡言を伝えるだけでなく、徹底的に批判的な立場を取っていることであろう。義和団の乱をめぐる一連の騒動を事例として、『春秋左氏伝』をも引用しながら、妖は人間の心が生み出すもので、むやみに騒ぎ立てて悲惨な歴史を繰り返してはならないと戒める。そこには知識人層ならではのきわめて冷静沈着な態度——容易にパニックに陥る浅はかな農民のみならず、前王朝の統治者たる満洲族への批判をも含めて——を垣間見ることが可能なのかもしれない。

常州府江陰県・松江府南匯県

一方、民国『江陰県続志』巻二六、雑識には「光緒二年丙子六月、謡言が発生した。日中に通りで紙人が辮髪を翦り、夜間には部屋に入って祟りをなした。獣の形は山猫のようで、牀《ベッド》のうえから圧し、寝ている者は動けず話せなかったと。謡言は西から東へ、都市から農村へと流布し、居民は驚き恐れて、昼夜ともに安心できなかった。伝《デマ》では、圧せられるのに抗おうとするならば、猫は銅鑼の音を畏《こわ》がるので銅鑼を叩けば去ると謂った。桃の木で十字架を作り、水盆のうえに置き、周囲に八卦を画《えが》けば、紙人がここに来ると、ただちにくるくる繞《まわ》って墜落した。天蓬元師咒を誦《よ》んでもまた駆逐できる。怪しげな書物のなかには、明代の嘉靖一七年（一五三八）に、かつて同様の変事があり、白蓮教の仕業とされたとある。順治末年にも同様のことがあり、数日間、都市・農村ともに巡邏し、夜に入ると見張りは最も厳しく、前後して嫌疑犯一三人が捕縛され、県の監獄に護送・監禁されて訊問を待った。たまたま彭公が〔各処を〕巡回して江陰〔県〕にいたり、舟を黄田港口に停泊させたとき、そのことを聞いて、ただちに知県に命じて一三人を監獄から出して訊問すると、うちの一人が衣服のポケットのなかにいくつかの紙人を隠し持っていた。彭公が怒って「白昼堂々このような怪しいふるまいをするとは、おまえたちは何を考えているのだ」と曰い、すぐさま死刑とし、それ以上詳細な訊問は行わなかった。こうした厳重な処罰をへて、謡言はあっさりと消え去り、人びとはようやく安心することができた」と記されている。

常州府江陰県では①「紙人」、②「人を圧する」、③「辮髪を翦る」という、もはや謡言の三点セットと呼んでよい現象が確認されるほか、謡言が西から東へ、都市から農村へと伝播したとする注意すべき内容が含まれている。前者は『徳清県志』に江蘇省鎮江府から浙江省へとあり、『川沙庁志』に蘇州・常州両府で騒擾が最も甚だしいとあって、鎮江→常州→蘇州→浙江省という大雑把な伝播ルート——西から東へと同時に北から南へ——を想定できる。つまり江南運河沿いに伝播したと考えられる。一方、後者は謡言は客商など移動する人びとを媒体とし、まず都市へと持ち込まれ、後に都市から後背地農村へと拡散したと推測される。ただし明清時代の江南デルタの場合、市鎮の叢生も考慮すべきであるから、都市間、都市—農村間だけでなく、県城以上の都市→市鎮→農村というルートも念頭に置く必要があろう。

紙人対策としては水盆（紙人形は水に濡れると効果を発揮できなくなる）や咒語が効果的であるとされる。〝過去の記憶〟としては順治一四年の事例（『川沙庁志』）に関連するかと思われる内容のほか、新たに嘉靖一七年の変事が加えられ、明確に白蓮教と結びつけている点に注目しておきたい。なぜなら本格的なキリスト教伝来以前の江南デルタの謡言では恐怖の由来を白蓮教に求めており、反キリスト教的な色彩は清末に特有の社会背景のもとで付加されたと判断できるからである。末尾の部分では彭公なる地方官の対処方法を紹介しつつ、ⓑ司法官が厳罰をもって謡言に臨むことの正当性が示されている。

最後に、もう一つ県志を見ておこう。松江府南匯県の民国『南匯県志』巻二二、雑志、祥異には「光緒二年、男の辮髪、女の髻《たぶさ》、雄の雞の翮《はね》がにわかに翦られたとあまねく民間に伝わった。剪られたとき雞は大声で鳴いて人にぶつかり、〔人は〕冷たい風が顔面に吹きつけられたと感じた。汚物を投げつけると、紙人が墜落するのが見えるなど、禍は多くの省におよんだ。黄色の紙のうえに齕齻⿰齒定⿰齒定の四文字を朱書して邪を避けようとする者があった。文字は道蔵を出典とし、『康熙字典』にも「嘉靖三七年（一五五八）に嘉興・湖州間において馬道人が紙を翦って兵となし、〔嘉興・湖州〕域内を焚き払い略奪した。〔人びとは〕この四文字を貼り付けて難を避けようとした」とある。[26]〔このような内容は〕また『平湖県志』にも見えるので根拠がないわけではない〈この年の五月、〔安徽省〕廬州府張周鎮左の孫家集で、割辮の妖匪魏仁誼ら四人が捕縛され、みな「福建省九龍山の匪首が、貴州〔省〕黄巌洞の斎頭[27]や哥老会[28]の匪首と結託し、僧道（僧侶）の妖術の助けを借りて、游丁・散弁（解雇された兵士・下士官）を煽動し徒党を組ませ、各処の路徑《みち》に熟知していたので隠れ潜んで不軌（割辮）をなした」と供述し、情況は甚だ疑わしい。割辮は紙人を駆使するためだったのであろう〉」と語られている。

ここでも①「紙人」と③「辮髪を翦る」――男性の辮髪だけでなく女性の髻や雛の羽をも対象とする――が確認できる。また汚物や齕齻⿰齒定⿰齒定の四文字の黄紙への朱書による避邪にも言及する。〝過去の記憶〟としては『康熙字典』を引用しつつ、嘉靖三七年（筆者が確認した版本では三六年）に嘉興・湖州間で発生した馬道人の事件が取り上げられる。同時代的な情報としては『川沙庁志』にも記載された福建省九龍山の匪首のほか、貴州省の斎教や哥老会といった秘密宗教・結社の名があがっている。

こうして見ると、光緒二年の謡言に関する地方志の記載は、第一に、謡言の内容の簡潔な整理、第二に、過去における同様の謡言の発生状況、第三に、同時代的な事件の拡がりと解釈、以上の三つの主要な部分から構成されていたといえる。換言すれば、「紙人」をはじめとする一定程度の共通性を有した謡言が存在したこと、江南デルタではそれが過去に幾度も発生して人びとを恐怖とパニックに陥れてきたこと、さらに光緒二年という近代世界（地方志編纂者にとってはほぼ同時代）でもさまざまな解釈を伴いつつ再度出現したこと、ときにはその後の政治・社会状況とも結びつけられながら語られていることを指摘できよう。

三　光緒二年の謡言（二）——郷鎮志中の「国を挙げて狂うが若し」

蘇州府呉江県黎里鎮

次にいくつか郷鎮志の記載を検討したい。郷鎮志とは、自らを省—府—州・県と下る行政系統の下に位置づけようとする、市鎮（市場町）に居住した下級知識人（生員・監生）・商人層によって編纂された地方志をさす。清代江南デルタの郷鎮志と地域社会について詳論した森正夫によれば、郷鎮志は、編者の自発的な意志によって企画されたこと、市鎮を基盤とする地域社会への編者の明確な自己固定意識に裏付けられていること、当該市鎮の直面する切実な課題への関心を反映していること、編者自身が人びとからの取材・文献収集・執筆に従事していること、そして各志がそれぞれに強い個性をもっていることなどによって特徴づけられるという[29]。かかる特徴を踏まえれば、郷鎮志は謡言を検証するのに格好の材料を提供するものといえよう。

たとえば、呉江県黎里鎮の光緒『黎里続志』巻一二、雑録には、やはり長文ながら興味深い内容が綴られている。「光緒二年四月から五月に、紙人が辮髪を剪ったり印《あと》（痕）を付けたりするという伝《デマ》があった。剪られた者は三日後に必ずや死ぬ、継いで七日後に必ずや死ぬと謂い、ついには一〇〇日後に必ずや死ぬと謂った。しばらくしてまた黒獣が人を魘するという噂が立った。人びとの心は不安となり、〔他の土地へ〕逃れる者も現れた。聞くところでは、〔噂は〕無錫に始まり、北から南へ約七日で別の地方へと伝わった。銅鑼と『易経』のみが〔紙人などを〕駆逐できると謂われた。ゆえに金物店の破れた銅鑼、書坊（書店）のぼろぼろの『易経』がみなよい価格で売れ、すべて売り切れてしまった。毎夜金物や太鼓を打ち鳴らし、夜明けにようやく静まった。銅器を打ち、木板を鳴らして駆逐しようとし、ほとんど不眠不休の徹夜となり、本当に国中が狂っているかのようだった。利益を得ようとする者は「八卦爻二図」や「河図洛書二図」を印刷したり、〓〓〓〓の四文字、〓〓〓の三文字を、朱砂を用いて黄色い紙に書き、扉のうえに貼れば邪を駆逐できると謂ったりした。六月中に蘇州城で馮阿吐・許阿葆・許徐氏の三人が捕縛され、金匱〔県の〕人に妖人があって、彼から洋銭をもらい咒語を学んで紙人を放ったと供述したので死刑とすると、人びとの心はしばらくして静まり、訛言はようやく収まった。按ずるに、この年の秋〔私は〕金陵（南京）に赴いて試験（郷試）を受けた。七月二五日の夜、舟を毘陵駅（常州）に泊めたとき、まだ金物や太鼓の音が聞こえて夜通し絶えなかった。街巷の話題はいつも辮髪を剪ることや人を魘することであった。ついに噂は揚州や江右（江西）・皖（安徽）省といった長江の南北にまで達し、訛伝《デマ》はほとんどあまねく広がった。『府志』や『西園雑録』『蚓庵瑣語』『見聞随筆』を見ると、成化甲辰（二〇年、一四八四）八月、嘉靖己丑（八年、一五二九）七月、隆慶六年（一五七二）四月、万暦丁酉（二五年、一五九七）六月、順治丁酉（一四年、一六五七）七月、乾隆四五年（一七八〇）七月にもこのような変事があったと記されており、これが人為でないことは甚だ明らかであろう」。

この『黎里続志』の内容は県志のそれに比較して謡言の生々しさを伝えるものとなっている。たとえば謡言中の「辮髪を剪られたら必ずや死ぬ」の日数が都合よく変化していくあり様、謡言に惑わされて藁にもすがるように破れた銅鑼やぼろぼろの『易経』を買い求める人びと、「国を挙げて狂うが若し」[30]と表現されるほど金物・太鼓を打ち鳴らして騒ぐ者たち、八卦爻二図・河図洛書二図のほか呪文を書いた護符など売って利益を貪ろうとする商人などが活写されている。いずれも平静を取り戻せば、その滑稽さはいうまでもないが、現場では紙人による辮髪剪りが不思議なほどきわめて現実味の高いものとして意識された結果、多数の人びとを巻き込みながら膨らんでゆく一種の集団パニックにも近い現象として見事に描出されている。

さらに地方志編纂者は自身の金陵（南京）における実体験をも記すほか、各種の書物にあたったうえで『川沙庁志』が掲げる歴代の謡言以外に、順治一四年、乾隆四五年にも同様の謡言が流布したことを指摘する。遡りうるかぎり、明中期以降、江南デルタでは数十年おきにかかる謡言が断続的に発生していたのである。光緒二年の謡言は決して一過性のものではなく連続性を有するものとして、可能なかぎり過去に起源が求められ〝発見〟され続けていたといえよう。ゆえに光緒二年の謡言はこうした歴史的文脈のなかで理解すべきであって、単に当時の社会背景のみを考慮して反キリスト教一色で説明することに筆者は疑念を禁じえない。なお本記事を見ると、謡言流布は江南デルタのみならず、江北の揚州から江西・安徽両省という長江の南北におよんでいる。こうした点からすれば、謡言は主に長江や大運河など水運を媒介として伝播していると推測される。すなわち江南デルタで発生した謡言〔情報〕は多くの場合、水運で移動する人びとによってヒト・モノ・カネとともに持ち運ばれ、沿江・沿河の各地に拡散していったと考えられるのである。

嘉興府嘉興県梅里鎮

嘉興府嘉興県梅里鎮の民国『梅里備志』巻八、雑記では、他書を引用しながら不可思議な事件について述べている。「光緒丙子（二年）の夏・秋のあいだ、嘉興一帯では、気づかぬうちに妖人が人の辮髪を翦ったり、また紙を翦って人や獣の形を作り、深夜にそれらを放って人に祟りをなしたりするということが突如として発生した。これに遭った者は夢魘《かなしばり》に遭ったようで、重ければ死に、軽ければ傷ついたため、みな「圧虎子」と呼び、必ずや狂って呼ぶ人がおり、銅鑼の音や灯火を用いるとようやく目が覚めた。『小匏〔庵〕詩話』には紀異詩を載せている〔ので調べた〕が、結局〔それが〕何の邪術かわからなかった。そのとき明末に一つの変事があったことを憶い出した。李太僕（李日華）の『味水軒日記』には次のような記述がある。万暦辛亥（三九年、一六一一）四月二〇日に、王店鎮に行って太学（監生）の李玄白を訪ねると、ちょうど挙人の沈天生がやって来て、ともに食事をし、蕭山〔県〕には来姓の著名盗賊（巨寇）があってその勢力は人を駭《おどろ》かせているという話になった。そこで玄白が言った。

今月〔四月〕六日、言語も服装も異なる者〔外来の者〕二人が、それぞれ翦刀《はさみ》一袋を提げてきて、これを鎮の人びとに配って「値段は四分、六月一九日に若い女性が受け取りに来ます」と云った。ある人が若い女性とは誰かと問うと「私の娘です」と曰《い》った。翦〔刀〕は若い男性にのみ配られ、老弱の婦女が求めても断られた。ある人は、翦〔刀〕を配るとき、〔彼らが〕一冊の帳簿を取り出して、〔そこに配られた人の〕姓名を記し、うその姓名を申告する者がいると「おまえは実は某某だろう、なぜ紿《だま》そうとするのか」と曰うのを目撃した。玄白の家には二人の健僕〔家僕〕があって翦〔刀〕をもらったので、これを験《しら》べてみると、翦〔刀〕は蕭山〔県〕で造られたもので、半日ほどして配り終えて去っていったと。〔これがいったい〕何を意味するかは不明である」。

前半では①「紙人」「紙獣」、②「人を圧〔夢魘〕する」、③「辮髪を翦る」というこれまでと同様の内容が書き記され、後半では李日華『味水軒日記』[31]に見える、翦刀に関わる不可思議な出来事が抜粋・紹介されるものの、あくまで「何を意味するかは不明である」という結論にとどまっている。推測が許されるならば、来姓の巨寇の正体が白蓮教のごとき邪教の反乱であり、翦刀にまつわる事件は彼らの「邪術」と連関性を有していたことを暗示しているのではなかろうか。

湖州府烏程県南潯鎮

また烏程県南潯鎮の民国『南潯志』巻二八、災祥にも長文であるが、次のようなおもしろい記事が掲載されている。「〔光緒〕二年三月、妖人が辮髪を翦った。七月、また紙人が夜に出て、怪獣の形となり人を魘したので、〔南潯鎮の〕住民は鐘を鳴らしてこれを駆逐しようとし、夜も眠れなかった。八月にようやく止んだ」と記述した後、「今年〔光緒二年〕三月、南潯鎮で妖人が辮髪を翦ったと噂した。〔南潯鎮の〕北柵で餅を売っていた某甲は、夜に起きて厠へ如《い》ったところ、突然冷たい風が骨身を刺し、辮髪はすでに失われていた。このため鎮の人びとは警戒し、夜間にはあえて外出しなかった。また辮髪を翦られた人は一〇〇日中に必ずや死ぬと噂されたが、〔辮髪を失った〕某甲は後に何も異常はなかった。七月初にいたると、また紛々と次のような噂が伝わった。紙妖（紙人）が夜間に人の霊魂を摂り、やって来ると怪しげな風が吹き、生臭い臭気が立ち込め、屋根の瓦がかたかたと鳴り、薄い雲が蓋をするように軒に垂れ下がった。人が睡眠中であれば人の身体を圧したので、人は震えて話すことができず、目は上を向いて、手足はぴんと張った。急いで救けようとすれば夢魘《かなしばり》のようになり、目が醒めても〔本人は〕何のことかわからなかった。その形状は鼠、鳥や犬のごとく、鉤のような爪や鋸のような牙があり、あるいは黒い気が魂となり、あるいは白い光が束となって、刀槊《はもの》では傷つけることができず、金物や太鼓の音を鳴らせば、はじめて逸《に》げていった。また夜になって、たまたま妖物に触られると触られたところがたちまち腫れ上がり、色は青黒くなり、これを「打印」と謂った。消息は北路から伝わり、一七日にいたって南潯鎮でも大騒ぎとなり、金物や太鼓を打ち鳴らし、人の声が沸き立って、夜通し絶えなかった。肝の小さい者は、家人や婦女子を伴って一室に群れ集まり、とうとう一晩中あえて瞼を閉じなかった。農村でもまた五家、一〇家と〔集まって〕同居した。一九日の夜半、私はすでに就寝していたが、周囲から銅鑼の音が聞こえたので驚いて起き上がり、窓を明けて見渡すと、星や月が輝いていた。ただ空中から音が聞こえるだけだったが、大風が激しく吹き荒れるようで、朝方になってようやく息んだ。次の夜もまた同様であった。人びとの心は不安となり、通りは寂しくなった。〔人びとは〕空が暗くなると戸を閉めて室《へや》に入り、道には通行人がいなくなった。地方の無頼は機に乗じて事を起こし集まって群れをなし、外地の見知らぬ者に遇うと、ただちに「妖人だ」といって財物を奪った。行動不審な者にあうと、あるいは縛り上げてこれを河に投げ込み、あるいは担ぎ上げて火に放り込んだ。無実の罪で死ぬ者が衆《おお》く、官憲もあえて問おうとしなかった。そのため客商（行商人）たちは警戒し、あえて遠出しなかった。八月初にまた、湖州府城が陥落したという謠伝《デマ》があり、府城の住民で逃亡し東へと向かった者は、舟が相い連なるほど多かったうえ、盗賊が蠭起《ほうき》したので大事になるところであったが、幸いにも黄提軍が杭州にあってこの報を聞き、躬《みずか》ら営勇を率いて馳せ参じ、湖州に到着して乱民を捕縛し、裘《きゅう》姓の叔姪（叔父と甥）をただちに死刑にしたと噂したので、謡言はようやく息んだ」。

ここでは③「辮髪を翦る」、①「紙人（紙妖）」、②「人を圧（夢魘）する」の順で語られ、さらに④「印記（打印）」へと話は進んでいく。最後の部分では謡言をめぐって南潯鎮の秩序がいかに崩壊したかがつぶさに述べられている。無頼が無辜の者を「妖人」と決めつけて殺害しても、官憲が手を出せないほど、謡言の恐怖が南潯鎮を支配・席捲していたことがわかる。最終的には軍までが出動し、ようやく謡言が収束し、人心が安定するにいたったのであった。

松江府金山県張堰鎮、太倉州羅店鎮、常州府無錫県開化郷・富安郷、蘇州府呉県相城鎮

最後に、若干の郷鎮志の記載を補っておこう。松江府金山県張堰鎮の民国『張堰志』巻一一、祥異には「〔光緒〕二年丙子の夏四月、訛伝では、辮髪を翦ったり紙人が人を圧したり印《あと》（痕）を付けたりするとされ〈印は筆の管ほどの大きさである〉、各処でそうしたことが発生した。民家の扉には争って鮀鮀鮀鮀の四文字〈『〔康熙〕字典』の註によれば、四つの文字は道蔵を出典とし、音は未詳である。嘉靖三六年（一五五七）に、妖人の馬祖が紙を翦って兵となし人びとを駭《おどろ》かせたので、各家では多く四文字を懸けてこれを避けた〉が貼られた。〔張堰〕鎮南の三多橋左傍に馬姓の婦人があり、幼い女児を連れて田間にいると、突如大風が吹き、目が眩んでぼんやりし、目が醒めたときには〔自分の〕髻《たぶさ》はわずかに半分を残しているだけで、女児の小さな辮子《おさげ》もまったくなくなっていた」、太倉州羅店鎮の光緒『羅店鎮志』巻八、襍類志、軼事には「光緒二年の夏、妖人が紙人を翦り、夜に〔紙人が〕人家に入って辮髪を翦ったが、扉を堅く閉めても隙間から入ることができた。〔羅店〕鎮では〔人びとは〕震えおののき、夜通しで鐘を鳴らし、数ヶ月してはじめて息んだ〈按ずるに、明代の嘉靖三七年（一五五八）には、妖人が紙狐を翦り、夜には〔室《へや》に〕入って人を傷つけた。ある人が水盆を集め、水面の光をあてると〔紙狐は〕墜落した〉」、常州府無錫県開化郷の民国『無錫開化郷志』巻下、災祥には「光緒二年丙子の夏六月、謡伝では、紙人が〔辮〕髪を翦ったり、窗戸《まど》から入って床《ベッド》に登り人を圧したりした。住民は不安で眠れず、徹夜で見回りし銅鑼で自衛した。これ（銅鑼）を売る者は一時的に典肆《みせ》が空となるほどで、理由もなく騒擾が起きた。秋になってようやく息んだ」、無錫県富安郷の民国『無錫富安郷志』巻二七、祥異には「光緒二年、白蓮教の紙妖（紙人）が祟りを作し、男性の辮髪、女性の髻《たぶさ》を剪った」、蘇州府呉県相城鎮の民国『相城小志』巻五、襍記祥異には「光緒二年、謡言があり、白蓮教が紙を剪って人となし、〔それが〕夜中に人家に入り、遭遇すると病となった。俗に「圧虎子」と称する」とそれぞれ見える。

これらはいずれも簡潔な表現ではあるが、①「紙人（紙妖、紙狐）」、②「人を圧する（圧虎子）」、③「辮髪（髻）を翦る」を再確認できるほか、多くがこれらを白蓮教と結びつけている。また嘉靖三六年あるいは三七年の妖人馬祖の〝記憶〟がたぐりよせられている点も忘れてはなるまい。

以上を整理すれば、清末民国期の地方志（県志・郷鎮志）に地方の知識人層が書き残した、光緒二年の謡言のナラティヴは、主に①「紙人（紙妖、紙狐）」、②「魘魅（人を圧する）」、③「割辮（辮髪を剪る）」、④「打印」、⑤「鶏翼が剪られる」といういわゆる「妖術」のうちのいくつか——特に①〜③を中心とする——に若干の不可思議な出来事・体験などを組み合わせながら構成されていた。知識人層はこれに自らの観察の結果としての謡言の伝播ルート、ⓐ恐怖に駆られた人びとの集団パニックのあり様、ⓑ「妖術」に対抗する有効な手段——たとえば、銅鑼・金物を打ち鳴らす、水碗を置く、⿱⺮⿰鬼乞⿱⺮⿰鬼真⿱⺮⿰鬼定⿱⺮⿰鬼定の四文字を書いた護符を貼り付ける、汚物などを散布する——とパニック収束の原因（妖人とされたスケープゴートの逮捕）などを加えつつ、他書を引用しながら嘉靖年間の馬道人（馬祖）や白蓮教という〝過去の記憶〟をたぐりよせて回顧していた（広大な地域を対象とする県志に比較して、市鎮と周辺農村にピンポイントで焦点をあてた郷鎮志の描写の方がより生々しく感じられる)。こうしたいくつかのパーツから構成される地方志の記載はいったい何を意味しているのか、われわれに何を伝えようとしたのか。手がかりをつかむために、次に知識人層の思考回路に沿って謡言を過去に遡りながら検証することにしよう。

四　たぐりよせられる過去の記憶

明代嘉靖年間の馬道人（馬祖、馬祖師）の乱

これまで検討してきた光緒二年の謡言ではさまざまな〝過去の記憶〟がたぐりよせられていたが、まず嘉靖年間の馬道人（馬祖、馬祖師）の乱から話を始めることにしたい。この乱は明末江南の白蓮教の乱として濱島敦俊によってすでに取り上げられ、詳細な分析が試みられている[32]。『世宗実録』、同治『湖州府志』、朱国禎『湧幢小品』などを用いながら事件を再現した濱島によれば、経緯は以下のとおりであった。嘉靖三六年（一五五七）、妖人馬道人は浙江省烏青鎮の沈松の家に住みつき、幻術を用いて多くの信者を獲得した。九月に起兵して嘉興を攻めようとしたが、事前に洩らす者がおり、蜂起にいたらずして摘発された。指導部では殺されたり逮捕されたりする者もいたが、期日にいたると馬道人は数千の信者を集めて、青白二旗を樹てて兵を起こした。しかし兵備道劉燾の官兵に攻撃されて南潯鎮に向けて潰走、ついで双林鎮にいたって捕捉・殲滅されたが、馬道人その人は逃れた[33]。ここでは馬道人が江南デルタの浙江省烏青鎮を中心に活動したこと、幻術（妖術）を用いて白蓮教を布教していたこと、蜂起後、馬道人は捕殺されず逃げ去ったと信じられていたことに注目しておこう。このようにして濱島によって馬道人の乱の全容はほぼ解明されたが、本節ではこうした成果を前提として、地方志の記載を補充しながら馬道人の

乱の語られ方を再検討し、さらに光緒二年の謡言のナラティヴとの比較を試みたい。

嘉興府平湖県の光緒『平湖県志』巻二五、外志、祥異には「〔嘉靖〕三七年、馬道人が悪事をなした。嘉興・湖州のあいだで楮《かみ》を翦って兵となし、……人びとが深く寝入ると、ただちに魘せられた。……各家は多く齕齻𪘲𪘲〈『康熙字典』によれば、文字は道蔵を出典とする〉の四文字を懸けてこれを避けた。訛言や妖怪の祟りは三、四月を過ぎてようやく息んだ」と見える。「楮を翦って兵となす」は前節の①「紙人」、「魘する」は②「人を圧する」にそれぞれ対応し、齕齻𪘲𪘲の護符も光緒二年のときと同じである。白蓮教の語こそ直接登場しないが、濱島の研究から馬道人の乱が白蓮教の乱であることは間違いないから、白蓮教の乱に直面した人びと――白蓮教の外側にあった人びと、特に地方志編纂者であり儒教的倫理観を体現した知識人層――が白蓮教をいかに見ていたかを看取できよう。白蓮教とは紙人を剪ったり魘したりする「妖術」を駆使する〝邪教〟なのであり、忌避すべき存在として認識されていた。

馬道人の乱にとって終焉の地となった烏程県双林鎮の同治『双林鎮志』巻三二、紀略、雑記には「突然妖人馬道士が現れて祖師と自称し、変幻自在で蝴蝶となって飛んだ。紙を剪って兵と作し、呪文を唱えた。夜に人家に入って人びとを惑わし、睡眠中であれば魘され、甚だしい場合には死にいたり、刀杖でも防御できなかった。夕暮れになると、人びとは金物を打ち鳴らし東西に奔走して駆逐しようとし、扉には齕齻𪘲𪘲の四文字を貼り付けてこれを避けようとした。各府もみな同様であったが、わが湖州府は特に甚だしかった。官憲が告示を出しても禁ずることはできなかった。馬〔道士〕は盆水に人影を映し〔未来の〕貴賤がわかるといった。貂璫《ちょうとう》（宦官）・幞頭《ぼくとう》（文官）・兜鍪《とうぼう》（武官）・紗帽《さぼう》（文官）を戴《かぶ》った者や帝王のごとき冠を戴った者が盆水に映れば、馬はただちに名前を帳簿に署《しる》し、官爵を与えることおおむね盆水に見えたとおりであった。大夫・士庶は多くが欺かれた」「〔嘉靖〕三六年、馬道士の余党は烏程〔県〕の霞霧山にあった。九月一四日に兵を起して乱を作そうと定め、白布で〔首を裹んで〕目印とした。鄖彩なる者が計画を主簿田本渭に密告し、〔田本渭が帰安県〕知県李従教、〔烏程県〕署令蔣宏徳に伝えて、共同で緝捕することにした。賊首の蔣鴻・蔣潮は〔府〕城を脱出して双林鎮に遁《に》げ、〔家々を〕焼き払って略奪し、さらに烏〔青〕鎮へと移動した。総制胡宗憲は知府李敏徳に檄し、千戸蔡懋思・李鉞に命じて救助に赴かせたが、放火・殺害は数え切れないほどであった。しかし馬妖（馬道士）はひとり逸《のが》れたので、捜査して花名冊三、五本を入手すると、士大夫の名が記載されていたため、総制〔胡宗憲〕はその冊を焚き捨てた。その後、兵備参政劉燾が兵を率いてこれを撃つと、賊は潰散し追撃され烏〔青〕鎮で殲滅させられた〈張炎貞『烏青文献』に見える〉。翌年、余党はあまねく郷村を騒がせ、多くの幻術を使ったと噂が伝えられたが、〔それは〕じつはみな惑わされただけである」と語られている。

　馬道人は蝴蝶に変ずるなど変幻自在であったほか（こうして見ると馬道人が実在したか否かが問題かもしれない）、①「紙人」、②「魘する」など一連の妖術を語った後、⑥水盆の術について記す。濱島は水盆の術を一種の催眠・暗示と推測する。[34] 水盆の術は光緒二年の謡言に登場しないが、濱島の指摘どおりならば、水盆の術の前提に「世界将乱」「弥勒仏空降、当主世界」の論理が存在するのに対し、光緒二年の謡言ではステイタスの上昇や貧民の経済的願望を映し出す必要性がなかったために謡言のナラティヴから脱落したのであろう。

　また濱島は姚士麟『見只編』によりながら、そこに見える李道人なる人物と馬道人との関係について、断言を避けながらも、両者が同一人物なのではないかと推測する。やや時期は下るが、乾隆『震沢県志』巻三八、異聞にも「李道師」なる人物が登場する。「嘉靖三六年九月、烏〔青〕鎮の妖人李南は李道師と自称し、仲間で馬祖師と称する者と愚民を誘って焼香礼仏し、本鎮に屯集して乱を謀ると、〔震沢〕県の人は多くがこれに従った。事が発覚し、官兵が〔李〕南とその信徒毛鋆《もうぎん》・高仙らを捕縛したが、〔馬〕祖師は逃亡した。このとき厳墓村・震沢鎮では相次いで「妖術」が用いられ、夜に民家に入って人を擠《お》し、死にいたる者も出た。周辺では大騒ぎとなり、それを捕まえるとおおむね獣皮〔で作られた物〕が多く、あるいは紙を剪って作り、鍼《はり》を爪翼に綴りつけ、〔妖〕術によって害をなした。これよりさきに〔湖州〕府城でこうしたことがあり、にわかに李南の乱が発生した」。濱島は李南にも注目し、軍事的・政治的任務を期待され世俗的権威を有した人物であったとして、宗教的権威を有した李道人とは区別している。本記事では李南を李道師と表現して馬道人と並ぶ宗教的権威者と見なす点は興味深いが、本県志は時代が下るから人物の混同が起こった可能性も捨てきれない。ここでは①「紙人」と②「魘する」に類する表現が見えることを確認しておきたい。

　このほか蘇州府呉県六直鎮の光緒『甫里志稿』巻三、祥異には「〔嘉靖〕三六年丁巳の夏、妖人が紙を剪り、針を置《つ》けて狐孽《こげつ》（狐の妖怪）と作したので、境内（鎮の域内）では鐘を鳴らして互いに警戒した。後に妖人が捕縛され杖斃[35]とされたのでようやく息んだ」とあり、馬道人という具体名は見えず単に「妖人」とのみ記している。ここにも①「紙狐」が確認できるが、捕縛・杖斃された「妖人」が誰をさすのかは不明である。松江府青浦県の光緒『青浦県志』巻二九、雑記にも「〔嘉靖〕三七年秋八月、市中に訛言があり、狐が祟りをなしたため、徹夜で金物を鳴らし続けたが、少しでも怠るとすぐに爪痕のような傷がつけられた。一ヶ月ほどでようやく息んだ。ある者は「道者があって妖術を用い、紙を翦って狐となし針を爪とした。昼は回収し、夜はまた咒文を唱えて放ち窃盗させた」と曰った。その後、妖術が破れると道者の行方は知れない」とあって、詳細は記さないが「道者」なる人物が紙を翦って「紙狐」を操っていたことが述べられている。これらに見える「妖人」「道者」は年代を考慮すれば馬道人をさす可能性は少なくないであろう。

明代宣徳・成化・弘治・嘉靖・万暦年間の謡言

嘉靖三六年の馬道人のほか、明代には宣徳・成化・弘治・嘉靖・万暦年間のそれぞれに類似の謡言が確認できる。常州府無錫・金匱両県の光緒『無錫金匱県志』巻三一、祥異には「〔嘉靖〕三六年五月、訛言があり、妖が長江を渡って無錫に到達したといった。民間〔の人びと〕が驚きあわてて自衛すること、宣徳・成化のときと同様であった」と述べられ、単に「妖」と語るにすぎないが、嘉靖年間をさかのぼる宣徳・成化年間にも同様の謡言があったことが指摘されている。これらについて同書では「宣徳六年（一四三一）六月、訛言があり、何物かが人を食らったといった。〔謡言は〕江蘇省北部から南下、本県を越えて蘇州・松江に到達した。人心はびくびくとし、日が暮れる以前に鍵をかけ火を点して銅器を撃ち、一晩中震え驚いた。一ヶ月してようやく息んだ」「〔成化〕二〇年（一四八四）の夏、真黒な物が夜間に窓の隙間から入って人を攫った。〔謡言は〕武進〔県〕から始まり、六月に無錫に到達した。民間では徹夜で炬《たいまつ》を燃やし棍棒を持ち、金物や太鼓を撃って自衛した。十日ほどでようやくやんだ」とある。宣徳六年の変事については、これまで特に言及されてこなかったが、成化二〇年のそれは『川沙庁志』『黎里続志』にも見え、紙人など「妖術」の類こそ確認できないが、地方志編纂者によって同系列の謡言として両者の記憶がたぐりよせられていることがわかる。

この成化二〇年の謡言については、松江府華亭県の光緒『重修華亭県志』巻二三、雑志、祥異にも「〔嘉靖〕三五年（一五五六）の夏、黒眚《こくせい》（黒い妖怪(36)）が現れた(37)」と記された後、「成化甲辰（二〇年）夏と秋のあいだ、喧伝《デマ》があり、夜に何物かが人家に入り、寐魘（金縛り）に遭わせるか人を傷つけた。みな金物を鳴らし木棒を撃ち、明け方まで警戒したが、何も出現しなかった。舟が集まっている場所ではしばしば夜に〔何かに〕驚いた。しばらくして、剜《き》った瓜を頭に戴せて水面に浮かんで盗みを犯した者が捕縛され、官に送致されると怪しい噂はついに息んだ。そのとき邨落《むら》でも虎の噂が立った。ある者が様子をうかがっていると、豕《ぶた》を盗む者が身体に虎の皮を被っていたのを、夜には区別できないために本物の虎と思ったのである〈郭府志（康熙『松江府志』）による。按ずるに、嘉靖戊午（三七年）八月、民間に訛伝があり、狐が祟りをなし、これに遭った者は寐魘（金縛り）となった。ある者が江右（江西）人が呉地（江南デルタ）に入って盗みを行い、紙人・紙馬を翦って妖術を作したと云ったので、各家は金物・太鼓を用いて警戒し、あるいは水を貯めて対処した。商賈が舟を停泊させる場所でも同様であったが、何も出現しなかったし、最後はどうなったかも知らないと云う。成化甲辰（二〇年）の謡言と類似している〉」と語られている。ここに地方志編纂者は少なくとも成化二〇年と嘉靖三七年の謡言のあいだに②「寐魘（金縛り）」などの類似性を感じ取っている。後者の主体は①「紙人」「紙馬」と明言されているが、前者は「物」とだけあって詳細は判明しない。

　成化以降の謡言としては弘治一六年（一五〇三）、嘉靖八年（一五二九）と万暦年間のものが地方志中に散見される。民国『南潯鎮志』巻八、祥異志、妖眚には「宏治一六年辛巳、毎夜、妖魔が出て人を魘し、鎮の域内では〔人びとが〕夜明けまで驚き怖れていた」とあり、光緒『嘉善県志』巻三四、雑志上、祥眚には「〔嘉靖〕八年己丑の秋、……農村で訛言があり、ある物が夜に人家に入って雞や犬の形状となり、幼い男女を傷つけたという。あちこちで〔人びとは〕みな駭《おどろ》き、南郷では最も甚だしかった。夕暮れに戸を閉めてこれを避け、あるいは鐘や太鼓を撃って駆逐しようとする者があった」とあって、「妖魔」「物」などというきわめて曖昧な表現ながらも人びとが恐怖するあり様を描いている。

　万暦年間の事例としては、同治『双林鎮志』巻三二、紀略、雑記に「万暦一〇年（一五八二）五月、妖人が幻術を用いて乱を起こした」と述べた後、「是年（万暦八年か）、予は千歩村の沈氏家塾に滞在した。五月某日の夕暮れ、たまたま水際に立ち、双林〔鎮〕から離れること二〇里（約一二キロ）、はるかに叫び声が聞こえ、あたかも数千の人や舟がぶつかるかのようで、騒ぎは甚だ厲《はげ》しかった。次第に近づいてきて、周囲のものがたちまちみな震動したので、〔家塾の〕主人は小舟で遁げ去った。余はどうしようもなくひとりで立っていると、すでに瞑くなり樹木のうえにはみな火があって、あっという間に真っ赤になり、昼間のごとく照らし、火光のなかで甲士（兵士）が戈を揮うかのような状態となった。……余は心に幻術は畏るるに足らないと思っていたので数杯酒を飲んでから枕《ね》た。

……烏〔青〕鎮で賢い者が小舟のなかを窺い見ると、一、二人がいて紙を剪って一寸にも満たない人形・馬形を作っていたため〔官憲に〕密告した。捕兵が到着して縛り上げようとすると、すでに影も形も見えなくなっていた。〔そこで〕嚢《ふくろ》を押収して舟を沈めた。嚢のなかには咒符の類があったが、どのような物かわからず悉く焼き捨てさせた。烏〔青〕鎮・双林〔両鎮〕付近の農村はみな安息を得ることができた。しかしすでに一〇日ほどをへていたため、〔謡言は〕数百里に伝わっていたと云う」と記載されている。

濱島はかつてこれとほぼ同様の内容を朱国禎『湧幢小品』から引用して検討を加えている。(38) 濱島は右に訳出した現象について「紙人」「紙馬」の影絵芝居ではないかと推測しているが、はたして当時の中国農村の実態に詳しいはずの朱国禎が欺かれるほど高度な技術を持った影絵芝居が演じられていたのであろうか。筆者には断言できないが、朱国禎が「紙人」「紙馬」を一種の幻術（妖術）として認識していたことは間違いなく、白蓮教の語こそ見えないものの、万暦八年（ないし一〇年）の江南デルタにも①「紙人」「紙馬」の妖術を白蓮教に結びつける事例が確認できたのである。

また太倉州崇明県の民国『崇明県志』巻一七、雑事、災異には「〔万暦〕二二年、狐があって犬羊ほどの大きさで、煙霧のようにはっきりせず、暮に民家に入ってきて、これに遇えば意識がぼんやりしてしまう。農村では金物や太鼓を撃って駆逐しようと人びとは朝まで寐《ね》なかった。ある人が、これは妖人が紙を翦って作ったものだと謂ったので、戸口に水盆を置くと多くの狐が溺れていた。〔見てみると〕本当にみな紙でできており、爪は鍼でできていた。一ヶ月ほどして祟りは息んだ」と見え、ここにも妖人の作った①「紙狐」が祟りをなすとの謡言が流布していたことが判明する。

以上、明代江南デルタの謡言はほぼ①「紙人（紙馬、紙狐）」と②「魘魅（人を圧する）」から構成されていたことがわかる。当然に③「割辮（辮髪を剪る）」は見えない。辮髪は満洲王朝の成立以後、「薙髪令」（一六四四年）によって漢民族にも強制されたものであり、明代の漢民族とは無縁であった。ゆえに強制された辮髪に一定程度のアイデンティティを感じ、「辮髪を剪る」行為が漢民族に恐怖心を与えるようになるのは、早くとも清代康熙年間以降のことではなかろうか。アイデンティティの確立を前提として、ようやく辮髪剪りの恐怖が謡言の重要な構成要素として登場してくると考えられる。

清代前・中期（順治・康熙・乾隆年間）の謡言

明代江南デルタの謡言に引き続いて、清代順治年間のそれを分析してみよう。嘉興府石門県の光緒『石門県志』巻一一、叢談にはかなり具体的な話が記録されている。「順治癸酉（丁酉？）年（一四年、一六五七）、妖術が鎮江から伝わって来て、人の寝室に入り、襲いかかって人身を圧し、往々にして死にいたらせた。形状はタヌキのようで、やって来ると屋根瓦がかたかたと鳴った。明代の万暦年間にも同様の異変があった。刀剣を畏れず、ただ銅鑼や太鼓の音のみを懼れた。異人が伝えた天蓬咒を読んでもすこぶる効果があったとある。光緒二年七月下旬、鎮江一帯で妖が人を圧したと噂した。北から南へ〔と伝わり〕、数日しないうちに郷村でも圧せられる者があった。形状は大きくなったり小さくなったり、さまざまな獣の形となって変幻した。圧せられると喋れなくなり、ただ手足を震わせるだけで、別人が気づいて銅鑼を撃って駆逐すると、しばらくして目が醒めた。はじめ圧せられた者は一〇日以内に死ぬと伝わり、〔何も起きないと〕継いで一〇〇日内と云ったが、その後みな恙なかった。……また聞くところでは、硤石以西のある村にはわずかに十余家しかなかったが、騒ぎは幾度となく起こったので、汚物や猪羊の血などを、竹筒に綿絮《わた》を入れた物で、空中に激しく散布すると、紙人・紙馬が紛々として地に堕ち、妖術は思い通りにならなかった。そのとき人心はびくびくとして、佳兆ではないのではないかと疑った。現在まで三年間、民は和し実りは豊かで何の関係もないことを知った。ただ妖人がはたして何のためにそれをなしたかだけはわからない」。

本記事が光緒二年の謡言を記述するにあたって直接たぐりよせているのは万暦年間と順治一四年の謡言の記憶である。後者では、やはり大運河の江南デルタへの入口にあたる鎮江から「妖術」が始まり、②「圧する」という現象が各地で発生した。その延長上に位置づけられた光緒二年の謡言では②「圧する」のほか、①「紙人」「紙馬」の語が見える。ただし文末に見えるように、地方志編纂者は明らかに「妖術」を否定し、凶兆ではないかと訝る人びとを窘めている。

また乾隆『震沢県志』巻三八、異聞には「大清順治丁酉（一四年）の秋、震沢県内で妖術が盛んに行われた。梅堰〔鎮〕の謝姓の者が楼房の一階で臥し夢を見ていて目覚めると、突然猫犬のごとき物が帳中に突入してこようとしたので、甚だ駭《おどろ》いて布団をかぶり大声で叫んだ。火をとって燭《てら》してみると、頭は虎のようで、跳び擲《は》ねて逸《に》げようとしたので、水を淋《か》けると原形が見え、竹で骨組みを作り紙をかぶせて、鉄絲《はりがね》で足を作り、なかは草で満たされ、虎の形状にされ、四つの足にはみな呪符が書き付けられ、腹のなかには「事あれば千変万化し、事なければ速かに去来する」と書かれていた。……かような怪異が〔蘇州〕府城から各県に伝わること、みな同様であった。たぶん妖人が祟りをなしたのであろう。しばらくして頭目が捕縛されて死刑に処されるとはじめて息んだ」とあって、妖術による①「紙虎」の恐怖とともに、おそらくはⓑスケープゴートの逮捕・処刑によって秩序が回復したことが語られている。

さらに同治『南潯鎮志』巻一九、災祥にも「〔順治〕一四年七月、民間に伝《デマ》があり、妖人が生魂を摂ろうとして白昼に人の姓名を呼ぶと、ただちに妖人に随って去《い》ってしまい辺地に売られてしまうといった。また紙を翦って猫や虎の形状とし、夜に出て人を圧して顔面を爪で傷つけたので、居民は徹夜で銅鑼や太鼓を鳴らして自衛し、一ヶ月してようやく罷んだ〈呉陳炎『曠園雑誌』によれば、康熙年間、嘉興・湖州二府では狐精が現れ、郷村・市鎮ではみな徹夜で鐘を鳴らし続け、少しでも懈《おこた》れば、ただちに爪痕のような傷をつけられた。後に道人が妖術をなし、紙を剪って狐とし針を爪として、昼にはこれを回収し、夜にはまた呪文をかけて遣わし、これによって窃盗を行わせようとしたのだと知った。かくして二ヶ月後にようやくやんだとある。この事件を康熙年間としたのは誤りである〉」とあり、順治一四年に「妖人」が魂を奪った〈順治年間にはまだ奪魂と割辮とが結びつけられていない点に注意する必要がある〉、①「紙猫」「紙虎」「紙狐」が②人を圧したり傷つけたりしたという謡言が流布したことがわかる。なおこの「妖人」は同治『双林鎮志』巻三二、紀略、雑記では「〔順治〕一四年の秋、妖僧が乱をなし、紙を剪って人や貓・虎の形状とし、夜に人家に入り、人は睡眠中に魘せられて爪で顔面を傷つけられた。居民は鐘や太鼓を鳴らして自衛した。一ヶ月ほどしてある人が汚水を洒《ま》くと、害はようやく息んだ」とあるように、「妖僧」の語に置き換えられており、また汚水を散布し「邪術」を破ったことで謡言がやんだことが付け加えられている。

次の康熙年間にもやはり類似の謡言が確認できる。光緒『嘉善県志』巻三四、雑志上、祥眚には「〔康熙〕七年（一六六八）七月、〔嘉善県の〕東関外で訛言があり、怪物が出現したと噂されたため、夜に金物を鳴らして駆逐した」、光緒『無錫金匱県志』巻三一、祥異には「〔康熙〕二九年（一六九〇）三月末、民間で訛言があり、妖火が人形や猢猻《さる》に変じて人を傷つけた。各地で炬《たいまつ》を秉り、金物を鳴らして梃《ぼう》を持って譁《さわ》いだ。その言《デマ》もまた武進〔県〕から伝わってきて、数日にしてやんだ」とあるように、これまでのものと酷似した謡言が流布した。しかし①「人形（紙人）」が人を傷つけたこと、ⓐ人びとが集団パニックを惹き起こしたこと以外は具体性を欠いている。

一方、本章の冒頭で触れた「割辮案」の六年後、乾隆三九年（一七七四）になると、光緒『嘉善県志』巻三四、雑志上、祥眚に「〔乾隆〕三九年甲午の夏、喧伝《デマ》があり、妖人が辮髪を剪って魂を摂り去ったといった。〔しかし〕辮髪を失った者もまた恙なかった」とあるように、地方志のなかにも②「辮髪を剪る」ことが登場し始める。このように乾隆三三年以前には〝辮髪剪り〟が見出せないことから考えてみると、キューンや谷井らが取り上げた割辮案はもしかしたら中国史上初めて〝辮髪剪り〟をナラティヴの一部に組み入れた謡言であったといえるのかもしれない。

清代後期（道光・咸豊・同治年間）の謡言

清代後期の道光年間には、管見のかぎり三回の謡言を確認しうる。まず松江府金山県楓涇鎮の光緒〔宣統〕『楓涇小志』巻一〇、拾遺には次のように語られている。「道光六年（一八二六）、郷里（農村）で驚いて噂するに、〔何者かに〕姓名を呼ばれた者が誤って応えるとたちまち死んでしまったと。そこで〔人びとは〕互いに警戒し、あえて声を出さず、たとえ近隣の人が呼んでも顔を確認してからはじめて応じた。外来者が途を問うと、みなで殴って斃《ころ》す寸前にまでいたった。また言《デマ》では、妖人が紙を翦って人となし、人家に入って、幼女の乳や児童の下腹部を切り取ったとされた。人びとはこれに震え上がった」。この謡言では①紙人が「幼女の乳や児童の下腹部を切り取る」というこれまで見られなかった猟奇的な内容を含むようになっている。こうした猟奇的な表現はこの頃からしばしば見られるようになり、太倉州嘉定県の民国『銭門塘郷志』災祥軼事にも「〔道光〕二〇年（一八四〇）七月、民に訛言があった〈訛伝では、妖人が紙人に雞の毛を剪らせたり、子供の腎臓を割《き》らせたりしたため、紅い布の肚兜《はらがけ》を掛けてこれを避けたという〉」とあって、①紙人が⑤「雞毛」や子供の腎臓を切り取る話が見えている。また道光二六年（一八四六）にも謡言があり、紹興府上虞県の光緒『上虞県志』巻三八、祥異には「これよりさきに訛伝があり、タヌキのごとき妖物が夜に人に祟るという。民間では火礮《じゅう》を放って鐘や太鼓を鳴らし、夜明けまで騒いで、数百里内に一家として安眠できる者はなかった。「旱魃」と云ったり「黒眚」と云ったり何の怪物なのかわからない」とあり、光緒『嘉興府志』巻三五、祥異には「〔道光二六年〕夏、平湖〔県の〕人家が雞を飼っていたが、多くが妖人に羽を翦られ、また人の辮髪も剪られた」と記されている。謡言の主体は「妖物」や「妖人」と一定していないが、②辮髪や⑤雞の羽根が剪られ、ⓐ集団パニックが惹き起こされている点はこれまでと大差ない。

最後に、咸豊・同治年間の事例も検討しておこう。民国『呉県志』巻五五、祥異考には、次のような興味深い記事が残されている。「〔咸豊〕三年（一八五三）、蘇州の城北にある某氏の家に雞の羽根を剪る者があった〈黄兆麟『瀛珠仙館筆記』の記には次のように語られている。当時、雞の羽根を剪るという喧伝《デマ》があったが、人びとは信じなかった。ある日の夕方、城北の某氏は一家で外出し、わずかに幼い子供と婦女のみが留守をしていた。眠りについて夜間にいたると、雞の籠のなかから「ガガッ」と声が上がったので、鼠狼《いたち》に捕食されたのではないかと疑い、起きて追い払おうとした。真っ暗ななか、何かいると感じて、手でさぐると踣《たお》れたので、燭《てら》してみると一つの紙人が地に倒れ伏していた。片方の手には剪《はさみ》を握り、もう片方の手には雞の羽根を握っていた。……すぐさま近隣を呼んで集まって観察しともに駭《おどろ》いた。夜が明けると、蘇州府に喧伝が広まり、〔人びとが〕飼育している雞を検べたところ、〔羽根を〕剪られていないものはなかった〉」。夜間に⑤「雞毛（雞の羽根）」が剪られる事件が発生し、なんと現場に①「紙人」が倒れ伏しており、近隣の人びとと観察したというのである。にわかには信じがたい話である。しかしこうした現象は某氏の家にとどまらず、蘇州府全体で見られたという。

また光緒『丹徒県志』巻六〇、紀聞には「同治九年（一八七〇）五月、〔鎮江〕府内では妖薬を用いて意識を朦朧とさせて誘拐する事件、また夜に紙人を放って祟りをなす事件があった。他の場所でも同様であった。省城から伝わった「破術呪」では「龍城柳、神所守、駆厲鬼、出七首、福四民、制群醜」と云い、黄色の紙に朱書し嚢《ふくろ》に入れて佩《か》けた。知県は懸賞を掛けて〔犯人を〕逮捕しようとし、一ヶ月しないうちにすべて捕縛された。光緒二年の夏、また妖人が紙人を放って辮髪を剪り、夜には紙虎を放って人を魘した。また人の臂・肩・背・股間に「打印」がなされ（痕が付けられ）、あるいは紅あるいは紫や黒色をしており、汚物で洗うと消え去った。これをたずねると各処でもみな同様であり、八月にいたってはじめてやんだ。江蘇省や本県で捕縛された者は、斬刑に処される者が甚だ多かった。しかし妖術に遭った者は結局恙なかった」と記されており、光緒二年の謡言——簡潔な表現中に①

「紙人」「紙虎」、②「魘する」、③「辮髪を剪」る、④「打印」、ⓑスケープゴートの処刑を確認できる――に直接につながるものとして同治九年の謡言に言及がなされ、①「紙人」とⓑスケープゴートの捕縛という共通点を見出すことができる。

〝たぐりよせられた白蓮の記憶〟

本節では、光緒二年の謡言でたぐりよせられた過去の記憶を検討してきた。そこでたぐられた謡言のうち時期が最も早いのは明代前期の宣徳六年（一四三一）のものであった。これは江南デルタの最も早い白蓮教系結社の事例として濱島が紹介した景泰年間（一四五〇～五六年）の「許道師」よりも遡るものである。少なくとも宣徳年間以降、光緒二年の謡言の原形ともいうべき謡言が江南デルタで次第に形成され始め、嘉靖年間の白蓮教乱＝馬道人の乱を契機として①「紙人」、②「人を魘する」のほか、「水盆の術」を含む、いわゆる「白蓮の術」を主要な構成要素とする謡言が誕生したと推測される。つまり江南デルタでは謡言のなかに「白蓮」の記憶が埋め込まれたといってよいのであり、換言すれば、謡言は「白蓮」（あるいは逃亡したままの馬道人）に対する恐怖感から構成されていたのである。さらに清初の辮髪強制から中期の乾隆年間までに、漢民族の慣習中における辮髪へのアイデンティティが確立されると、今度は③「辮髪を剪」られ生魂が奪われるという新たな恐怖が構成要素の一つとして付け加えられる。後期の道光年間には「児童の下腹部を切り取る」「腎臓を切る」などというきわめて猟奇的な表現も見られるようになった。この猟奇的な表現はしばしば反キリスト教の流言にも見られるから、この頃から謡言に反キリスト教的要素が含まれるようになったのかもしれない。かくして江南デルタの謡言はまさに〝白蓮の記憶〟とでも呼ぶに相応しい内容を呈しながら、ときに姿を現して人びとを恐怖のどん底に陥れ、ときに何事もなかったかのように人びとの心奥深く沈澱していった。

ここで筆者が考えたいのは、このような「白蓮の術」に彩られた謡言（馬道人の乱のように実際の白蓮教の乱も含む）が現実化したとき、一般の民衆はどのようにして対抗したかである。地方志を見るかぎり、民衆はきわめて無力であり、謡言に惑わされ右往左往し、銅鑼や太鼓を鳴らして騒ぎ立て、鏕鑣鑱鏇や㣉𢒞𢒟などの文字を記した護符を貼り付け、汚物を散布するなどしかできなかった。「白蓮の術」に対する恐怖感・警戒感が謡言を形成せしめたにもかかわらず、民衆は特に有効な対抗手段をもちあわせず、銅鑼や太鼓を打ち鳴らすなど、民間で信じられていた〝邪〟を破る方法にすがらざるをえない状況にあった。では、王朝国家は「白蓮の術」を用いた白蓮教の乱にいかに対抗したのであろうか。そもそも白蓮教の存在自体がすでに王朝国家の許容できるところではないうえ、清代以降、謡言中に「辮髪を剪る」という反政府的な内容が含まれるようになった以上、「弥勒下生、天下大乱」に対抗する何らかの精神的な世界観を提示する必要性が生じたのではないだろうか。換言すれば、「紙人」など「白蓮の術」を駆使して王朝国家の存立を脅かす〝邪教〟集団に対し、王朝国家は武力で鎮圧する現実的な手段のほかに、民衆の心性にまで踏み込めるような何らかの世界観を対峙させることができなければならなかったはずである。最後に次節ではこの問題を考察することにしよう。

五　「白蓮」紙人の恐怖と関聖帝君の顕聖

天理教関係者の供述

清朝による支配の転覆を謀るような大規模な白蓮教の乱といえば、嘉慶年間の天理教の乱があげられる。第二章ですでに検討したとおり、この天理教の乱では、嘉慶一八年（一八一三）一一月二八日に、林清がいわゆる「紫禁城突入事件」を惹き起こした。その事件の直後、直隷玉田県で算命《うらない》する一人の怪しい人物が、非常線を張っていた兵士らによって捕縛されていた。それは馬祥玉（別名馬士瑞）なる人物で、取り調べの結果、天理教の関係者であることが判明した。以下は馬祥玉の供述書の一部である。やや冗長ではあるが、興味深い内容を含むのですべて訳出したい。主な登場人物は馬祥玉自身のほか、李在天と李義、劉二の三人で、李在天は天理教の伝教の頭目、残りの二人は一般信徒かと推測される。

私は馬士瑞と申します。今年六〇歳、山東武定府恵民県の人であります。以前は宝坻県の林亭口で商売をしたことがありますが、その後商売をやめて、各処で露店を設けて顔相を見て占い生計を立てていました。〔嘉慶〕一七年の前半に、私は天津衛で火焼（焼餅のような食品）を売っていた李義と出会いました。彼は河間県の人で、私と仲良くなりました。今年（嘉慶一八年）八月のいつだったたか、私が馬駒橋で露店を出して算命・占いをやっていますと、また李義がそこで火焼を作って売っているのを見ました。お互いにおしゃべりし、私が露店をたたむと、一緒にお酒を呑みに行きました。翌日、李義はまた私をさがしにやって来て話をしました。彼は「今後おまえはどこへ行って、何をするんだい」とたずねたので、私は「いまは収穫の時期だから、鎌を買って日雇い労働に行くのさ」と答えました。彼は「おまえはまだ日雇い労働なんかできるのか」と言ったので、「重労働なら無理だが、簡単なものなら大丈夫さ」と答えました。彼は「明日おまえのために仕事をさがしてやろう」と言いました。後になって彼は劉二を連れてやって来て、私のことを貧しい友人と言い、劉二に仕事をさがしてくれるように頼みました。劉二は承諾しました。一七日、劉二は私を連れて董村の李在天の家の場院（脱穀場）に行き、収穫の仕事を手伝えば一吊京銭をくれると言いました。劉二は李在天と親しいようで、李在天の家の管理をしていました。その日、李在天が場院に来て私を見ると「日雇い労働をするような人ではないな」と言いました。劉二が、私が顔相を見ることができると言いますと、李在天は私に顔相を見るよう言いました。私は、彼の二つの目が大きくて丸く、鼻の頭が大きく、眉と目のあいだが短いと感じ、彼の頬骨が隆起しているので富貴ともに手に入れられるだろうと言いました。私がちょっとからかって、何歳なのかたずねると、彼は四四歳だと答え、話が終わると去って行きました。後に場院で劉二から、「李在天は北京の太監といつも往来しているんだぞ」と聞きました。五、六日後、劉二は私を李在天の家に連れていき、そこで初めて彼（劉二）が教会（天理教）の人だとわかりました。私は李在天に「どんな教か」とたずねました。彼は「天理良心教だ。入教には、天・地・君・親・師を拝めばよい。それで伝道できる」と答えました。「では、どのような道を伝えるのか」とたずねると、彼は答えました。「一本の蠟燭に灯を点して跪く。黒夜に灯を点すことは許さない。男女ともに修められる」と。〔さらには〕木凳《いすの》に騎って馬となし、また銅製の盆で洗顔すると、〔水面に〕南天門（神話中の天宮の門）が見え、なんとさらに前世にどのような頂蓋（身分によって異なる帽子）をかぶっていたか見えるではありませんか。いくらか銀両《かね》を出せば、官職を買うこともできました。李在天は私を入教させ、いくらか銀両を出させようとしましたが、私は「銀両はない」と申しました。〔すると〕彼は「多ければ多いほどよい。少なくても構わないのだ」と言いました。彼は北京に上らねばならなかったので、その帰りを待って私を入教させることになりました。彼らはまた丸薬ももっていて、食べるだけで殺されても死なないと言います。私は一つを手に取り食べましたが、まずかったので吐いてしまいました。場院にもどると、劉二は「李在天は咒語を念じることができて、本当にすごいぞ。彼の家には一人の軍師がいて、紙人・紙馬をたくさん木製の箱のなかに入れていて、満月になると生き返って事をなすのだが、もしそれ以前に箱を開けてしまうと、夜間に混乱して上手くいかないのだ」と言いました。私は軍師の名前を尋ねたこともありますが、彼はあえて答えませんでした。私は、李在天というのは彼の号であり、彼の弟も李柱天と号することを知っていますが、本当の名前は知りません。李在天には二人の息子があって、長男を李昇と言いますが、次男〔の名前〕が何と言うのか、私は知りません。八月末になると、李在天は私に「しっかり場院の穀物を管理してくださいよ」と言って、弟の李柱天、息子の李昇とともに北京に行ってしまいました。私は彼の場院に住んでいましたが、その後、李在天が帰ってくることはありませんでした。九月一七日になって、私は北京（紫禁城）での事件の噂を聞いて、怖くなってそこをとび出して逃げました。私はまたこんなことも聞いたことがあります。あの紙人・紙馬は見事に成功して空中を飛んだのですが、関聖帝君が顕聖して一陣の雨を降らせ、紙人・紙馬をすべてたたき落としたのだと。私は董村から逃げ出した後、張家湾に行き、やはり算命・占いをして顔相を見て生計を立てていました。一一月中に林南倉の旅店に行って宿泊していました。二八日には〔玉田〕県城に入って市場に赴いたところ、差役に捕縛され護送されたのです。(39)

この馬祥玉の供述書のなかでは、いくつかの「白蓮の術」について言及している。第一に「木凳に騎って馬となす」、第二に「水盆の術」と売官、第三に不死の丸薬、第四に「紙人」「紙馬」である。二つ目と四つ目の「術」については、すでに検討したように、江南デルタの謡言にも確認された。李在天はとりわけ「紙人」「紙馬」の「術」に巧みだったようで、馬祥玉の供述によれば、すでに剪って準備しておいた「紙人」「紙馬」を木箱のなかにたくさん入れていたが、満月の夜のみ力を発揮できたという。満月の夜とはまさに紫禁城突入事件の決行日＝九月一五日を暗示するのではなかろうか。つまりそれ以前に計画を漏らしてはならないという意味である。

濱島の「紙人」「紙馬」＝影絵芝居説はすでに紹介したとおりだが、本当に李在天によって何らかの方法で「紙人」「紙馬」があたかも空中に飛んでいるかのような「術」が実演されたのであろうか。にわかには信じがたい話である。確かに、実際に妖術を演出することで相手の視覚的・心理的な動揺を惹起せしめ、それによって戦局を有利に進めようとしたとの解釈も可能ではある。

しかし一方で、供述書のなかに典型的な「白蓮の術」＝「紙人」「紙馬」が挿入されていることは、一農民（算命・占いでも生計を立てていた）にすぎない馬祥玉が林清の教門を白蓮教と見なしていたこと、同時に関聖帝君こそが「紙人」「紙馬」を破ることができると信じていたことを推測せしめるか、あるいは逆にこうした「白蓮の術」が供述書作成の段階に故意に挿入された可能性をも示している。いずれにせよ、「紙人」「紙馬」の挿入は林清の教門が白蓮教であったことを明確に証拠づけ、なおかつ後の関聖帝君の顕聖とその霊力を際立たせる効果を発揮していることは間違いない。このような王朝国家にとって誠に好都合な供述が一農民の口から素直に出たとは、ただちには考えにくいように思われる。現時点では断言を留保せざるをえないが、李在天の場合に限っていえば、影絵芝居というよりは、むしろ胥吏なり供述をとった官憲側の手によって顕聖の物語が挿入されたと推測する方がよいのかもしれない。

また供述書の最後に見られる関聖帝君の霊力は「紙人」「紙馬」の「術」を降雨によって破るというものである。紙の人形・馬形を雨で濡らしてたたき落とすという論理展開は、理解しやすく非常におもしろい。では、もし馬祥玉が、関聖帝君が「紙人」「紙馬」＝「白蓮の術」を破ったと供述したのであれば、なぜそのように認識するにいたったのであろうか。単なる噂を話したにすぎないという理解だけで本当によいのであろうか。あるいは故意に挿入されたと考えるならば、なぜそのような顕聖の物語が盛り込まれたのであろうか。そこに何らかの王朝国家の所為を読み取ることはできないのであろうか。

「白蓮の術」と関聖帝君の顕聖

筆者はすでに第二章において白蓮教の乱や太平天国の乱など千年王国的宗教運動で目撃された関聖帝君の顕聖に

ついて詳細な検討を加えたが、右の馬祥玉の供述はどのような脈絡のなかに位置づければよいのであろうか。最後に、一つの興味深い史料を提示して分析しておきたい。

光緒年間の儲仁遜『聞見録』第一冊、道光元年（一八二一）辛巳下元には、次のような記事が見える。[40]

明代の万暦年間より、三六の教門があり、天に替わって道を行い、焼香して病を治し、みな邪心・邪説などはなかった。ただ白蓮教門のみは、黄極祖師が伝えたもので、法力も広くて大きく、災いを収め病を治し、法が到れば病は除かれ、このゆえに弟子も多かった。ある日、病魔が憑いた者が師に治療を求めた。蟒魔（巨大な蛇の魔物）が陰道（妖術）を行っていたので、法をもってこれを斬った。蟒魔の魂はしばしばまとわりついて、師に向かって命を返すよう求め続けた。師傅は臨終を迎えると弟子に遺言を残し、「私はすでに最後のときを迎えた。今日この世を去る。師弟関係にあったからには、師の言に従ってこそはじめて真心をあらわせるのだ。私が死んだら、すみやかに納棺し、ただちに埋葬するのだ、さらに柩を留めておくことはやめなければならない、そうすれば師の恩に報いることになる」と曰った。弟子たちは承諾した。師が息を引き取ると、ある弟子が「師の遺言とはいえ、第一の言のみは従えるが、第二の言は従えない。師の遺言に従ってすみやかに納棺はするが、ただちに埋葬はできない」と言った。他の弟子たちはそれに従った。翌日、柩のなかからうめき声が外にまで聞こえてきた。弟子たちはみな歓喜して「師の魂が還ってきた」と曰った。弟子たちはそれが蟒魔の魂が師の抜け殻のなかに入ったことを意味すると知らなかったのだ。これはただちに埋葬を行わなかったせいであった。弟子たちが棺を開け、師を棺の外へ助け出して、道房に入れて数日間養生させたところ、身体は強壮となった。これ以後、妖術・邪法の伝授が始まったのである。蟒魔の魂が師の抜け殻に入ったのは、白蓮教門の道を破壊し、自分を殺した仇に報いるためであった。それを防ぐために白蓮教の師はただちに埋葬するよう遺言したのであった。〔妖術・邪法としては〕豆を撒いて兵となし、蓆《むしろ》に乗って雲間に浮かび、紙人・紙馬を用いて、暗がりで人の辮髪・辮網子を剪り取った。紙人は刀を持ち、人を殺して世間を騒がせたので、家々は不安がり、夜眠りにつくときは、みな部屋の入口、天井、窓の猫の通り道に水碗を置いた。北京の騒ぎはさらにひどく、太和殿・保和殿の皇帝の玉座、皇帝が詔勅などを書くところの天井に、白蓮邪教の人影が見え隠れした。道光帝は激怒して、親しく鳥槍をとり、邪教の人を撃ち、刑部に送って厳しく取調べを行って訊問させた。確実な取調べ内容が上奏された後、上諭が下り、〔その白蓮邪教の者を〕梟示（さらし首）とした。関聖帝君が顕聖して邪教を駆逐したので、朝廷は初めて安心できたのである。皇帝は〔関羽を〕「護国漢聖清仏」に勅封した。後に刑部に命じて厳しく白蓮邪教の人を捕えさせたので、白蓮教は以後、学好教と改名したが、男女が入り交じって、夜に集まり夜明けに解散したので、しばらくするとまたほしいままに禍をなすようになった。国家はまた学好教の人を捕まえたので、また聖賢門と名を改めた。(41)

この『聞見録』なる書物は著者の儲仁遜(42)が民間の伝聞を記したもののようであるが、真偽のほどは別にして、清末光緒年間に白蓮教に関わる、このような噂が存在したことに注意しておきたい。なぜなら前半部の白蓮教の師傅の遺言とそれに背く弟子たちの行動、蟒魔による復讐のくだりはともかく、後半部ではすっかり邪教と化した白蓮教の国家転覆を謀る手段としての「白蓮の術」＝紙人・紙馬を打ち破るものとして関聖帝君の加護が対置されているからである。

右の伝聞に登場する紙人・紙馬は辮髪や辮網子を剪り取ったり人を殺したりしている（図4-1）。周知のとおり、薙髪令以来、辮髪は清朝の支配と密接に関連するものとして認識されていた。そしてさきに検討したように、白蓮教の「妖人（妖術師）」の意のままに「辮髪を剪る」と当時の人びとに恐怖されていた紙人・紙馬を、関聖帝君が顕聖して打ち破るという構図は、白蓮教による現体制の転覆――清朝への服従の証たる辮髪を剪る行為がこれを暗示する――を、関聖帝君が霊力で阻止し、そうした関聖帝君の加護のもと、現体制の秩序が維持されることを象徴していると考えてよいであろう。さらに清朝皇帝自らが武器を手に執って戦い（紫禁城突入事件をさしている）、あたかも関聖帝君のごとき武勇を発揮しているかのように描写されている。清朝皇帝と関聖帝君とを重ねあわせるかのような表現、そこに注目しておこう。なぜならここから王朝国家と関聖帝君の密接な関係はもちろん、「陽」の世界の清朝皇帝を「陰」の世界の関聖帝君がささえるといった、皇帝と関聖帝君の個人レヴェルでのつながりをも感じさせるような世界観が提示されているのではないかと思われるからである。

本章では、光緒二年（一八七六）をはじめ、明清時代の江南デルタに繰り返し流布した恐怖の謡言を題材として〝邪教〟としての白蓮教と民間社会、あるいは皇帝・官僚など清朝国家との関わりを分析してきた。

少なくとも明代宣徳年間以来、江南デルタ社会で着実に形成されつつあった恐怖の謡言は、文献史料を検討するかぎり、嘉靖年間の馬道人の乱を契機として「白蓮の術」の記憶を語り継ぐかのような内容を有するにいたり、さらに清代の「薙髪令」以降に辮髪が強制されて次第にアイデンティティすら感ぜられるようになると、辮髪剪りが恐怖の一部に組み込まれるようになる。従来指摘されてきた反キリスト教との関わりは、あくまでこうして伝統的に積み上げられてきた延長線上に、清末に新たに付け加えられた一つの構成要素にすぎなかった。

かような謡言は現実の白蓮教の乱と王朝国家による取

図 4-1　『点石斎画報』に掲載された「婦女を襲う紙人」

出所）『点石斎画報』（上海画報出版社，2001年，「妖術可駭」）。

締り・弾圧に伴う、民間社会における白蓮教への恐怖感・警戒感を表象したものであった。しかし民間社会自身はこれに対抗する有効な手段をもちえず、恐怖のどん底に陥れられ、銅鑼や太鼓をたたき鳴らして右往左往するなど、あくまで民間で信じられていた土俗的な方法にすがるのみであった。

ところが、これとは異なって、王朝国家（清朝）はかかる状況に単に手を拱いていただけではなかった。実際に白蓮教を摘発して取り締まると同時に、現実に反乱にいたった場合には、「白蓮の術」に対抗しうる霊力を有した関聖帝君（関羽）が王朝国家を加護しているという霊異伝説を創出し、いざというときには関聖帝君が顕聖して「白蓮の術」を打ち破る、すなわち〝われわれ〟は関聖帝君に庇護された王朝国家であるとする世界観を提示していた。こうした点を踏まえれば、馬祥玉の供述はまさにそうした世界観が一定程度、民間社会にも受容・反映されていたことの証かもしれない。王朝国家（清朝）は民間の英雄神かつ王朝国家の守護神たる関羽に白蓮教の乱など民間の宗教反乱をねじ伏せさせる――「正」が「邪」に打ち勝つことを示す――ことで、自らの支配の正統性を誇示することができたのである。

第五章　清朝のユーラシア世界統合と関聖帝君

——軍事行動における霊異伝説の創出

一　乾隆帝と関聖帝君の顕聖

乾隆帝と関羽の関係を考える

これまで本書では、皇帝・官僚自らが創出・宣伝する霊異伝説中の関羽の姿にこそ、皇帝・官僚の期待する関聖帝君（関羽）の役割が集約的に表現されているに相違ないと考え、その分析を手がかりとして、繰り返し行われる霊異伝説の創出・宣伝の意味について検討を加えてきた。本章における議論と関わる部分についてのみ再整理を行えば、以下のとおりとなる。

①清朝皇帝が関羽に封号を賜与する発端となった顕聖は、主に次の二つの場面において多く見られるように思われる。第一に天理教・太平天国など、いわゆる千年王国的宗教運動（第二章で詳察した）、第二に十全武功をはじめとする大軍事遠征である。②千年王国的宗教運動との関わりからいえば、関羽の重要な霊力の一つはいわゆる〝邪教〟、特に白蓮教が用いる「白蓮の術」を打ち破るものであり、王朝国家はそれを内容とした霊異伝説を創出・宣

伝しており、そうした世界観が民間社会にもある程度浸透していたことが推測される（第四章）。③清朝建国当初の順治元年（一六四四）に「忠義神武関聖大帝」を賜与して以来、約一二〇年ぶりとなる乾隆三三年（一七六八）に与えた「霊祐」号は、「西征之役」＝十全武功における関羽の顕聖による保佑・加護を取り上げたものであった。康熙・雍正年間にも関羽は幾度も顕聖しているにもかかわらず、まったく封号されていないことを踏まえれば、乾隆帝のときに関羽信仰のあり方が一つの転換点を迎えた可能性を推測できる。④霊異伝説中の関羽の霊力は破邪・祈雨・祈晴・御神籤（霊籤）など、基層社会の一般民衆の信仰を汲み取ったものであり、必ずしも忠義・武勇といった理念のみを直接的に鼓舞する内容ではなかった。⑤関羽の顕聖に対する謝恩は全国各地の関帝廟における祭祀の挙行、封号の賜与などを通じて目に見えるかたちで演出された。その結果、皇帝・文武官僚・兵士から一般民衆にいたるまで、関羽の加護のもとにあるという〝われわれ〟意識（we-feeling）を共有することになった。

本章では、以上の諸点を踏まえたうえで、いま一つ中国内地の千年王国的宗教運動における関羽の顕聖の事例として、乾隆三九年（一七七四）の清水教王倫の乱を取り上げ、民間社会に根強く残る〝破邪〟の旧習と、王朝国家が期待する〝破邪〟のあり方とを比較しながら検証する。その後、さきには検討しないまま課題として残された、台湾や新疆における関羽の顕聖を分析することにしたい。かようないわゆる漢地以外の地域における顕聖を取り上げる場合、右の③⑤の二点との関わりが重要な課題となろう。なぜなら、乾隆帝のときに漢地・モンゴル・チベット・新疆などユーラシア世界に跨る大領域が形成されたのであり、こうした大軍事遠征による領域の拡大と統合のなかで、関羽の霊異伝説が繰り返し創出・宣伝されたことは、清朝が何らかのかたちで関羽信仰を利用しようとしていたことを如実に示していると考えられるからである。本章および次の第六章では、これまでどおり関羽の霊異伝説を手がかりにしながらも、関羽の顕聖をユーラシア世界のなかに位置づけてみることで、清朝皇帝がいかにユーラシア世界に君臨しようとしたかについて一試論を提出してみたいと思う。

清水教王倫の乱と観念（シンボル）戦争

乾隆三九年（一七七四）八月、山東省兗州《えんしゅう》府寿張県・東昌府堂邑県にはじまり、数日のうちに兗州府陽穀県・臨清直隷州へと波及した清水教王倫の乱では、東昌および柳林の戦いの二度にわたって関羽の顕聖が目撃された。そのときの状況はすでに第三章でも検討したとおり、「かつて陽穀県の「妖人」王倫が乱を起こしたとき、臣〔徐〕績は山東巡撫の職にあり、標兵〔巡撫直属の緑営兵＝撫標〕四〇〇名を自ら率いて東昌府城に駆けつけ賊の拠点を衝いた。ゆえに賊は城を攻め落とせず退却した。臣はただちに兵を率いて追跡し、小鄧荘・張四孤荘で賊と遭遇して大半を殲滅した。さらに柳林にいたると、潜み隠れていた賊が突如襲撃してきたので、我が軍は重囲に陥って死闘となった。するとにわかに疾風が起こって砂を巻き上げ、昼なのに夜のように暗くなったため、賊は潰乱して方向を見失った。そのとき偶然に兗州の兵が到着して力を併せて戦ったので、賊は蹴散らされて四散した。乾隆三九年九月七日のことである。賊が退いた後、兵士は「賊にひしひしと囲まれたとき、緑の袍に紅い臉、あたかも廟内の関聖帝君像のごとき者が左右を指麾するのを見た。それで賊はついに崩潰した」といった。臣はあえてこれを信じなかったが、標兵を集めたとき、生き残った者は一〇〇名にも満たず、衣類や履物を調べると、多くは賊刀で切られ傷ついていたので、自分が賊に殺されなかったのは神の加護のおかげだと思った。賊平定の後、捕虜を訊問すると、みな口々に「東昌を攻めたとき、柳林で対陣したとき、ともに関聖帝君を目撃し、ついに驚き畏れて退却した」といった。その姿をたずねると、はたして兵士が述べたのとすべて符合した」と述べられている。これは清・王元啓撰『祗年居士集』巻二二、記二、所収「勅封忠義神武大帝霊応記」の一部であり、山東巡撫徐績自身の筆になり、河南省城（開封）西門内に新建された祠廟に石碑として奉納されたものである。ゆえに政府軍の指揮官自らが創出した霊異伝説といってよい。

この霊異伝説から判明することを再度整理すると以下のようになる。①まず冒頭で反乱の首謀者王倫が「妖人」

であることを明示し、彼ないし彼の率いる反乱集団が「妖」＝邪教——明清律の妖書・妖言律に典型的に見出される邪教をさす表現——であったことを宣言する。②次いで政府軍（＝緑営）の危機を述べた後、「疾風が起って砂を巻き上げ、昼なのに夜のように暗くなった」という神秘的な状態の現出、関聖帝君の「顕聖」、政府軍の勝利が縷々語られる。すなわち「妖（邪教）」の脅威と政府軍の危機（非常事態・危機状態＝カオス）→関聖帝君の加護→政府軍の勝利、それに続く秩序・規範（＝ノモス）の回復という一連の論理展開を確認・想定できる。③関聖帝君の顕聖は「緑の袍に紅い臉」「廟内の関聖帝君像のごとき者」という表現を挿入することで確実なものとなる。④政府軍のみならず反乱集団の側にも関聖帝君を目撃させることで、伝説の信憑性・客観性を高からしめている。⑤以上のような霊異伝説のナラティヴのなかで、清朝は関聖帝君の顕聖を祈願していない。にもかかわらず関聖帝君は顕聖する。これは漢民族の英雄神＝関聖帝君が清朝の正統性を認めて、祈願なくとも自らの意志で顕聖したことを暗示している。

　ところで、この清水教王倫の反乱集団が臨清直隷州を攻めたとき、彼らが異様な服装を身にまとい、かつ奇怪な呪文・妖術を用いたことは、佐藤公彦によって夙に指摘されてきた。佐藤はこの反乱集団と守城（政府軍）側との攻防戦を「観念戦争（シンボル戦争）」と表現した[1]。その戦闘の様相は、以下のように、まさに人びとの意識の深奥を垣間見せるものであった。

> 賊は〔臨清〕城を攻めるとき、みな黒布で頭を包み、衣服や履物も黒色に染めていたので、これを遠くから望むと、あたかも魑魅魍魎のようである。……〔政府軍が城のうえから大砲を放っても〕賊は一人として傷つく者がなく、ますます飛び跳ねたり大声で叫んだりして「大砲は火に過ぎない」という。州城を守っていた兵民はみな慌ててひそかに私語し「これは何かの妖術だ」と話し合った。賊のなかに黄綾・馬褂《ばかい》を着た者がいた。そ

れは王倫の弟で四王爺と偽称し、右手に刀、左手に小旗を持ち、城壁からわずかに数百歩ほどのところに南を向いて座り、口中で何かぶつぶつと言葉を念ずる。そこへ集中砲火を加えたが、鉛丸《たま》はその体から一、二尺ほどのところまで来ると地に堕ちてしまう。そのためみなびくびくと懼れ、手の施しようがない。にわかに一老弁（弁は下士官の意。辦ではない。高齢の下士官の意であろう）が妓女を呼んできて下着を脱がせ、陰部を敵に向けて露わにさせたうえで大砲を撃たせると、鉛丸は地に堕ちたが、突然跳ね上がり、その〔王倫の弟の〕腹に命中した。そのとき兵民は大きな歓声を挙げ、逆に賊は士気を喪失した。〔政府軍は〕みな敵の妖術が破れるのを知り、ますます老弱の妓女を裸にして城壁に上らせ、さらに鶏や犬の血、糞汁をも持ち出して箒で撒き散らした。これより大砲は撃てないことがなく、撃てば必ずあたるというあり様であった(2)。

この兪蛟《ゆこう》『夢厂《むかん》雑著』巻六「臨清寇略」の記事のほか、他の史料をも加えつつ、反乱集団の心性にまで踏み込んで分析した佐藤は「(呪文祈禱というものは）神仏英雄・神女が喚起され、彼らのもつ神聖偉大な力が我々に体現されるから、敵の力は取るに足らないものになるのだ、という叛乱集団の共同の観念の表出なのである。そしてその基底においては、叛乱せる民衆が自らの集団を神仏英雄・神女に護持される世界であるとまで思念するという事態がおこっている(3)」ときわめて示唆に富んだ指摘を行っている。換言すれば、反乱集団内部に、自らを神仏英雄・神女に護持されているとする観念の共有、すなわち神仏英雄・神女に媒介された〝われわれ〟意識（we-feeling）の形成が見られたといっても過言ではあるまい。それに対して守城側はその埒外にある者、すなわち〝やつら〟として意識されたのである。

反乱集団内部で共有されたこうした観念は、さらに守城側が妓女の裸体・陰部をさらす、鶏・犬の血、糞汁を撒き散らすといった不浄なもの、あるいは婦人に対する攻撃性のシンボルと観念されているものを呈示することで(4)、城壁を越えて守城側にまで伝染し、戦場全体を包むまでに膨張した、と佐藤は強調する。反乱集団側の「聖なる」加護に対抗して、守城側が「不浄な」世界性をひきうけたがゆえに、この戦闘は城壁を隔てた敵と味方という政治的二元対立を超越して、「聖なる」世界と「不浄な」世界との対立抗争という観念戦争のレヴェルにまで昇華したというのである。[5]

しかしながら佐藤が述べるように、守城側ははたして本当に「不浄な」世界をひきうけたのであろうか、その結果として本当に「敵味方双方」においてかような二つの世界の対立抗争が観念されたのか、筆者はそこにわずかながら疑問を感じないわけではない。確かに、佐藤はデュルケームやミルチャ・エリアーデの理論を援用しつつ、反乱集団（清水教集団）側の観念的な世界を明晰な筆致にて描き出している。しかし反乱集団側であれ、守城側であれ、「不浄な」世界を自認したとは考え難く、また妓女の裸体・陰部、鶏・犬の血、糞汁など、現在のわれわれにとって一見「不浄」に見えるものであっても、当時の守城側の人びとにとって、あえて「不浄な」ものを用いることで「邪」なものを打ち破ろうとした可能性も捨象できないのである。

関羽と「破邪」

反乱集団側と守城側、そこにさらに清朝皇帝（乾隆帝）までをも含めた、清水教王倫の乱をめぐる観念的な世界のあり様について検討しようとするとき、乾隆三九年（一七七四）一〇月初七日の武英殿大学士舒赫徳の上奏は重要な手がかりを与えてくれる。

また奉《う》けとりました皇帝の諭旨には「賊の供述によれば、〔反乱集団が〕臨清を攻めたとき、紅衣女子（妓女）や黒犬の血の事件があったそうではないか。この方法はいったい誰が命じたものか。〔武英殿大学士〕舒赫徳に命じて調査し、ただちに奏覆せしめよ」とありました。そこで臣舒赫徳が臨清城守備の文武官員に問いただしますと、〔緑営の副将〕葉信が申すには「わたくし葉信が兵を率いて東昌に向かうとき、途中で寿張・陽穀の各県で交戦して帰ってくる兵士に遭遇しました。兵士は口を揃えて、賊は銃や大砲を怖れないのですといいました。わたくし葉信は臨清の西南の二門にはいずれも関聖帝君の神像があるのだから、たとえ賊に邪術があろうとも、〔反乱集団は〕勝つことはできないはずだ（縦有邪術、不能勝）と思いました。ところが、当初城壁のうえから銃や大砲を放っても、賊は懼れず突き進んできました。わたくし葉信は俗信に黒犬の血には破邪の作用があることを思い出し、また女性は陰だから破邪の作用があると聞いて、女性を女墻《ひめがき》にのぼって敵に向かわせ、また黒犬の血を城壁のうえで撒きました。その日、銃や大砲を撃つと、手に旗を持った賊の頭目にあたったので、兵士は勇躍して銃や大砲を連発し、賊を撃ち殺すこと甚だ多かったのです。これ以後、みなよく撃つことができました。これはわたくし葉信が一時的に兵民の士気を高め、それによって賊の心を動揺させようとしたためにすぎません」とのことでありました(6)。

妓女の裸体・陰部をさらす、鶏・犬の血などを撒くといった一連の行為が民間の俗信に基づくものであり、守城側がかかる俗信に「破邪」の作用があると認識していたことは明らかである。当然ながら乾隆帝の詰問という史料的な性格を考慮しなければならないであろうが、ここにいう「邪」が、反乱集団ないしは彼らの用いる「邪術」、すなわち、いわゆる「白蓮の術」をさすことは間違いない。少なくとも行為の主体者たる副将（緑営の武官、従二品）葉信は、敵が「聖なる」加護のもとにあるとは意識しておらず、あくまで「邪術」を駆使する「邪」な集団としか考えていなかった。

さて、むしろここで注目されるのは葉信の「臨清の西南の二門にはいずれも関聖帝君の神像があるのだから、たとえ賊に妖術があろうとも、〔反乱集団は〕勝つことはできないはずだと思いました」という供述である。まず西南二門に関聖帝君の神像があるとは、いったいどのような状況なのであろうか。第三章で紹介した梁敬叔『勧戒録』第六集、巻二、「武帝顕霊」に、咸豊七年（一八五七）、太平天国軍が福建省建寧府城を攻撃した際に目撃された関聖帝君の顕聖について「各門の雉堞（ひめがき）の前にはみな神像を供奉しているが、ただ聖帝真武天尊と武帝（関聖帝君）のみが多く、神像の前には昼夜大きな二本の蠟燭が灯されていた」とあるように、建寧府城の事例では、守城側の兵勇が各門の雉堞に関聖帝君の神像を祀っていた。このような兵勇の信仰の篤さがあってこそ、その後に蠟燭の奇跡が起き、関聖帝君の顕聖と結びつけられたのである（第三章）。臨清の西南二門の関聖帝君の神像が建寧府城と同様の方法で祀られていたのか否かは残念ながら判然としないが、守城側の武官・兵士の信仰に基づいて祀られていたものである可能性は高いのではなかろうか。

では、なぜ葉信は関聖帝君の神像の存在にわざわざ言及したのか。その後の文脈から考えれば、関聖帝君と「破邪」との関係に着目する必要がある。第二章あるいは第四章で指摘したように、関聖帝君の霊異伝説中では、関聖帝君に「邪術」＝「白蓮の術」を打ち破る霊力を認めている場合がしばしば見られ、嘉慶一八年（一八一三）九月の天理教の乱では、関聖帝君が顕聖して、代表的な「白蓮の術」の一つである紙人・紙馬（紙で人・馬を剪《き》って戦闘を演じさせる）を降雨によって破ったとされていた。こうした内容が反乱集団側の人物の供述にすら確認されることは、それが取調べを行った官憲側によって意図的に挿入されたことを推測せしめる。つまり天理教の乱は、嘉慶帝によって関聖帝君の加護、とりわけ関聖帝君の「破邪」の霊力を宣伝する絶好の機会として利用されたのである。

然りとすれば、嘉慶帝に先行する乾隆帝の時代――乾隆帝のとき、関羽信仰のあり方が一つの転換点を迎えた可能性については、冒頭で述べたとおりである――において、たとえ敵＝〝やつら〟が「邪術」を駆使すれども、「破邪」の霊力をもった関聖帝君の加護のもとにある〝われわれ〟が敗れるはずはないのだ、とすでに観念されていた、あるいは観念されるべきであったことは十分に推測できる。葉信自身もまたそれを明確に認識していたに相違ない。そうであればこそ、関聖帝君の神像の存在にあえて言及し、「たとえ賊に邪術があろうとも、勝つことはできないはずだ（縦有邪術、不能勝）」——これは白蓮教など邪教関連の記事に頻見する「邪は正に勝てない（邪不勝正）[7]」を想起させる表現である——と述べたのであった。葉信は自らのまさになすべきこと、すなわち〝当為〟を自覚していたのである。

ところが〝当為〟と〝現実〟のあいだには大きな乖離が存在した。反乱集団側は「邪術」を駆使して、守城側の兵民のあいだに動揺を惹起させていた。それを感知した葉信が「破邪」すべく関聖帝君の神像を担ぎ出した可能性は否めないが、十分な効果を発揮することはなかった。そこで葉信が選択した最後の手段こそ、妓女の裸体・陰部の露出など「破邪」の作用をもつ民間の俗信であった。〝当為〟としての関聖帝君の霊力を認識しつつも、それだけでは十分でなかったため、他の方法も併用されたのである。それは太平天国の乱において関聖帝君のみならず、城隍神など多数の神々が同時に顕聖していることと同様の意味をもつものであろう。こうした点からすれば、民間の俗信も守城側にとっては単に「不浄」というより、むしろ「邪」を破る手段としての「不浄」として認識されていた可能性が少なくない。

したがって、佐藤の言葉を借りるならば、反乱集団・守城側の双方ともに、自らを「聖なる」力によって加護された世界、相手を「邪な（不浄な）」力にたよった世界と観念し、〝われわれ〟と〝やつら〟を区別していたと考えてよいのではなかろうか。ただし注意しなければならないのは、乾隆帝からすれば、反乱集団はもちろん、守城側の選択した民間の俗信も「邪な（不浄な）」ものにすぎなかったことである。では、乾隆帝の求める「聖なる」ものとは何か。それは関聖帝君およびその霊力にほかならなかった。関聖帝君の霊力を鼓舞・宣伝することで、「邪術」によって動揺しゆらいでいる守城側の心理を、関聖帝君の加護する「聖なる」世界のもとに統合すること、それが葉信に期待されたのである。しかしその期待を裏切った葉信は、すぐさま北京へと召還されて獄死してしまう[8]。乾隆帝は葉信の行為を絶対に容認できなかったのである。葉信の死は乾隆帝が対漢民族統治において関聖帝君をいかに重視していたかを如実に物語るものといえよう。

二　新疆・チベット・台湾における関聖帝君の顕聖

新疆における関羽の顕聖

続いて乾隆年間以降の新疆・チベット・台湾を事例としながら、いわゆる漢地を超えた周縁地域における関聖帝君（関羽）の顕聖について検討を加えてみよう。乾隆帝による大軍事遠征＝十全武功と関聖帝君の顕聖についての本格的な検討は次章にゆずるが、ここではそもそも漢地以外の地において関聖帝君の顕聖それ自体に意味があったのか否かという根本的な問いについて考えてみたいと思う。

まず最初に新疆の事例から分析する。新疆をめぐって取り上げるべきは、道光六年（一八二六）六月に勃発したウイグル民族ジハンギール・ホージャ（張格爾和卓）の乱であり、関聖帝君が二度にわたって顕聖し、政府軍に勝利をもたらしている。ジハンギールは乾隆二四年（一七五九）、清軍に駆逐されたカシュガル＝ホージャ家の後裔で、道光六年にカシュガル奪回を画策し、現地のウイグル民族の呼応もあって一斉に蜂起した。その後、一時的にはカシュガルの占領・政権樹立に成功したが、次第に清朝の反撃に圧され、ついには捕縛されて北京で処刑されたという[9]。このときの関聖帝君の顕聖について、『宣宗実録』巻一三二、道光八年正月二三日の上諭[10]には、次のように述べられている。

我が朝が定鼎して以来、関聖帝君はしばしば霊佑を顕してきました。さきごろ挑けた〔伊犁《イリ》将軍〕長齢の上奏によりますと、昨年ジハンギールが反乱を煽動し、その逆党を派遣してアクス（阿克蘇）を攻撃させましたが、我が官兵が攻撃しようとすると、突如大風が起こり、砂塵が巻き上がり、逆党ははるかに紅い光が天を燭《てら》すのを見て、遂に殲滅されてしまいました。また長齢らが兵を率いて進撃し、渾河《こんが》の畔にいたりますと、逆党は一晩中宿営地を攻撃しましたが、猛烈な風が吹き、官兵は風に乗じて賊に突撃したので、敵の捕虜は数えきれないほどでありました。翌朝交戦したとき、賊の捕虜はみな「また紅い光のなか、士兵・軍馬の威勢に圧倒されて敵することができず、あわてて散り散りに逃げました」といいました。これらはすべて関聖帝君の顕聖によるものであり、賊はあっという間に魂を奪われ、ついに巨魁は生捕りとなり、永久に辺境を靖んずることができたのであります。

このジハンギールの乱では、アクスおよび渾河畔の二ヶ所で関聖帝君の顕聖が目撃された。これらは当時伊犁将軍であった長齢（モンゴル人）の報告によるものであるから、政府軍の指揮官自らが皇帝への戦勝報告のなかで関聖帝君の顕聖を述べたのである。なお伊犁将軍長齢の管下には、八旗兵と緑営兵とがあるが、ここにいう「官兵」がいずれを意味するかは必ずしも明瞭ではない。ただし推測が許されるならば、清水教王倫の乱の場合と同様、前者よりむしろ後者の可能性が高いのではあるまいか。

霊異伝説の内容を分析すると、清水教王倫の乱の事例で得られたものとほぼ同様のナラティヴを確認できる。ⓐアクス・渾河畔ともに、突然の大風と渦巻く砂塵という神秘的な状態の最中、「紅い光」や「士兵・軍馬」が目撃され、政府軍の勝利、ジハンギールの敗北に終わる。ⓑジハンギール側も目撃することで、霊異伝説の信憑性・客観性が高められている。ⓒただし関聖帝君の姿は目撃されず、あくまで「紅い光」が関聖帝君の象徴とされている。ⓓ関聖帝君は清朝側の祈願なくとも顕聖する。

これまでの検討結果との比較から、これら四点を導き出すことができるが、とりわけⓑとⓒは注目すべき興味深い内容を含んでいる。なぜなら、これまでの検討で確認してきたとおり、関聖帝君の定式化された霊異伝説のナラティヴとして重要な機能を果たすⓑを挿入する必要があったが、当然ながらウイグル民族であるジハンギール側は、関聖帝君をほとんど認知していないと想像されるため、あくまで不思議な「紅い光」の目撃譚にとどめつつ、「紅い光」が関聖帝君であるという解釈——「紅い光」は関聖帝君の「紅い臉」であるというのであろう——は清朝側が提示する、このような辻褄合わせが行われたと考えられるからである。実際にジハンギール側が関聖帝君を目撃したとは考え難く、むしろ関聖帝君なる神の存在すらよく知らなかった可能性も捨てきれない。したがって、この霊異伝説は長齢が意図的に関聖帝君に仮託したものであり、決してジハンギールなどウイグル民族を対象としたのではなく、最初から〝内向き〟、すなわち漢民族向けに創出・宣伝されていたと判断できよう。

チベットにおける関羽の顕聖

次にチベットの事例を考えてみたい。清朝とチベットの関係をめぐっては、乾隆五三～五八年（一七八八～九三）に二度にわたって発生した対グルカ（廓爾喀）戦争が有名である。[11] そのうち乾隆五六年（一七九一）のグルカの侵攻の際に、関聖帝君の顕聖が報告されている。『衛蔵通志』巻六、寺廟、関帝廟（叢書集成初編三一三六、一四九頁）、所収の工部尚書和琳撰の碑文（乾隆五八年）には、以下のように記されている。

タシルンポ（札什倫布）は歴代パンチェン＝ラマ（班禅喇嘛）の焚香修行の地である。かたわらには小山が屹立しており、そこに営官寨を設けた。チベットが〔清朝の〕版図に入ってから、その地（＝営官寨）に関聖帝君廟を建てたところ、しばしば霊応を現したので、漢人・チベット人の僧侶・信徒は謹んで奉祀していた。乾隆五六年（一七九一）秋、グルカ（廓爾喀）が逆僧シャマルパ（沙瑪爾巴 Shwa dmar pa）の邪説に惑わされ、タシルンポの財物をうかがい、密かに兵を発してタシルンポにいたらしめると（第二次グルカ戦争）、チベット人の僧侶・信徒はみな鳥獣のように慌てふためいて逃げ散った。都司（緑営の武官、正四品）の徐南鵬は緑営弁兵七、八十人を率いて営官寨に拠って敵の攻撃に抵抗した。賊兵は幾重にも取り囲み、水の補給を断ち、八昼夜攻め続けた。我が兵が意を決して死守すると、矢石を放てば、不思議と当たらないものはなく、地を十丈ほど掘ると、泉が湧き出したので、歓声は地を揺るがし、士気は一〇〇倍となった。そのため賊はやや退き、柳林に駐屯して久計となした。ある夜、突如何かに驚いたのか、賊は互いに殺し合った。彼らは懼れてさらに退却し、トゥンラ（通拉）山にいたると、にわかに風雪が起こったため、賊は斃れ死んだものが多く、数え切れないほどであった。みな関聖帝君の霊応だと思った。[12]

佐藤長の研究によれば、緑営の駐屯地＝営官寨はタシルンポから北東約二キロのシカツェ（日喀則）にあった。[13]しかしこの史料を見るかぎり、むしろタシルンポに近いようにも思われる。この営官寨には、乾隆五六年以前に関帝廟がすでに建てられ、漢人・チベット人の僧侶や信徒があった。これは康熙年間のチベット遠征を契機としたもので、[14]軍事遠征という一種の人の移動のなかで、神もまた〝運ばれた〟のである。ただしこれのみで一般のチベット人のあいだにも関羽信仰が受容されていたとは考え難く、やはり漢人（漢民族）中心の信仰であったと推測される。したがって、奇跡の体験者も決してチベット人でなく、緑営の官兵であって、霊異伝説も当然に〝内向き〟に創出・宣伝されていたのである。しかもさきのジハンギールの乱の「紅い光」のごとき関聖帝君に直結する現象はまったく確認されないが、緑営の官兵には神の奇跡があれば、関聖帝君の霊異に相違ないとする定式ができあがっていたことがわかる。以上からすれば、この霊異伝説は明らかにチベット在住の漢人〔漢民族〕ないし緑営兵と関聖帝君とのあいだを結ぶ目的で創出・宣伝されたものであって、とりわけ緑営兵に対して関聖帝君の加護を強調する内容となっていたと判断してよいであろう。

台湾における関羽の顕聖

最後に台湾の事例を紹介したい。明末以来、鄭成功・鄭経・鄭克塽と三代続いてきた鄭氏政権が瓦解・降伏するに伴って、康熙二二年（一六八三）に清朝の版図の一部に組み込まれた台湾では、康熙六〇年（一七二一）に朱一貴、雍正一〇年（一七三二）に呉福生と、「反清」を標榜する民変が立て続けに発生した。さらに乾隆五一年（一七八六）一一月にいたると、同じく「反清」を標榜する林爽文が台湾府中部の彰化県で大規模な反乱を起こした。彼らは天地会系の結社を中心とするもので、年号を順天と号し、中部の彰化に拠って蜂起した[15]。鎮圧には一年四ヶ月の時間を要したという。その際、台湾府城で目撃された関聖帝君の顕聖について、嘉慶『続修台湾県志』巻七、藝文二、記、所収の台湾知府楊廷理「重修郡西関帝廟碑記」には、以下のようなくだりが見られる。

乾隆五一年（一七八六）、逆匪〔林爽文〕の反乱が蔓延すること数年間、〔台湾の〕北から南まで騒然となり、城を焚毀して官吏を殺し、それはどこも免れることはできなかった。にもかかわらず、〔台湾〕府城が堅守して恙なきを得たのは、賊が府城を犯すたびに、〔関帝〕廟のなかから軍の鐘や太鼓の音が鳴り響き、あたかも数万の甲兵が出陣したかのようで、これにより賊は震え上がり、まるで我が民を加護しているかのようであったからである。このようにして府城は全きを得ることができた。つまり神〔関聖帝君〕のこの城に対する霊佑は誠に大きいものがあったのである。

これは乾隆五一年の林爽文の乱の鎮圧後、関聖帝君の顕聖に感謝して、台湾知府楊廷理が記した碑文である。では、なぜ楊廷理は関聖帝君の顕聖を伝える霊異伝説を創出・宣伝したのであろうか。

周知のように、当時の台湾はまさに移住・開発の最前線にあった。それは福建省や広東省から移住した漢民族の居住空間の拡大の過程であるとともに、先住民族である原住民（生番・熟番）との遭遇・融和・衝突の過程でもあった。実際、林爽文は反乱に際して原住民の助力を得ていたという。このような漢民族の移住、居住空間の拡大をいうとき、さきに検討した新疆・チベットも例外ではない。乾隆一六年（一七五一）のチベット制圧とその保護国化、乾隆二四年（一七五九）の東トルキスタン制圧（回部平定）などの軍事遠征（軍事行動）を通じて、乾隆帝のときに漢地・モンゴル・チベット・新疆などユーラシア世界に跨る大領域が形成された。[16] ユーラシア世界は清朝という一つの王朝国家のもと、ゆるやかながらも政治的に統合されたのである。こうした大領域の形成、さらにその後の統治（支配）体制の確立とゆらぎのなかで、必要に応じて関聖帝君の顕聖を語る霊異伝説が創出・宣伝され、関聖帝君の加護が繰り返し確認されることとなる。それらの霊異伝説が、現地のウイグルやチベットなどの民族ではなく、現地に在住する、あるいは反乱の鎮圧に赴いた漢民族ないしは満洲族の文武官僚・兵士を対象とするなど、明らかに〝内向き〟に創出・宣伝されていたことは上述のとおりである。

これらの事実を総合的に勘案するならば、新疆・チベット・台湾はともに漢民族・満洲族にとって必ずしも馴染み深い空間ではなかったからこそ、関聖帝君は繰り返し顕聖せしめられた、という推測が可能となる。つまり政府軍（主に緑営）の文武官僚・兵士に対して、関聖帝君の加護のもとにあるかぎり〝やつら〟に敗れることはないとする〝われわれ〟意識を共有させる、ないしは繰り返し確認させると同時に、さらに一般民衆をも含んだ漢民族全体に対して、これら諸地域がすでに関聖帝君の加護のもとにある〝聖なる空間・世界〟であることを示す目的があったと考えられるのである。然りとすれば、関聖帝君の加護のもとにある〝われわれ〟に対して、白蓮教集団などはまさに内側の〝やつら〟、グルカ（廓爾喀）などは外側の〝やつら〟であったといえよう。このように、関聖帝君の霊異伝説の創出は、清朝が関聖帝君の加護のもとにあることを繰り返し強調することで、特に漢民族に対する求心力を高め、その精神的な統合を図るとともに、漢地のみならず、ユーラシア世界が関聖帝君の顕聖する〝聖なる空間・世界〟であることを示すことで、漢民族に対してかかる大領域の政治的な統合を認知せしめる意味を有していたと考えられるのである。

三　乾隆帝と関聖帝君・転輪聖王・ゲセル

乾隆帝と転輪聖王、そして関羽

これまで清朝と関羽信仰との関係について、神としての関聖帝君の顕聖を伝える霊異伝説を手がかりに分析を加えてきた。その結果、乾隆帝の治世を起点として清朝と関羽信仰の関係がますます深まっていくことが判明したが、それではなぜ乾隆帝の時代だったのであろうか。また関聖帝君の霊異伝説を検討するかぎり、そこに浮かんでくるのは清朝と漢民族（ときに満洲族）の文武官僚・兵士・一般民衆との関係のみであった。対漢民族という視点から見るとき、清朝皇帝の「王権」が関聖帝君によって権威づけられているとするならば、清朝皇帝の「王権」はモンゴルやチベットなどの他の民族との関係においていかに権威づけられていたか。最後にこの課題——乾隆期の政治と宗教との関わり——について検討しておきたい。

かつて石濱裕美子は、乾隆四五年（一七八〇）、乾隆帝とチベットの活仏パンチェン＝ラマ四世の会見が実現したおりに、パンチェンが自らをパクパ（パスパ）の転生者、乾隆帝が自らを転輪聖王《てんりんじょうおう》（cakravartin）と称して、元朝の帝師パクパと世祖クビライの関係を再演したことを指摘した。[17]また中村淳も「乾隆帝の時代に、再びその大領域をチベット仏教思想にもとづく権威がおおうことになった。……政治と宗教が不分明なまま密接な関係を持ったモンゴル時代以降、真の内陸アジアの支配者となるためには、血統や実力だけでなく、チベット仏教思想による「王権」の正統化が必要となった」と述べて、モンゴル・チベット・新疆・漢地を含む大元ウルスの大領域を大清グルンの名のもとにほぼ完全に「復活」させた乾隆帝が、クビライの再来として転輪聖王と称したことの意味の大きさを強調する。[18]

乾隆期の政治と宗教を考えるとき、石濱・中村の論攷は大変参考になる。なぜなら乾隆帝と関羽（関聖帝君）信仰の関係を検討するうえで、乾隆帝の過去世とされたクビライと関羽との関係を解明することが有効な手がかりとなりうることを示唆するからである。

たとえば『元史』巻七七、祭祀六には、至元七年（一二七〇）、帝師パクパの進言によって、クビライが毎年二月一五日に大都（北京）の大明殿で白傘蓋《はくさんがい》の仏事を挙行するようになったことが記されている。この白傘蓋の仏事がクビライの王権像をチベット仏教思想のもとに演出した重要な儀礼であったこと、それが「鎮伏邪魔」「護安国刹」を祈ったものであったことは、石濱が夙に指摘するところである。[19]しかしながら、この白傘蓋の仏事で「監壇《かんだん》漢関羽神轎」を担ぎ出して、白傘蓋とともに皇城を周遊せしめていたことは案外注目されてこなかった。[20]「監壇」とは伽藍神と同様、邪気の侵入を防いで聖域をつくり出すことをさすものと考えられ、白傘蓋の仏事において関羽像が担ぎ出され、重要な役割を果たしていることは間違いない。このとき担ぎ出される関羽像について、元末の熊夢祥が著した大都の地方志『析津志輯佚』祠廟・儀祭、武安王廟には、それが故城彰義門内黒楼子街の武安王廟にあること、世祖クビライの詔を奉じて以来、毎月馬匹草料を支給されていること、現在にいたるまでケシク（怯薛《ケシク》、親衛軍）の寵敬を受けていること、毎年二月一五日の白傘蓋の仏事で「監壇」させていることが語られている。[21] つまりクビライは宋代以降、漸次確立されつつあった皇帝（世俗君主）と英雄神（武神、戦神）たる関羽との関係を敏感かつ積極的に取り込み、それを白傘蓋の仏事という国家儀礼のもとに転輪聖王とその世界を護持する神として表現したのである。

このように見てくると、乾隆帝がチベット仏教世界の転輪聖王を自称し、一方で漢民族の英雄神（武神、戦神）＝関羽の霊異伝説を創出してその加護を宣伝したのは、明らかにクビライの帝王観・世界観を継承したものであることがわかる。チベット仏教世界に対しては転輪聖王を、漢民族の世界に対しては関聖帝君をそれぞれ前面に押し出すことで「王権」の正統化を図ったのである。チベット仏教思想を中心に据えながらも、やはりそれのみでは漢地を含めたユーラシア世界全体に君臨できないことを十分認識していたといってよい。

関羽とゲセル・ハーン

そしてとりわけここでは関羽の性格、すなわち英雄神（武神、戦神）であることに注目する必要がある。なぜなら一八世紀末、すなわち乾隆帝の末年以降、清朝は関聖帝君のみならず、モンゴルの民間英雄神＝ゲセル・ハーン（格薩爾汗、図5-1）[22]をも取り込もうとし、関聖帝君とゲセル、これらまったく出自も由来も異なる二つの英雄神を融合させる政策をとっていたからである。[23] 清朝皇帝の「王権」は、転輪聖王・関聖帝君のほか、モンゴルのゲセルによっても権威づけられていたのであった。

このように関羽とゲセルはともに英雄神という共通点を有していた。転輪聖王とて例外ではなく、彼の居住する城の四門から輪宝が現れて、四方の世界を征服する、あるいは何の障碍もなく戦車を駆って、諸王を平定する覇王としての性格をそなえていた。[24] こうした神々の性格を考えるとき、乾隆期の軍事遠征（軍事行動）やそれに伴う大領域の形成・維持と無関係ではなかったと思われる。清朝が大規模に軍隊を動員して、ユーラシア世界を統合し、

図 5-1　モンゴルの民間英雄神ゲセル・ハーン（格薩爾汗）

出所）若松寛『ゲセル・ハーン物語――モンゴル英雄叙事詩』巻頭図。

それを継続・維持していく。そのためには各民族の英雄神の力をかりて、皇帝の正統性・カリスマ性を文武官僚・兵士の心性の領域にまで訴え、ユーラシア世界が〝聖なる空間・世界〟であることを刻印する必要があった。皇帝の「王権」の権威づけ、王朝国家の大領域の統合には、宗教（信仰）の力が不可欠であったといえよう。政治と宗教とが密接な関係をもつ所以である。乾隆帝もそれを明確に認識していたからこそ、転輪聖王・関聖帝君・ゲセルといった英雄神の力に依拠しつつユーラシア世界に君臨したのである。

本章では、乾隆帝時代の軍事遠征（軍事行動）とユーラシア世界に跨る大領域の形成・統合、そこで漢民族の英雄神＝関羽が果たした役割について、転輪聖王やゲセル・ハーンなど他の神々をも視野に入れながら分析を加えてきた。これは清朝による領域統合と軍隊・英雄神の関わりを解明するための一試論である。しかし史料的な制約はいかんともしがたく、憶測に憶測を重ね、十分な論証もないまま、雑駁とした議論となった部分も少なくない。とりわけ転輪聖王、ゲセル・ハーンについては、筆者はまったくの門外漢であり、的外れな議論を展開しているのではないかとの不安もある。次章では、最後に大軍事遠征＝十全武功に焦点をあてながら、乾隆帝と関羽信仰の関わりについてさらに掘り下げた議論を行ってみたい。

第六章　清朝の版図・王権と関羽信仰
――乾隆帝の十全武功と関聖帝君の顕聖

一　十全武功の記憶化と版図の可視化

清朝の版図・王権と関羽信仰

序章で述べたとおり、一七～一九世紀、当時中国を支配していた清朝が「中央―周縁」諸地域にいかに君臨し、一方で、当該地域の被支配者がいかなる論理のもとに清朝の権威を承認したかについては、片岡一忠・石橋崇雄・平野聡・石濱由美子・濱田正美らによって興味深い議論が活発に展開されてきた。その多くは濱下武志・茂木敏夫らが主張する、中華帝国を中心に据えた華夷秩序――朝貢―封冊体制を相対化しつつ提唱された、内部に異質な統治理念を包摂した同心円状の階層秩序――を批判しながら、満洲・モンゴル・新疆・チベットを中心とした世界観を明らかにしようとしたものである。これら諸研究は清朝のいわゆる「版図」を考察対象としたため、清朝国家論とも密接に結びつき、清朝の多民族国家としての側面が強調されるようになった。

清朝国家論が漢地よりむしろ、満洲はもちろん、モンゴル・新疆・チベットなど「藩部」に属する地域・空間から清朝の権威のあり様を照射し、中華帝国としての清朝を相対化した点で貴重な成果であることは言を俟たない。そうした過程のなかで、漢字で表現され、ややもすれば近代的な「領土」と同義であると錯覚してしまいかねない「版図（疆域）」の語の実態・内容も問われるようになった。もちろん、「版図」の枠組みそれ自体は決して所与のものではなく、また間違っても中華民国、ひいては中華人民共和国の「領土」へと無前提につながる性格のものではない。清朝の時代における度重なる軍事遠征のなかで漸次形成されてきた、ゆるやかな宗教的・政治的な「共同体」の結合を想起した方がよいのではないかとも考えられる。このようにそもそも「版図」とは何なのかを問うとともに、漢文史料中に登場する、軍事力による「版図」の拡大・維持というすぐれて現実的な問題をも考慮に入れる必要が出てくる。たとえ儒教的な徳治や、チベット仏教思想に基づく統合など、清朝の統治理念を強調すれども、一方で現実の「版図」形成や維持には相当に軍事力にたよる部分があったのであって、その過程でいかなる権威の調達が不可欠となったかは検討に値する課題であると思われる。

このような問題関心はこれまで分析を加えてきた、清朝と関羽（関聖帝君＝武神）信仰との関係の延長線上にある。これまで検討してきた論点のうち、本章に関わる部分のみを整理すれば、以下の二点となる。

一つは関聖帝君の霊佑を語る霊異伝説である。清朝は軍事遠征（軍事行動）の際に霊異伝説を積極的に創出・宣伝することで〝われわれ〟意識を共有しようとした。軍事的な衝突が発生した場合、必然的に味方と敵、すなわち〝われわれ〟と〝やつら〟に分かれざるをえない。そこで清朝は、〝われわれ〟は関聖帝君の加護を受けているから敗れるわけがなく、一方、加護のない〝やつら〟は勝つはずがない、とする定式化された霊異伝説を繰り返し創出した。霊異伝説は人びとの心性にまで訴える力を秘めているのである。

いま一つは関聖帝君の霊力を可視化する関帝廟である。関帝廟には関聖帝君の神像、霊異伝説を刻んだ石刻碑文、御神籤（霊籤）、匾額などが備えられ、それぞれが神の霊威・霊力を具現化し、神と一般民衆とを結ぶ回路となっていた。関帝廟は官廟・私廟を問わず、関聖帝君の加護を伝承・記憶する装置、あるいは周辺空間を関聖帝君が顕聖する聖なる空間へと変質させる装置としての役割を有していたと考えられる。

これら二点は、後述するように、清朝が「版図」形成の過程で関聖帝君の霊異伝説を次々と創出し、関帝廟を設置していくことの背景をなしている。

以上を踏まえて、本章では、清朝の最大領域＝「版図」を形成する契機となった乾隆帝の十全武功を俎上に載せ、清朝の版図・王権と関羽信仰との関係について、以下の諸点を中心に検討を加えてみたい。第一に、軍事遠征（軍事行動）の対象とされた地域・空間はその後どのように扱われたか、「版図」に編入されたとすれば具体的に何が行われたか。第二に、「版図」への編入はいかに刻印されたか。特に軍隊との関わりから見た場合、関帝廟がどのように設置されていったかを考える必要がある。第三に、清朝は軍事遠征と「版図」の拡大・維持の過程でいかなる権威を調達しようとしたか。特に乾隆帝という皇帝個人に焦点をあてて考えることにしたい。

乾隆帝の十全武功と清朝の「版図」

そもそも十全武功とは何であろうか。十全武功とは、乾隆帝が帝位にあった乾隆一二〜五六年（一七四七〜九一）のあいだに行われた、ジュンガル（東トルキスタン）、グルカ（ネパールとの交界地帯）、大小両金川（四川北西部の土司、以上各二回）、回部（新疆のウイグル系イスラーム教徒）、ビルマ（現在のミャンマー）、ベトナム、台湾（以上各一回）に対する、合計一〇回にわたる大軍事遠征をさす。[1]その結果、清朝が漢地・満洲・モンゴル・新疆・チベット・台湾を含む最大領域を形成するにいたり、乾隆帝が自ら「十全老人」と称したことは周知のとおりである。しかし乾隆帝のそうした自負とは裏腹に、実際には一〇回すべてにおいて勝利したわけではなく、むしろビルマやベトナム遠征はほとんど敗北に近いものであった。そのため十全武功以後、遠征対象となった諸地域の扱いはそれぞれ異なり、新疆・回部・チベット・台湾・両金川がすべていわゆる「版図」に編入されたのに対して、ビルマとベトナムは形式上「版図」化を放棄し、外藩＝朝貢国として位置づけられることになった。

では、「版図」とは何か。何をもって「版図」と称するか。すでに序章で触れたように「王朝には疆宇があり、これを版図と謂う。版とは民のあること、図とは地のあることを言う」という記載があり、「版」とは民（人間）、「図」とは地（土地）をさしている。日本でいう版籍奉還の「版籍」――「版」とは地、「籍」とは民をさす――とは字義がやや異なる。表6-1に整理したとおり、確かに、多くの史料は「版図」への編入と同時に、戸口冊の提出や編纂、租税の納入を語っている。つまり「版図」編入は人民・土地の掌握によって具体化される。そしてこれらを現実に管理・維持するために、さまざまな行政機構や軍事組織が設置されていくことになる。

この表に整理したいくつかの史料を利用しながら、もう少し個別具体的に「版図」化の実際を見てみよう。たとえば、回部平定の際には「回部を平定したので、詔を中外に頒布した。詔して曰はく……その〔回部の〕地の葉爾羌《ヤルカンド》・喀什噶爾《カシュガル》のごとき諸域は、すべて版図に編入され、ことごとく租税を供することとなった」[2]（乾隆二四年、一七五九）とあって、「版図」化と租税納入とを関連づけて語っている。

ベトナムの場合には「現在、調集に応じた各路の大兵は、軍を整えて〔ベトナムの〕罪を問わんとしている。まさにいま王朝全盛のときにあたり、兵餉は足りて兵士は精鋭で、天戈のさすところは、ただちに蕩平できないものはない。取るに足らない広南《ベトナム》のごとき片隅の地が、どうしてよく最後まで抵抗できようか。〔ただし〕特に安南《ベトナム》地方は風土が劣悪で、瘴気は甚だ盛んなため、まことに我が軍を損なうに値しない。おもうに将弁・兵丁らは、もしさきを争って命令を果たさなければ、退怯（怯えて退いた）の罪で処罰されるため、いま兵を挙げて瘴癘の地に行かせるのは、朕の心にはまことに忍びないものがある。たとえ兵を集めて討伐し、ついに阮恵を生け捕りとして、広南の境土を、版図に編入したとしても、また官員兵弁を設けて、その地を防守せねばならない」[3]（乾隆五四年、一

表 6-1　乾隆帝の十全武功と「版図」化の諸相

	実録中の十全武功・版図化に関する記事
新　疆	①論議政王大臣等，若大兵前進，宜攻取吐魯番，或招撫之。即与哈密相類，尽入国家版図，不得不善為保護（『聖祖実録』巻二七一，康熙五六年〔1717〕三月）。 （議政王大臣らに上諭した，もし大軍をもって前進すれば，よろしく吐魯番を攻め取るか，招撫すべきである。そしてただちに哈密と同様に処理し，王朝の版図に組み入れ，護らねばならない） ②又論，西師凱旋，大兵直抵伊犁。準噶爾諸部，尽入版図。其星辰分野，日月出入，昼夜節気時刻，宜載入時憲書，頒賜正朔。其山川道里，応詳細相度，載入皇輿全図，以昭中外一統之盛（『高宗実録』巻四八〇，乾隆二〇年〔1755〕六月）。 （また論して，西征の軍が凱旋し，大軍が伊犁に到着した。ジュンガル諸部はことごとく版図に編入された。その星辰分野，日月出入，昼夜節気時刻は，『時憲書』に記載すべきである。その山川道里は，詳細に調査したうえで，「皇輿全図」に記入し，「中外一統」の盛んなさまを明らかにすべきである）
回　部	③以平定回部，頒詔中外。詔曰……其地若葉爾羌・喀什噶爾諸域，咸入版図，悉供租税（『高宗実録』巻六〇〇，乾隆二四年〔1759〕一一月）。 （回部を平定したので，詔を中外に頒布した。詔して曰はく……その地の葉爾羌・喀什噶爾のごとき諸域は，すべて版図に編入され，ことごとく租税を供することとなった）
チベット	④今大兵得蔵，辺外諸番，悉心帰化。三蔵・阿里之地，倶入版図（『聖祖実録』巻二九〇，康熙五九年〔1720〕一一月）。 （いま大軍をもってチベットを得，周辺諸番は心から帰順してきた。前蔵・後蔵・衛蔵・阿里の地はすべて版図に編入した）
台　湾	⑤今台湾係従未開闢之地，尽入版図，鄭逆乃積紀負固之餘，一朝帰命，祭告之礼，亦宜挙行（『聖祖実録』巻一一二，康熙二二年〔1683〕九月）。 （いま台湾はいまだに開化していない地であるが，ことごとく版図に編入し，鄭逆すなわち長きに亙って堅固の地をたのんできた残党が，すべて帰順したからには，祭告の礼は，またよろしく挙行すべきである）
両金川	⑥論軍機大臣等，上年金川大功告蔵。所有該処地界，経将軍等絵図奏明，帰入版図，安屯耕種，原応如是辦理（『高宗実録』巻一〇二六，乾隆四二年〔1777〕二月）。 （軍機大臣らに上諭した，昨年（乾隆四一年），金川は大功が成就した。その地はすべて将軍（阿桂）等に地図を画いて報告させ，版図に編入し，屯田耕種させるよう，このように処理すべきである） ⑦論，昨歳平定両金川，大功告蔵。其地已帰入版図，安屯耕種。所有該処名山大川，効霊助順，自応列入祀典，曾降旨令明亮査奏（『高宗実録』巻一〇三八，乾隆四二年〔1777〕八月）。 （上諭するに，昨年（乾隆四一年）両金川の平定は，大功が成就した。その地はすでに版図に編入し，屯田耕種させている。すべてのその地の名山・大川で，霊応のあったものは，当然に祀典に記すべきで，かつて旨を下して明亮に調査・報告させた） ⑧論軍機大臣等，本日文綬等奏覆番衆薙髪一摺。拠称新疆番衆，久経薙髪，並半已穿戴内地人民衣帽。至西南北三路沿辺土司番衆，亦均已遵制薙髪，並無仍沿旧俗之事等語。所辦未免過当。両金川等番衆，自収服以後，隷我版図，与屯土練兵，一併遵例薙髪，自属体制当然。……即現在収服之両金川等番衆，亦止須遵制薙髪，其服飾何妨聴従其旧（『高宗実録』巻一一〇三，乾隆四五年〔1780〕三月）。 （軍機大臣らに上諭した，本日〔受け取った〕文綬らの，番衆の薙髪に関する一摺によれば，新疆の番衆は，薙髪して久しく，さらに半ばはすでに内地人民の衣帽を身につけている。西南北三路の沿辺土司の番衆にいたっては，また均しくすでに規定に遵って薙髪し，決して旧俗に従うことはない，とのことであった。こうした仕

	方はやはりやり過ぎといわざるをえない。両金川などの番衆が，帰順した後，我が版図に編入され，屯兵とともに例に従って薙髪したのは，礼制に属すれば当然のことである。……現在，帰順した両金川などの番衆についても，また規定に遵って薙髪するにとどめるべきで，その服飾はどうして旧俗に従うのを妨げることがあろうか）
ビルマ	⑨論軍機大臣等，……試思緬夷亦一大部落。如実係誠心乞降，願附属国，其酋自当請罪納款，具表輸誠，效安南・暹羅之通職貢，奉正朔，並将蠻暮・新街，呈献中国，尚可将就了事。……独不計蠻暮・新街等，既已納降，並遵定制薙髪，即成内地版図（『高宗実録』巻七七七，乾隆三二年〔1767〕正月）。 （軍機大臣らに上諭した，……試みに思うに，緬夷（ビルマ）もまた一大部落である。もしまことに心から降伏を乞い，属国とならんことを願うのであれば，その酋長自らが罪を請いて誼を通じ，表を具して誠心をつくし，安南・暹羅が貢賦を通じ，正朔（暦）を奉じたのに效って，さらに蠻暮・新街を中国に呈献すべきで，このようならば事を終了させてもよい。……ただ計らずも蠻暮・新街などはすでに降伏し，また定制に遵って薙髪したからには，ただちに内地の版図となっている） ⑩論軍機大臣，征剿緬匪一事，因老官屯水土悪劣，我兵在彼疾病者多，勢難久駐，是以降旨撤兵。適緬酋懵駁，遣使至軍営投誠，姑允所請，以結此局（『高宗実録』巻八五三，乾隆三五年〔1770〕八月）。 （軍機大臣に上諭した，緬匪（ビルマ）を征剿するの一事については，老官屯は風土が劣悪で，我が兵はそこで病を患う者が多く，勢い久しく駐屯し難いので，旨を降して撤兵することとする。たまたま緬酋（ビルマの酋長）懵駁が，使節を遣わして軍営にいたり真心をもって帰順してきたのでこれを允し，この件については終わりとする）
ベトナム	⑪現在本応調集各路大兵，整軍問罪。方今国家全盛，餉足兵精，天戈所指，無不立就蕩平。区区広南一隅，豈能始終抗拒。特因安南地方，水土悪劣，瘴気甚盛，実不值損我師徒。蓋将弁兵丁等，若不争先用命，猶可治以退怯之罪，今挙而委之瘴郷，朕心実所不忍。即使集兵会勦，竟将阮恵擒獲，広南境土，収入版図，又須添設官員兵弁，防守其地。……即如従前平定準噶爾・回部・金川及甘粛・台湾逆匪，無不運籌宵旰，指示機宜，仰頼上蒼嘉佑，鑑朕不得已用兵之心，並非出於好大喜功，故能所向克捷，膚功迅奏。今安南之事，揆之天時地利，断無労師遠渉之理。且王者有分土無分民，亦不忍使該国夷人，頻攖鋒鏑，是以決計不復用兵。……朕之撫馭外夷，恩威並著，大義昭然，無不仰体上天好生之徳（『高宗実録』巻一三二一，乾隆五四年〔1789〕正月）。 （現在，調集に応じた各路の大兵は，軍を整えて〔ベトナムの〕罪を問わんとしている。まさにいま王朝全盛のときにあたり，兵餉は足りて兵士は精鋭で，天戈のさすところは，ただちに蕩平できないものはない。取るに足らない広南のごとき片隅の地が，どうしてよく最後まで抵抗できようか。〔ただし〕特に安南地方は風土が劣悪で，瘴気は甚だ盛んなため，まことに我が軍を損なうに値しない。おもうに将弁・兵丁らは，もしさきを争って命令を果たさなければ，退怯（怯えて退いた）の罪で処罰されるため，いま兵を挙げて瘴癘の地に行かせるのは，朕の心にはまことに忍びないものがある。たとえ兵を集めて討伐し，ついに阮恵を生け捕りとして，広南の境土を，版図に編入したとしても，また官員兵弁を設けて，その地を防守せねばならない。……たとえ準噶爾・回部・金川および甘粛・台湾の逆匪を平定すれども，謀をめぐらし政務に励み，いかにすべきかを指示し，上蒼の嘉佑を仰いだので，朕がやむをえず兵を用い，いささかも大功を挙げようとしたのではないことに鑑み，ゆえに向かうところよく捷ち，速かに功績を得ることができた。いま安南の事は，天の時・地の利を揆るに，断じて軍隊を徒労させ遠渉させる理はない。かつ王者には分土あれども分民なく，また該国の夷人を戦火にさらすに忍びず，しきりに兵を用いないことに決めた。……朕の外夷を撫馭する事，恩・威ともに著われ，大義は昭然として，上天好生の徳を体現しているといえよう）

出所）『聖祖実録』などをもとに筆者作成。

七八九）とあって、「版図」化（結果的には放棄した）と文武官員の設置とが結びつけられて語られている。これらは「版図」化に伴う人民・土地の掌握を表現したものと考えてよかろう。

　ところが、版図化の実際はこうしたレヴェルに必ずしもとどまらなかった。たとえば、両金川については『高宗実録』巻一一〇三、乾隆四五年三月の条において以下のように述べられている。

> 軍機大臣らに上諭した、本日〔受け取った〕文綬らの、番衆の薙髪に関する一摺によれば、新疆の番衆は、薙髪して久しく、さらに半ばはすでに内地人民の衣帽を身につけている。西南北三路の沿辺土司の番衆にいたっては、また均しくすでに規定に遵って薙髪し、決して旧俗に従うことはない、とのことであった。こうした仕方はやはりやり過ぎといわざるをえない。両金川などの番衆が、帰順した後、我が版図に編入され、屯兵とともに例に従って薙髪したのは、礼制に属すれば当然のことである。……現在、帰順した両金川などの番衆についても、また規定に遵って薙髪するにとどめるべきで、その服飾はどうして旧俗に従うのを妨げることがあろうか(4)

またビルマについては『高宗実録』巻七七七、乾隆三二年正月の条において、次のように語られている。

> 軍機大臣らに上諭した、……試みに思うに、緬夷（ビルマ）もまた一大部落である。もしまことに心から降伏を乞い、属国とならんことを願うのであれば、その酋長自らが罪を請いて誼を通じ、表を具して誠心をつくし、安南・暹羅が貢賦を通じ、正朔（暦）を奉じたのに効って、さらに蠻暮・新街を中国に呈献すべきで、このようならば事を終了させてもよい。……ただ計らずも蠻暮・新街などはすでに降伏し、また定制に遵って薙髪したからには、ただちに内地の版図となっている(5)

このように両金川やビルマの事例では、主に薙髪、すなわち髪型（ヘアスタイル）の問題と結びつけて述べられている。

また新疆の場合には「また諭して、西征の軍が凱旋し、大軍が伊犁に到着した。ジュンガル諸部はことごとく版図に編入された。その星辰分野、日月出入、昼夜節気時刻は、『時憲書』に記載すべきである。その山川道里は、詳細に調査したうえで、「皇輿全図」に記入し、「中外一統」の盛んなさまを明らかにすべきである」[6]（乾隆二〇年）とあって、天文・時刻・正朔（暦）など、皇帝の授時権に言及する事例も見られる。なお、ここに見える「中外一統」とは「中外一家」のような〝共に発展する〟という意味ではなく、むしろ「統一中外」と同じく、武力を用いた領域統合を正当化する表現であると考えられる。

残念ながら、ここで「版図」化を本格的に検討する余裕はないが、これまで「版図」の語が十分に検証されないまま用いられてきた感は否めない。確かに清朝は近代国民国家のごとく、明確な国境（border）を設定し、内部に均質な国民（nation）を創出していこうとしていたわけではない。しかし、かといって「その俗によってその民を化す」の文言に象徴される、〝緩やかな〟あるいは〝公正な〟統治という極めて楽観的な理解では包摂しきれない部分もまた存在するのである。このような点に注目するとき、「版図」化後の軍隊（緑営・八旗）の駐留は在地の人びとに無視できない強制力として存在したに相違ない。今後、清朝による「版図」化の実態はより詳細に検討されるべきであろう。

十全武功の記憶化・可視化

さて、十全武功による「版図」の拡大をいうとき、ここで最も注目しておきたいのは、乾隆帝がこうした〝偉業〟をいかに記憶化・可視化して後世に伝えようとしていたかという点であろう。

まず十全武功の記憶化としては、有名な「得勝図」の作成および各種『平定方略』『平定紀略』の編纂があげられる。「得勝図」は乾隆帝がイエズス会宣教師に命じて十全武功を題材として描かせたものであった[7]。具体的には「準回両部平定得勝図」「平定両金川得勝図」「平定台湾戦図」「平定安南戦図」「平定廓爾喀戦図」がある。たとえ

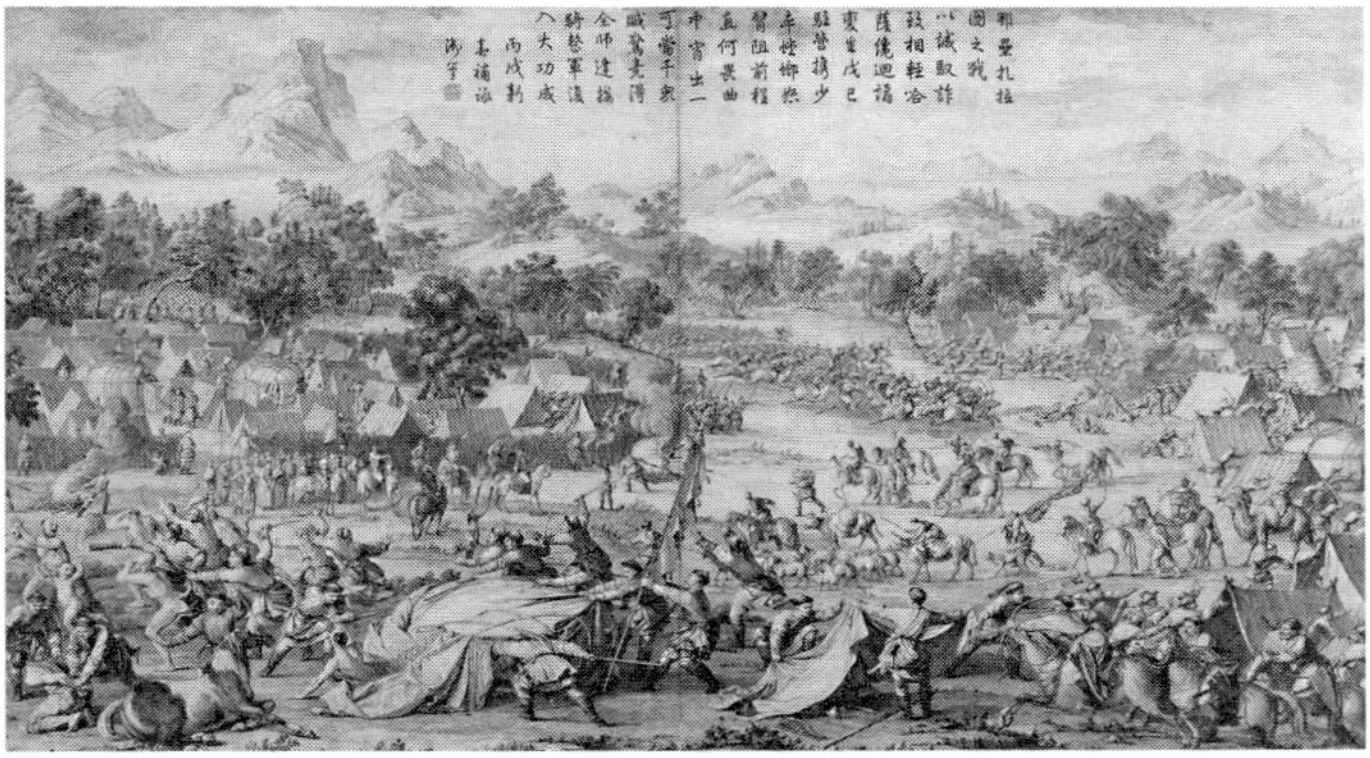

図 6-1　「準回両部平定得勝図」

出所）張暁光撰輯『清代銅板戦功図全編』6 頁。

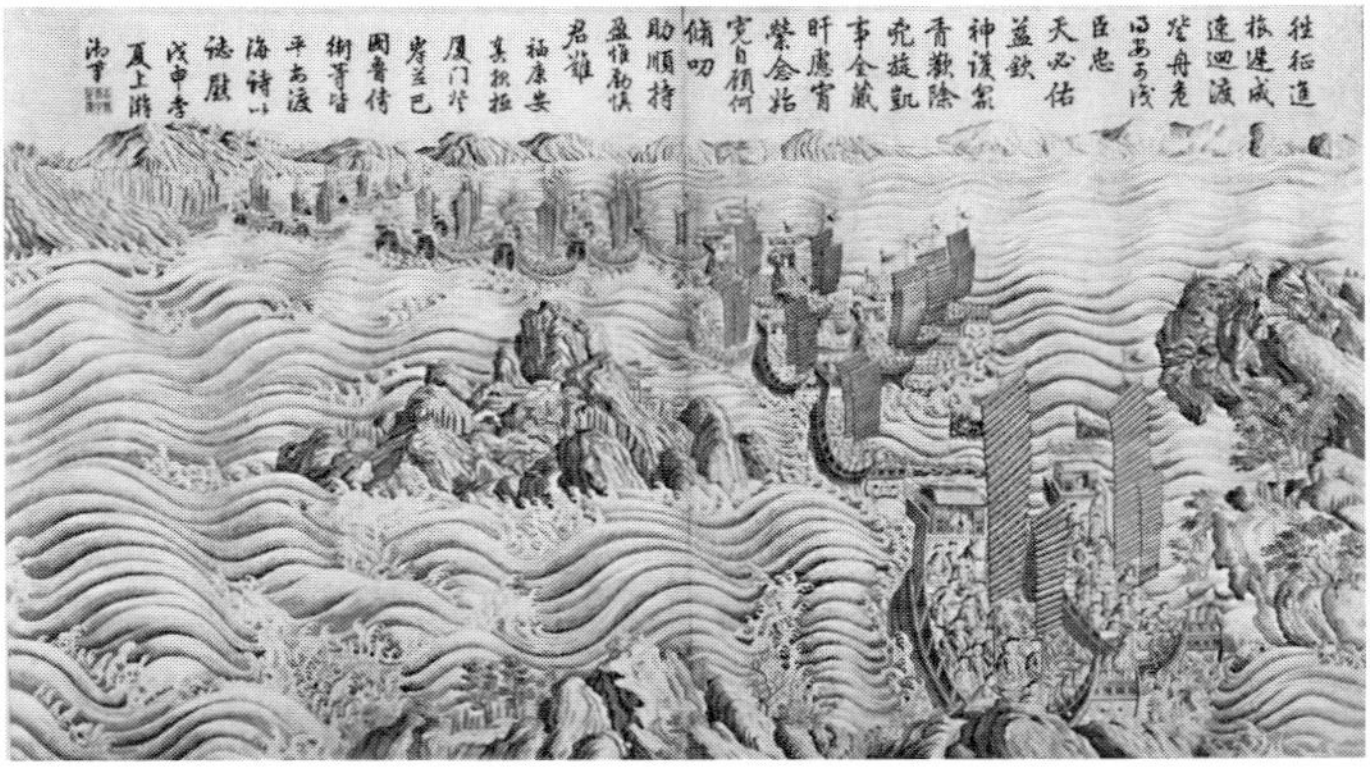

図 6-2　「平定台湾戦図」

出所）張撰輯前掲 51 頁。

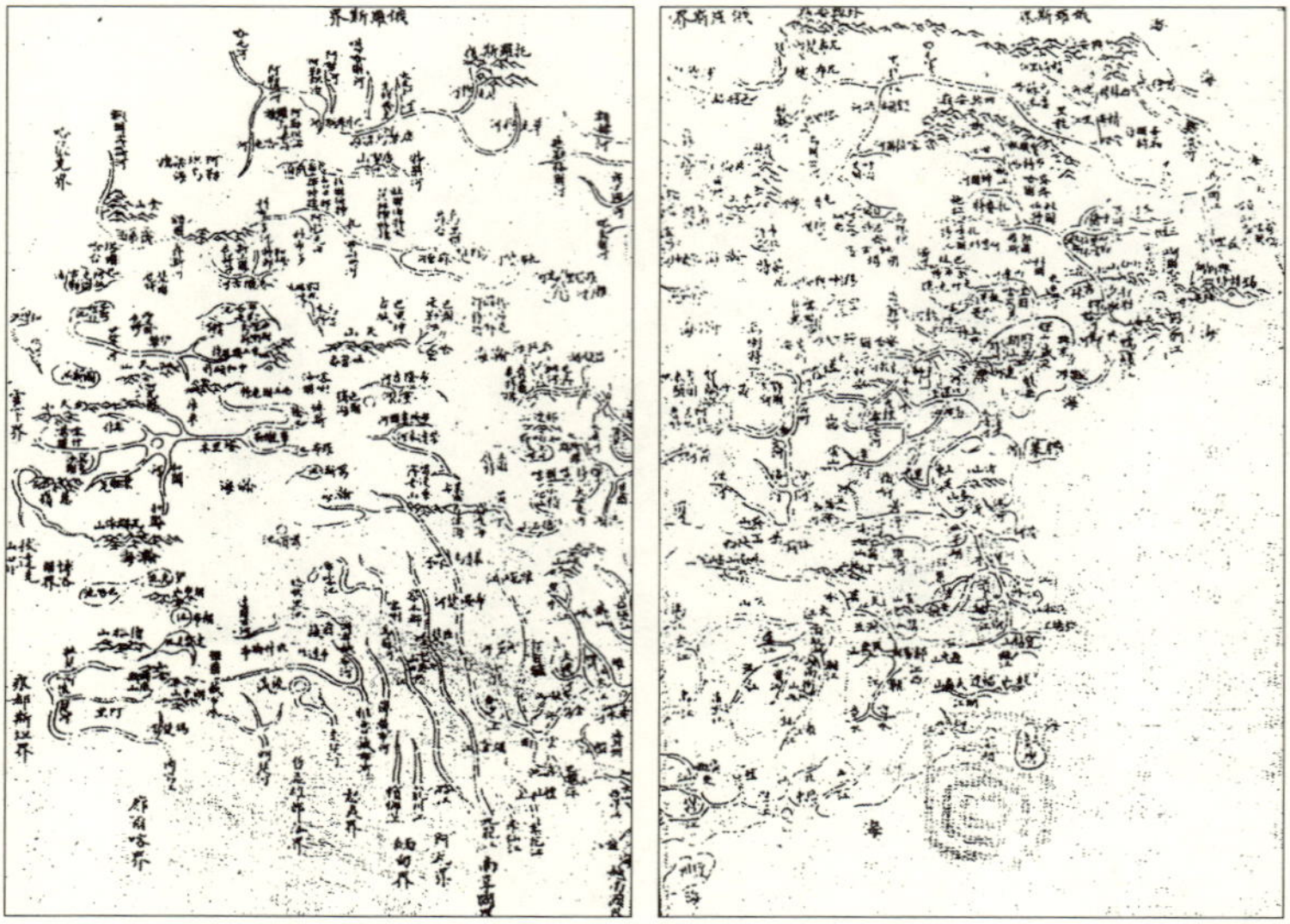

図 6-3　「皇輿全図」（『大清一統志』所載）

ば図6-1は「準回両部平定得勝図」の一部、図6-2は「平定台湾戦図」の一部である。このようにこれら「得勝図」は居ながらにして十全武功の光景が眼前に広がるような絵巻の体裁をとっていた。

また乾隆年間に編纂された『平定方略』『平定紀略』には、傅桓等撰『平定準噶爾方略』前編五四巻・正編八五巻・続編三二巻（乾隆三五年、一七七〇）のほか、阿桂等撰『平定両金川方略』一三六巻、藝文八巻、首八巻（乾隆四六年、一七八一）、勅撰『欽定平定台湾紀略』六五巻、首五巻（乾隆五三年、一七八八）、勅撰『欽定安南紀略』三〇巻、首一巻（乾隆中）、勅撰『欽定廓爾喀紀略』五四巻、首四巻（乾隆五八年、一七九三）があり、満文版と漢文版の両方が存在している。ここではその内容を紹介する紙幅はないが、これら『平定方略』『平定紀略』は各戦役に関する情報を事細かに書き記しており、記念誌と記録・報告書とを兼ねあわせたような役割を果たしている。

このように「得勝図」および『平定方略』『平定紀略』は、自らの武功を誇示し、絵画や文字という視覚的な方

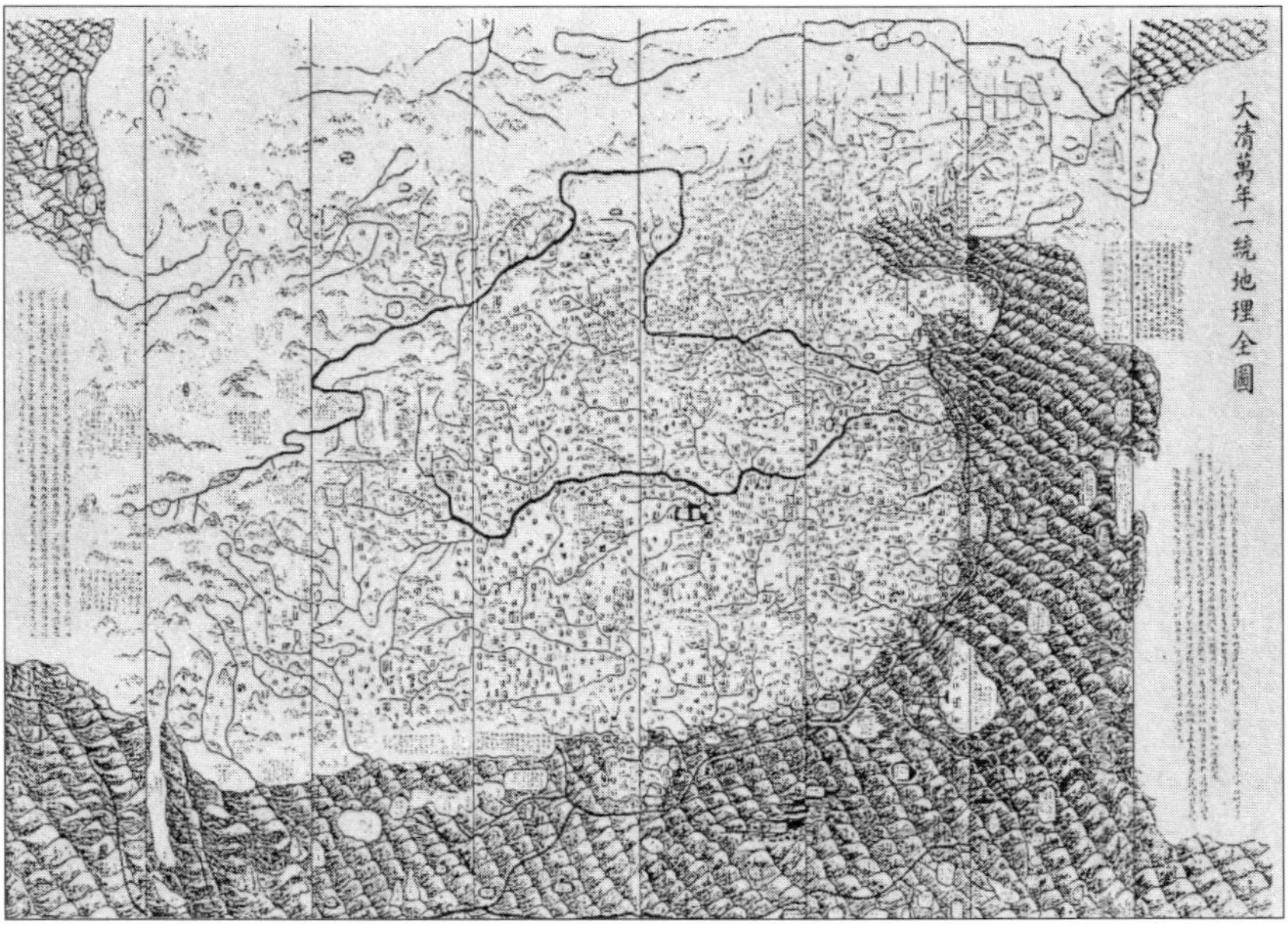

図 6-4　「大清万年一統地理全図」

出所）王自強主編『康雍乾盛世図』1 頁。

法を用いて後世に記憶・伝承させていこうとする乾隆帝の強い意志のもとに作られた産物であったといえよう。

次に「版図」の可視化についていえば、さきに新疆の「版図」化のところで紹介したように、「版図」化された領域は「皇輿全図」に記入されねばならなかった。

さらに「かつて『大清一統志』を纂修し、乾隆八年（一七四三）に完成、すでに海内に頒布した。近ごろジュンガル・回部を平定し、〔新たな〕土地二万余里を拓いたことは、じつに古よりいまだかつてない偉大な功業である。そこでさきに廷臣に命じて『西域図志』を纂修させ、あわせて欽天監の臣下に、各部の経度・緯度を測量し、「〔皇〕輿〔全〕図」に増入させた……と。『一統志』を査べると、直隷各省のほか、外藩・属国五七、朝貢国三一を載せ、すべて版図に隷するものは、記載しないことがない。我が皇上が西域を平定し、ジュンガル・回部の地を収め、特に将軍大臣（伊犂将軍・ウルムチ都統）に命じて分駐させたので、すべての制度・章程は、内地の省と異なるところがない。当該御史が上奏した、西域新疆をば、『一統志』に増入して、聖朝の〔中外〕一統・〔中外〕無外（一家）の盛んなさまを昭らかにすることは、当然に行うべきことなのである」(8)（乾隆二九年）という記載も見え、版図のさす内容にやや曖昧な部分を残すものの、(9) 乾隆帝は獲得した版図を『大清一統志』に文字として書き記し、「皇輿全図」に地図として描き出すことで可視化しようとしたのである。『大清一統志』は乾隆帝のときに二度、嘉慶帝のときに一度、編纂されているが、特に新疆・回部という広大な領域を獲得した後の乾隆二九年（一七六四）および嘉慶二五年（一八二〇）編纂の『大清一統志』には「皇輿全図」が附載され（図6-3）、版図が一望できるようになっていた。また図6-4は乾隆三二年（一七六七）に作製された「大清万年一統地理全図」で、乾隆中期の清朝の版図認識をうかがうことができる。(10)

こうして乾隆帝の十全武功とその結果として獲得された広大な「版図」は〝偉大な〟功業として絵画・文字などを駆使しつつ記憶化・可視化されていく。清末に魏源がその著書『聖武記』のなかで乾隆帝の治世を理想的な時代として振り返ったのは、かかる記憶化・可視化の成果であるともいえよう。では、十全武功による版図の拡大・維持と関羽信仰とはいかなる関係にあったのであろうか。次にこの問題について検討してみたい。

二　清朝の版図と関聖帝君

新疆における関帝廟の建立と関羽の霊異伝説

最初にジュンガル・回部平定を契機として「版図」に編入された新疆を事例として、関帝廟の設置状況を分析してみる（表6-2）。清末の新疆で編纂された郷土志には、関帝廟に関する記事が多数残されており、合計五七個もの関帝廟（ときには武廟・武聖宮などとも称するが、以下、関帝廟の語に統一する）が見える。しかしそれらはあくまで官憲側に掌握され、かつ関聖帝君を主神としたもののみであって、官憲側に掌握されていない私廟や従神として他廟に祀られる場合は含まれていない。したがって、さらに多くの関聖帝君を祀る祠廟が存在したであろうことは言を俟たない。

管見のかぎり、新疆の関帝廟で最も古いのは伊犂の関帝廟で、乾隆二八年（一七六三）の創建にかかる。乾隆三二年（一七六七）に伊犂将軍阿桂の命で神像が作られ、御製の「神佑新疆」の扁額が奉納された[11]。さらに西方のカシュガル（喀什噶爾）では、乾隆三五年（一七七〇）に関帝廟が建てられた[12]。そのほか、設置時期が判明する事例を掲げる紙幅はないが、ジュンガル・回部平定直後から都市部や軍隊の駐屯地を中心に関帝廟が設置されている。また関帝廟には官憲側が設置した官廟のほか、たとえば、鎮西直隷庁のように、漢人商人、特に山西商人が創建した私廟も少なからず存在した[13]。

なお清代においては満洲人が多数居住する都市の場合、漢人と満洲人の居住区は明確に区別され、前者は漢城、後者は満城と呼ばれていた。これら漢城・満城のあいだの関帝廟設置状況には特に差異が看取されず、たとえば、奇台県や塔城では、漢城・満城ともに関帝廟が設置されている[14]。関羽信仰は必ずしも漢人に限定されず、満洲人にも一定の信仰が存在するようになっていたこと、十分に考慮する必要があろう。

これらは新疆の事例であるが、満洲・モンゴル・チベットにも少なからぬ数の関帝廟が設置されていたことが指摘されている[15]。たとえば、満洲では漢民族が入植した地域に多く見られ、元代にはすでに熊岳城の南門に、清代には寧古塔・チチハル（斉斉哈爾）・墨爾根（現在の嫩江県）・黒龍江城（現在の愛琿県黒河鎮）などに関帝廟が設けられていた。モンゴルでは康熙二七年（一六八八）にすでにフフホト（帰化城）に関帝廟が確認できるほか、漢民族

表 6-2　新疆における関帝廟の設置

府・州・県	名　称（所在詳細／建置年／関連記事）	典　　拠
1　迪化県（烏魯木斉）	武廟	『迪化県郷土志』地理
2　阜康県（烏魯木斉）	武廟（光緒以前）	光緒『阜康県郷土志』地理
3　奇台県（古城）	関帝廟（古城内，光緒 2 年捐修）	光緒『奇台県郷土志』地理
	関帝廟（満城内，光緒 14 年捐修）	〃
	関帝廟（三個泉，光緒 4 年金大臣倡建）	〃
	関帝廟（大石頭，光緒 9 年蔡統領倡修）	〃
	関帝廟（色必口迤東，光緒以前）	〃
	武聖宮（吉布庫，逆回未乱以前所建）	〃
4　昌吉県（烏魯木斉）	武廟（南関外）「所有纏・回・漢商貿易悉聚城南関」	『昌吉県郷土志』輿地
	関帝廟（南関，道光 16 年建置）「同治初年被逆回拠為清真寺，光緒三年平定後，又経伊犁将軍順整修，改進万歳暨文武両聖牌位，迄今無款請正，杞事如故」	光緒『昌吉県郷土図志』地理，祠廟
	関帝廟（北郷下六工〔庄〕・下三庄・利十四庄，光緒以前）	〃
	関帝廟（北郷五十里許之二十四戸，光緒以前）	〃
	関帝廟（東北郷七十里許之五十戸，光緒以前）	〃
5　綏来県（烏魯木斉）	武聖宮（南城，光緒 6 年建修）	『綏来県郷土志』地理
6　鎮西直隷庁（巴里坤）	関聖帝君廟（東街，光緒以前）「大会館附于内，係八大商総聚議公所」　※有碑文	光緒『鎮西庁郷土志』廟宇
	山西会館（嘉慶間修建）「山陝甘粛之商人輻輳已極，除会館而外，各県之人又重集捐資，分立各県之会，以親桑梓」	〃
	関聖帝君廟（西街，光緒以前）「城守営弁兵所建」	〃
	関聖帝君廟（北関，光緒以前）「春秋二祀，係富寧安公所建。西階下置敦煌碑，後漸修闔光一邑之壮観」	〃
7　鄯善県（吐魯番）	武廟（東八柵後，光緒以前）	光緒『鄯善県郷土志』地理
8　哈密	関帝廟（新城内，光緒以前）	光緒『哈密直隷庁郷土志』祠廟古跡
	帝君廟「正殿三間，左右廊房各三間，対面有戯楼一座」	民国『哈密志』巻一五，輿地志，祠宇
9　庫爾喀喇烏蘇	武廟（本城北関市鎮，嘉慶 6 年建）	『庫爾喀喇烏蘇直隷庁郷土志』地理
	武廟（城北西湖庄，嘉慶 7 年建）	〃
	武廟（城東奎屯駅，光緒 6 年建）	〃
	武廟（固爾図）「光緒十六年定辺四旗馬隊査副将春華重建」	〃
10　伊犁	武廟（光緒以前）	光緒『伊犁府郷土志』人事類，祀典
	関帝廟（乾隆 28 年）「北向正殿三間，左右廊房各三間，大門三間，外石獅二。殿中初設画像。于丁亥〔乾隆 32 年〕仲夏，将軍内大臣阿桂始命満営佐領格〔琫額〕率工塑聖像，暨聖祠周忠公之像各一，春秋祭享。是年，御制神佑新疆匾額一，春秋志在威名遠」	格琫額『伊江匯覧』（乾隆 44 年）壇廟
	関帝殿（恵寧城，乾隆年間）「在城之北門内，凡大門三間，正殿五間……辛卯年〔乾隆 36 年〕建」	〃
	関帝廟（綏定城，乾隆年間）「建于北門内，正殿三間，後観音殿三間，両廊各二	〃

	間，皆塑像」 関帝廟（綏定城，乾隆年間） 「建于東門外，正殿三間，両廊各一間，亦係塑像而規小焉」 関帝廟（恵遠城西門大街）	〃 佚名『伊江集載』壇廟祠宇
11　綏定県（伊犁）	武廟（城内，光緒以前） 武廟（東関，光緒以前） 武廟（広仁城，光緒以前） 武廟（瞻徳城，光緒以前） 武廟（拱宸城，光緒以前）	光緒『綏定県郷土志』地理 〃 〃 〃 〃
12　寧遠県（伊犁）	武廟（東門外南岔子，光緒以前）「相伝係国初建置」	光緒『寧遠県郷土志』地理
13　精河（伊犁）	武廟（本城内北門，乾隆 48 年建） 武廟（城外東隅，乾隆 36 年建） 「正殿乾隆三十六年建，道光六年加修巻蓬，二十年増建戯楼，咸豊十年前任精河糧員慶玉奉旨献万世人極匾額一方」 武廟（南関大街路北，嘉慶 6 年建）	光緒『精河直隷庁郷土志』地理 〃 〃
14　塔城	関帝廟（満城） 関帝廟（漢城）「両城之間廛市相連，商賈輻輳」	『塔城直隷庁郷土志』地理 〃
15　塔爾巴哈台	関帝廟（乾隆 35 年） 「建於城北楼上。参賛大臣安泰奏請頒御書匾対。匾曰声霊綏祐」	嘉慶『塔爾巴哈台事宜』壇廟
16　温宿府（阿克蘇）	武廟（城内，光緒以前）	光緒『温宿府郷土志』祠廟
17　温宿県（阿克蘇）	武廟（光緒以前）	光緒『温宿県郷土志』政績録
18　拝城県（阿克蘇）	武廟（東街，光緒以前）	光緒『拝城県郷土志』政績録
19　焉耆府（喀喇沙爾）	関帝廟（参署右側，光緒以前）	光緒『焉耆府郷土志』政績録
20　庫車直隷州	関帝廟（州治南迤西，光緒以前）	光緒『庫車直隷州郷土志』政績録
21　烏什直隷庁（烏什）	関帝廟（東関外，光緒以前）	光緒『烏什直隷庁郷土志』地理
22　疏勒府（喀什）	武廟（西北隅，光緒以前）	光緒『疏勒府郷土志』地理
23　英吉沙爾庁（喀什）	関聖廟（城内，光緒以前）	光緒『英吉沙爾庁郷土志』地理
24　喀什噶爾（徠寧城）	関帝廟（乾隆 35 年） 「嗣于乾隆三十五年，経副都統福等復修四門・正楼・角楼・築垣・濬濠及教場之演武庁・接官庁，敬建万寿宮・関帝廟，添蓋倉庫・軍器庫・官兵住房。貿易商民，列肆駢居，竟同市井。於乾隆三十六年，具奏奉旨賜名徠寧城，……儼然為回疆之一都会矣」	乾隆『回疆志』城池
25　莎車府（葉爾羌）	武廟（城内，光緒以前）	光緒『莎車府郷土志』地理
26　巴楚州（葉爾羌）	武廟（署右，光緒以前）	光緒『巴楚州郷土志』道路
27　葉城県（葉爾羌）	武聖廟「又卑県向来〈武聖・文聖・文昌〉各廟過于狭小，……殊不足以昭誠敬而妥神霊。光緒二十七年，……修建大廟三棟，恭迎武聖・文聖・文昌神位祀之，招募廟夫伺奉香火，此間廟貌森厳，実始于此」	『葉城県郷土志』政績録
28　和闐直隷州	武廟（城内，光緒以前）	光緒『和闐直隷州郷土志』地理
29　洛浦県（和闐）	大廟「光緒三十一年署県事陶甄興修，……先師・文昌・関帝，均于正庁設立牌位」	光緒『洛浦県郷土志』地理
30　于闐県（和闐）	武廟	『于闐県郷土志』地理

出所）『迪化県郷土志』などをもとに筆者作成。

の移墾が本格化した乾隆年間以降にはホリンゴル（和林格爾庁）・ウランバートル（庫倫）・キャフタ（恰克図）・ジャサク（札薩克）などにも設けられ、徐珂『清稗類鈔』第八冊には「モンゴル人は〔チベット仏教の〕喇嘛を信仰するほか、最も尊奉するのは関羽のみである」という記載すら見られるようになった。チベットでは前章で検討したシカツェ（日喀則）に加えて、ラサ（拉薩）・磨盤山（後述）・リタン（裡塘）・ダルツェンド（打箭爐）にも関帝廟が建設され、チベット仏教寺院（喇嘛寺）のなかにも「関聖帝君像」を供奉する場合が見られたという。このように関帝廟は官廟・私廟を問わず、「版図」内部を埋めるように、少なくとも軍隊の駐屯地や官員所在の都市を中心に多数設置されていったのである。特に官廟の場合は漢民族の進出のみならず、満洲王朝＝清朝支配との関わりも想定して、検討を進めていく必要があろう。

続いて関帝廟に残された石刻碑文を分析し、関帝廟の設置の意味、「版図」編入と関帝廟との関係を考察することにしたい。

まずやはり新疆の事例から検討してみる。すでに第一章で指摘したように、乾隆三三年（一七六八）、乾隆帝は関羽に「霊佑」という封号を賜与したが、先行研究ではその理由が判明していなかった[16]。しかし京師（北京）の関帝廟の石刻碑文などから「我が王朝は久しく〔関聖帝君の〕霊威を仰いでおり、近頃、〔ジュンガル・回部平定の〕西征の際には、また昭らかに霊佑を蒙ったので、特に加封して忠義・神武・霊佑〔関聖大帝〕とした[17]」と見えるとおり、ジュンガル・回部平定における「霊佑」に謝恩したものであったこと、今後も変わらない関羽の「霊佑」を期待して封号が選択されたことが判明する[18]。

さて、新疆所在の関帝廟については、乾隆帝の父・雍正帝のときのものであるが、ハミ（哈密）の関帝廟碑文（満洲人官僚赫格《ホーゲ》撰）に次のような記載が残されている。

丁未（雍正五年、一七二七）の冬にいたって、檄文を奉じてここに来て、彝人の情をいたわり治めて以来、日ごとに回彝（イスラーム教徒）は忠順を表し、商賈（商人）が輻輳して、戦火は永く靖んじ、兵馬は安穏として、熙皞《きこう》（和楽）の風があって、華夏と殊とするところがない。天子の文徳・武功が異域に広く行きわたっているのを仰ぎ見ることができるが、冥冥中ではなお〔関聖〕帝君の黙佑によるのみである。……大清雍正七年（一七二九）歳次己酉仲秋、赫格等公立つ。(19)

また、ウルムチ（烏魯木斉）・鞏寧城の関帝廟東亭碑文（満洲人官僚索諾木策凌撰）では乾隆帝の治世について以下のように述べられている。

皇帝（乾隆帝）が即位・在位されること三七年、ウルムチはかつてジュンガルの遊牧の地であったが、いまでは「版図」に帰して一〇年あまりがたち、民は増えて財は豊かとなり教え養って、内地と異なるところがない。……伏しておもうに、皇上の神のごとき武徳は威勢が海内・海外に加わり、ジュンガル平定の一事においては、〔新たな〕土地二万〔里あまり〕を拓いた。バリクン（巴里坤）とは古の蒲類〔国〕・大小高昌国、ウルムチ（烏魯木斉）とはあるいは漢代の輪台〔国〕・車師前後王〔国〕であって、漢・唐以来、郡県を列置しているが、今日のような盛んなさまはいまだかつてなかった。ただ我が皇上のみは聖でありながら自ら聖ではないとし、新たに疆土を闢《ひら》いたことはすべて功績を神に帰し、霊佑を祈り、安寧を保とうとされている。そこで鞏寧城に関帝廟を勅建せんとし、索諾木策凌に文武官弁を督率して、その工程を司らせたのである。……神（関聖帝君）の霊佑顕応については国史に記されている。(20)

これら二つの史料でも新疆の「版図」編入が雍正・乾隆両皇帝の文徳・武功および関聖帝君の霊佑と密接に結びつけて語られている。いずれも満洲人官僚の手になるものであるが、西域の「版図」への編入とその安定した統治が関聖帝君の黙佑によるものであることをはっきりと強調している。満洲人官僚も関聖帝君の霊異伝説を創出する主体となっていたのである。

さらに同じくウルムチ（烏魯木斉）・迪化城の関帝廟碑文には、次のように清朝による支配・統治と関羽との関係が明確に語られている。

> 誠宏なること測りがたい大功にいたっては、ただ我が関聖帝君のみ、魂は天下〔六合〕にあまねく、道は九垓〔天地のはて〕にあきらかで、山陬〔山隅〕・海澨〔海の畔〕では、すべて御霊を仰ぎ、人跡未踏の地〔絶域〕までをも覆った。そして烏魯木斉は、西の陲にあって、夷人に服していたが、聖天子の武功大定に恭逢し、〔関聖〕帝君の神応極まるなきを仰ぎ見た。そこで〔迪化城の〕建城のはじめ、ただちに〔関帝〕廟を設けて祭祀した。そして安撫した後、神の黙佑を得た。考えてみれば、新疆がはじめて「版図」に隷して、諸制度はほとんど〔内地の〕手本と同じにしたところ、ときは和して毎年稔り、一〇年のあいだにしきりに豊作を見、禍はやみ民はやすらかで、〔新疆の土地〕二万里はみな楽利を歌っている。昔日の氷雪に閉ざされた苦しみは、いますでに寒暑が時候に応じ、昔日の毛氈《もうせん》で作った天幕は、いますでに村落へと姿を変えた。これはみな盛朝の徳化の恵み施したところであり、すなわち〔関聖〕帝君の崇高さが護持したところなのである[21]。

「版図」編入後、新疆の統治がきわめて安定し内地と異ならないことが強調され、それが皇帝の徳化と関聖帝君の護持に帰せられている。ハミ（哈密）・鞏寧城の事例と同様、こうした碑文の多くは満洲人官僚が記したものであり、彼らによって新疆の「版図」編入とその後の維持・安定が天子（皇帝）の徳（文徳・武功）に帰せられるとともに、関聖帝君の霊佑・護持が強調されている点は非常に興味深い。関帝廟の碑文であるため、こうした記載はある意味で当然であろうが、少なくとも天子（皇帝）の文徳・武功と関聖帝君の黙佑とが並び褒め称えられており、また関聖帝君の霊佑が「版図」全体を覆っているとの認識をうかがい知ることができるのである。

この迪化城の山西会館の関帝廟碑文には「迪化〔城〕の物産が豊富で人口が多いこと、西域で第一である。ゆえに四方の商賈は雲集し、群がりいたる者は日々ますます多くなった。ほとんどが山右（山西）の客〔商〕であり最も多い。乾隆四四年（一七七九）には、〔山西〕会館を旧城西門外に創建し、「護国佑民」[22]を祈って関聖〔帝君〕を奉祀した」という記載も確認でき、山西商人の新疆進出、山西会館の創建と関羽信仰の移動との密接な関係をうかがうことができる。

また関帝廟東亭碑文に見えるバリクン（巴里坤）においても、同治三～五年（一八六四～六六）の回民（ウイグル系イスラーム教徒）の反乱[23]の際に以下のような興味深い記述が見られる。

上奏して、神霊が顕応したので実情によって天恩を懇願し、匾額・封号を賞賜され、加護に答えていただくよう、摺文をしたため皇帝の御判断を仰ぎます。拠《う》けとった甘粛鎮迪道福裕の詳文には、拠けとった署鎮西撫民同知陳晋蕃によれば、拠けとった地方紳士、前任の巴里坤鎮標中営游撃陳升恆・補用游撃李鳳鳴・升用直隷州知州袁永豊、並びに耆民人ら連名の呈文には「巴里坤城の北門外には、関聖帝君廟があって、唐代に建てられた。雍正年間、城を建てて官を設け、武聖廟と改めて、神霊は最も顕著であった。また南関には蒲類海龍神祠、および楊泗将軍祠、さらに城隍廟がある。戸民が何かあって祈禱すると、霊応を著した。同治三～五年（一八六四～六六）、回氛（回教徒の反乱）が甚だ熾《さか》んで、わずかの粟と多くの銭〔が奪われ〕、烏垣・奇古・吐哈の各城は、相い継いで陥落した。食糧は尽きて救援は絶え、城関では民人が相い食み、四郷の村堡は、焚き払われて空となった。逆回の族党がこの孤立した城を屠ろうとし、敵味方双方が対峙しているとき、在城の官紳兵民らは、ついに関帝諸神の廟に赴いて祈禱し黙佑を求めた。その後、飢疲した官兵・団丁を率いて陴（ひめがき）に登って防守し、賊が向かうところにしたがって必死に防御すると、しばしば危機に瀕したものの、賊はみな敗退した。夜間に巡邏した将士はときに神異を目撃した。ある者は兵馬が馳せ参ずる音を聞き、ある者は鎧・刀を身につけたものが、城のうえに挺立しているのを見た。〔同治〕四年（一八六五）六月初九日、賊は東北の城隅から雲梯を架け、あたかも猿が木に登るがごとく上がってきた。前隊はすでに登城したものの、突如神将が防御するのに遇い、賊衆は驚きさわいだ。我が軍の決死の兵士が、ついにさきを争って轟撃したので、賊卒は退却した。鎮城もまたこれによって安寧を得ることができた。これが武聖など各廟の神霊護佑でなければ、どうして人力でこのようなことができようか[24]。

バリクン（巴里坤）城北門外にある関聖帝君廟（武聖廟）は、真偽のほどは定かでないが、唐代に建立されたらしい。清代雍正年間にいたって官廟＝武聖廟と称するようになった。同治年間の回民の反乱の際には、関聖帝君の霊異が目撃されているが、このとき蒲類海龍神・楊泗将軍・城隍神などの他の神々も顕聖しており、すでに第二章で検討したとおり、太平天国の乱以降には単一の神でなく、複数の神々が同時に顕聖するという特色をここにも再確認することができよう。

モンゴル・チベットと関羽の顕聖

次にモンゴルの事例を考えてみたい。先行研究でも指摘されているように、モンゴルは宗教的側面から見た場合、チベット仏教の影響が甚だ強かった。[25] 以下では、主に岡洋樹の研究に依拠しつつ、[26] モンゴルへのチベット仏教を媒介とした関羽信仰の流入を分析してみることにしよう。仏教寺院の伽藍神としての関羽については、第一章ですでに紹介したように、夙に井上以智為によって明らかにされてきており、[27] 唐代にはすでに伽藍神としての地位が確立されていた。

一方、チベット仏教にも伽藍神が存在し、ベグゼ・ジャムスラン（beg tse chen lcam sring 図6-5）という。乾隆年間のチベット仏教の活仏パンチェン＝ラマ六世ロサンペンデンイェシェー（panchen bla ma blo bzang dpal ldan ye shes 一七三八〜八〇年）は、異教徒との最終戦争をへて現前する理想国シャンバラの王たるべき者として、チベット仏教教団内における優勢な地位を確保すべく、乾隆帝と結びつこうとし、関羽とベグゼ・ジャムスランとを習合させた。同時期の活仏チャンキャ・ホトクト二世ロルペードルジェ（lcang skya rol pa’i rdo rje 一七一七〜八六年）も蔵蒙満三体合璧『関老爺祭祀経』を作り、仏教の守護神としての関羽を強く打ち出した。また活仏トカン三世チョエキニマ（Chos kyi nyi ma 一七三七〜一八〇一年）も『関老爺祈禱文』を著している。このように乾隆年間のモンゴルでは、活仏を中心としてチベット仏教に関羽を取り込む動きが見られ、とりわけベグゼ・ジャムスランとの習合が図られたようである。

そしてすでに第五章で述べたように、清朝は関羽と、チベット・モンゴルの英雄叙事詩の主人公＝ゲセル（T. ge-sar, Mo. geser）とを融合させる政策をとり、それが民間信仰へと流入していたから、ここに関羽、ベグゼ・ジャムスラン、ゲセルの三位一体化を想定することも可能ではないかと思われる。

続いてチベットの事例を検討してみよう。グルカ戦争後、タシルンポ（札什城）の関帝廟に立てられた石刻碑文（満洲人・駐蔵大臣和琳撰）には、以下のごとく記されている。

図 6-5　ベグゼ・ジャムスラン（beg tse chen lcam sring）

出所）Bogdo Khan Palace Museum, Ulaanbaatar, Mongolia.（Patricia Berger, *Terese Tse Bartholomew : Mongolia. The Legacy of Chinggis Khan*. London, 1995. p. 247）

恭しくおもうに、我が王朝には「区夏」がある。東は朝鮮にいたり、西は大漠に窮し、南は交趾に極まり、北は庫倫にいたる。海外の西洋諸国におよびては、貢賦を輸さないものはなく、正朔（暦）を奉じ、［その］領域の広大さは、かつてないほどである。すべて王師（皇帝の軍隊）の向かうところ、心から帰順しないものがないのは、まことに関聖帝君の黙佑といえよう。……聖祖仁皇帝（康熙帝）のときには、版図に編入し、兵をタシルンポ（札什城）に駐屯させ、〔関聖〕帝君廟を建てたところ、霊応は常ならず、僧俗は敬礼しない者がなかった。……〔グルカ戦争では〕進軍から凱旋にいたるまで、およそ三ヶ月ほど、もとより聖主（乾隆帝）は謀が行きわたらないところはなく、いかにすべきか指示を出し、大将軍（福康安）は帷幄に謀をめぐらし、堅固でも破らざることなかったが、〔これらすべては〕行き着くところ、〔関聖〕帝君の威霊・加護によるものなのである。……おもうに、王朝の声教（教化）のとどくところ、神威がおよばないことはなく、気力が広大で、天地のあいだに満ち、盛世を輔弼するにあらざれば、どうしてよく中外をあまねく治め、霊威がつねと異なり、彰らかなことかくのごときことがあろうか。(28)

この碑文では、最初に「区夏」（四至を記すことから、漠然と天下をさすのではなく、本書でいう「版図」と同義と考えられる）を示し、その広大さを誇り、軍事遠征（軍事行動）における関聖帝君の默佑を強調している。ついでタシ

図 6-6　チベットにおける「護仏伏魔」の神・関聖帝君（ゲセル・ハーンやベグゼ・ジャムスランの図像と共通する点が多い）

出所）朱正明『関帝文化』64 頁。

図 6-7　雍和宮（チベット仏教寺院）の関聖帝君

出所）『顕密金剛網』。

ルンポの関帝廟が、康熙帝のときにチベットが「版図」に編入されたのを契機として設置されたこと、その後しばしば霊応があり、漢人・チベット人の僧侶・一般民衆が崇拝していたことを述べる。そして最後に乾隆帝のときのグルカ戦争における勝利が関聖帝君の威霊・加護によること、王朝の教化のおよぶところ、関聖帝君の神威がおよばぬことはなく、「中外」（漢地・満洲＝中華と、チベット＝外（藩部）をさすのであろう）を安定して統治できるのは天子（皇帝）を関聖帝君が加護しているからにほかならないことを語っている。こうした内容をもつ碑文が班禅喇嘛（パンチェン＝ラマ）の居住地であるタシルンポに立てられたこと――当然に前提として該地に緑営兵が駐屯し、関帝廟が設置された事実を軽視してはならない――は十分に注意を払う必要があろう。

次に大将軍福康安（満洲人）が撰した碑文を検討したい。この碑文がある関帝廟は、タシルンポの廟が窄小なため、磨盤山の山頂に新建されたものであった。

〔乾隆〕五七年（一七九二）の夏、宗喀・済嚨《ジルン》〔呼図克図《ホトクト》〕が軍隊を整えてにわかに前進した。これ以前に軍隊を前蔵に駐屯させ、兵士を徴して軍糧を籌り、タシルンポの関帝廟に謁したが、その正庁が低く狭いので、拝礼して神をしのび、災患を防ぐよう祈ることができなかった。〔関聖帝君が〕我が朝を佑けるのは、しばしばその霊験を著すからである。そこで磨盤山を選んで、工人を集めて材料をそろえ、所司に命じて工事を監督させた。〔関帝廟に〕黙禱して出発したところ、頻りに賊境に臨むに、七たび戦ってすべて捷《か》ち、カトマンズ（陽布）から距てること数十里〔にいたると〕、グルカの酋長は軍の威勢に震え上がり、二度も降伏を乞うた。皇帝は心からの帰順に鑑みて、上帝の好生の徳を表し、朝貢することを准した。〔そして〕詔して軍隊をもどし、あわせて『御製十全記』を臣下に頒示した。予はこれをおもい軍隊をみて、進軍以来、山谷は峻険で、瘴気を含んだ霧や毒淫の気がありながら、ついに険阻の地をあたかも平地を行くかのように進み、三ヶ月もたたずして功績を収められたのは、当然に神祐があったからにほかならないと考えた。凱旋の日、廟がちょうど落成し、諸公と殿廡を仰ぎ見て、歩き回り祭祀を執り行い、大功が速かに竣えられたのは、神の力であると深く感じ、今後前蔵・後蔵が永えに虞いなきことを喜んだ。(29)

ここでも福康安はグルカ戦争における関聖帝君の霊佑に感謝し、神の霊威に感激するとともに、チベットが関聖帝君の加護下にあるという認識を吐露している。

以上のように、チベットが康熙帝のときに「版図」に組み込まれると、少なくともタシルンポには軍隊＝緑営兵が駐留するようになり、ただちに関帝廟が建設されたのであった。こうした文脈からすれば、関帝廟の設置は一種の清朝支配の刻印としての意味を有していたと考えてよいのかもしれない。そして乾隆帝のときのグルカ戦争でも、関聖帝君の霊佑が目撃され、無事チベットを確保すると、磨盤山に新たな関帝廟を設け、その「中外」における加護を創出・宣伝した。つまり「版図」の一部に編入されたチベットは、関聖帝君の加護のもとにある、換言すれば関聖帝君の霊威によって覆われている、という意識を明確に看取することができるのである。

台湾・両金川と関羽の顕聖

最後に、台湾と両金川の事例を簡単に検討しておきたい。まず台湾については、台湾知府楊廷理および右にも登場した満洲人の福康安が、十全武功の一部に加えられる林爽文の乱、なかでも台湾府城をめぐる攻防戦、台湾海峡をめぐる軍隊の渡海において関聖帝君の加護があったことを述べている。楊廷理「重修郡西関帝廟碑記」については、すでに第五章で検討したから、ここでは『乾隆上諭檔』第一四冊に見える、福康安に関わる記事を分析しておこう。

大学士伯和〔琳〕の字寄によれば、閩浙総督李〔侍堯〕・福建巡撫徐〔嗣曽〕が、乾隆五三年（一七八八）七月一九日に奉《う》けとった上諭には「我が朝が定鼎して以来、関帝（関聖帝君）はしばしば霊応を顕し、すでに封号を次々と進めて、尊崇を極めている。福康安の上奏によれば、台湾の賊匪（林爽文）が事を起こして以降、府城の東門・楼上に、関帝が霊佑を顕した。その後、大軍がひとたびいたれば、ただちに戦功を得ることができ、安心して渡海できたとある。〔そこで〕李侍堯・徐嗣曽らに諭して、府城を改建する際に、そこの旧建の廟宇に重修を加えたが、〔関聖帝君の〕聖像は改めて作らせることはなかった。ただし殿宇の規模については全体を一新させて壮観なものとし、あつく加護に報いた。さらに朕が親書した扁額を送るのをまち、敬んで懸けさせ、神の采配に答えた(30)」とありました。

また乾隆帝は新疆平定の際に関聖帝君の霊応があったことに言及しながら、以下のように語っている。

軍機大臣らに上諭した。さきごろ撹《う》けとった常青（満洲人）の奏文には、官兵が賊を掃討しようと、台湾府城を出て、関第庁に安営したと書いてあった。朕がおもうに、ここには必ずや関聖廟があるのだろう、常青らは帝の字を書くのを忌避し、第の字に改めたのだ。もし関聖廟があれば、帝の字を書くべきである。さきに西路（新疆）で兵を用いたとき、兆恵（満洲人）が卡（墩台）に営を構えて防御に苦しんだ際に、我が官兵は関帝の顕霊護佑を蒙った。我が朝が開基したはじめのころも、またしばしば霊応を顕したから、我が満洲で〔関聖帝君を〕敬奉しないものはない。常青らはみな満洲人なのであるから、ただちに〔関帝廟に〕赴いて焼香し虔んで祀り、黙佑を祈るべきである(31)。

ここで興味深いのは、乾隆帝が、我が満洲王朝は国初より関聖帝君の霊応を受けてきたから、満洲人たる常青は関帝廟に赴いて祭祀を執り行って黙佑を祈るべきである、と述べている点である。乾隆帝は、満洲人であるならば、関帝廟に赴いて祈禱すべきであると考え、関羽信仰を積極的に勧めている。少なくとも乾隆帝個人にとっては、遠くは国初から、近きは新疆平定戦における霊佑まで、関聖帝君は満洲王朝を護持する神として明確に認識されていたといいうる。

また台湾の場合、次のような興味深い事例も確認できる。

〔関帝廟は新竹〕県の南二八里（約一六・八キロメートル）の内湾荘にある。屋一間、関聖〔帝君〕を祀っている。乾隆年間、同知の王右弼が建てた〈淡水同知王右弼、乾隆三九年（一七七四）に着任、四三年（一七七八）に転出した。伝えるところによれば、王右弼が内湾一帯地方を開墾するとき、生番がしばしば〔番界を〕出て来て、ほしいままに騒擾した。右弼が竹塹城内の関帝廟に祈ると、しばしば〔関聖帝君が〕霊異を顕した。そこでその地に〔関帝〕廟を建てて祀ることにした〉。[32]

乾隆年間、淡水庁で生番（文化的にも漢化されず、政治的にも清朝の統治を受けていない原住民をさす）が番界[33]から出てきて騒擾を起こした際、淡水同知王右弼が関帝廟で祈禱すると霊験があったというのである。[34]このような漢民族と非漢民族との接触をめぐる関聖帝君の顕聖は、すでに第一章で論じたように、明代の倭寇や雲南の少数民族に関する史料中にも確認され、漢民族が「見知らぬ者」に出会したり、「馴染みのない空間」に侵入したりした場合、関聖帝君が霊佑を顕している。こうした点は関聖帝君の霊異伝説の性格の一つの特色であり、「版図」の拡大過程における霊異伝説の創出とも通底する部分があるように思われる。いずれも「よくわからない」者や世界に接触したときに加護してくれる、そうした意味を含んでいると考えられるからである。

両金川平定をめぐっては顧汝修なる人物の以下のような記述が残されている。

昔、余がベトナムに使節として出向いた際、富良江の畔に石坊を見た。金色の文字で「千古偉人」と大書されていた。余は心に訝しく思ったが、祭祀されているのが何の神かわからなかった。しかしきわめて荘厳で、中夏のものと大差なかった。そこでこれを問うたところ、〔関聖〕帝君廟であるとの答えが返ってきた。その赫濯たること域外においてもまたこのようなのである。……越嶲の武廟は前明嘉靖年間に創建され、国初にいたって重修され、いまにいたるまで一〇〇余年が経過している。廊廡はおおむね傾圮し、神明を祀って祀典を隆んにするに足らぬあり様である。……本営守備の許世亨は、金川の役（大小両金川の平定）で奮闘して殊勲をあげ、恩旨を欽奉して、親巴図魯の名号を賜り、孔雀の花翎を賞戴して、参将にまで抜擢された。〔このとき〕ついに慨然として提倡し、同時に功を立てた兵弁や、守備・千総に抜擢された者たちと、あわせて三百余金を寄付し〔関聖帝君廟を修築し〕た。(35)

これは四川省南部・越嶲庁の関帝廟の碑文であるが、この地の緑営兵が両金川平定に投入されたことと関係があるらしい。顧汝修は、さきにベトナムに赴いた際、偶目した関帝廟が中夏にも劣らぬほど荘厳な造りであったことに感嘆をもらした後、越嶲庁の関帝廟が、両金川平定戦で殊勲を挙げて昇進した許世亨、守備・千総に抜擢された諸武官たちによって修築されたことを語っている。両金川平定において関聖帝君の加護があったか否かは確認できていないが、これまでの事例から類推して、当該平定戦における関聖帝君の霊佑への謝恩として関帝廟が修築された可能性も少なくないと考えられる。

清朝の「版図」と関羽の霊異伝説

これまで検討を加えてきた、ジュンガル・回部・チベット・台湾・両金川の平定、すなわち乾隆帝による十全武功と関聖帝君との関わりについて、もう一度簡単に整理すれば、ほぼ以下のようになろう。

第一に、これらの大軍事遠征（軍事行動）＝十全武功は、清朝皇帝の文徳・武功はもちろん、それを加護する関聖帝君の霊佑によって勝利を得ることができたと認識されている。

第二に、「中外一統」の「版図」編入後、当該地域には関帝廟がただちに建設されており、「版図」編入の刻印としての意味を推定することが可能であるかもしれない。

第三に、新疆・チベット・台湾の事例にも見えるとおり、十全武功の後もときに応じて関聖帝君は顕聖し、秩序の再形成、「版図」の保全・維持に霊佑を顕した。また「版図」編入後、当該地域が無事安定した発展を遂げているのは、関聖帝君の黙佑によるものと認識されていた。つまり関聖帝君の霊威・霊力は空間的には中華を越えて、清朝の版図全体を覆っていると考えられていたのである。

第四に、関聖帝君の霊威を認識・共有できたのは、史料から見るかぎり、満洲人（特に皇帝・文武官僚を中心とする）と漢人であった。とりわけ満洲人（皇帝・文武官僚）による碑文が多数見受けられる。はたしてこれは何を意味するか。漢人にとって関羽はきわめて身近な神であった。それに対して満洲人にとってはやはり〝外来の神〟であり、特に皇帝・文武官僚にすれば、関羽といえば戦神、すなわち「護国」の神であった。ゆえに清朝の支配層に受容された関羽においてはことさらかかる側面が強かったと考えられる。一方、チベット仏教を奉ずるチベット人やモンゴル人、あるいはイスラーム教徒（回教徒）については、一部の人びとを除いて、共有できなかったと推定される。特にイスラーム教徒にとって、関帝廟は満洲人・漢人の支配の象徴と見なされていた可能性がある（後述）。すなわち関聖帝君の霊威・霊力は空間的にこそ中華を越えたものの、人的には必ずしも中華の壁を乗り越えていなかったといえる。

第五に、清朝の「版図」と関帝廟との関わりを考えると、関帝廟は自覚的か否かはともかく、結果から見れば、「版図」編入の象徴としての意味を有しているように見える。漢地はもちろん、軍事遠征（軍事行動）の過程で関聖帝君は軍隊とともに「版図」の最前線へと運ばれ、新獲の「版図」に祀られることで、そこが認識可能な「わかる」世界へと転換されていく、そうした役割を果たしていたと考えられる。

第六に、関聖帝君の加護する世界、関聖帝君の霊佑によって認識可能となった世界は、ほぼ「版図」全体を覆うように広がっていた。そこでは関聖帝君の霊威・霊力が共有されている、あるいはされるべきであり、その点で少なくとも満洲人・漢人にとって関聖帝君に護持された〝われわれ〟の領域・空間であった。つまり関聖帝君の霊威を共有する〝われわれ〟意識は、王朝の宣伝によって「版図」にほぼ重なるかたちで広がっていったと考えられる。ただしときには「版図」を越え、ベトナムなどにも波及していった。こうした意識は軍事遠征（軍事行動）と「版図」の拡大・維持のなかで、繰り返し刷り込まれていくが、とりわけ乾隆帝の十全武功では関帝廟が「中外一統」を象徴するものとして設置されていったと思われる。

以上は、あくまで満洲人・漢人側の史料から導出された結論である。したがって、このような事態がイスラーム教徒やチベット人にどのように受けとめられて認識されたかは留保しなければならないし、別に検討すべき課題である。本書における分析の限界をあえて強調し、今後、他の地域からの研究成果と整合的に捉え直す必要があることを提起しておきたい。

三　清朝皇帝の権威と関聖帝君

清朝皇帝の王権と関羽の顕聖

本章の最後に、清朝の王権（君権）の問題について先行研究を整理したうえで、これまでの議論と関連づけてみたい。本書の冒頭（序章）に掲げた先行研究によれば、清朝皇帝の王権の権威は以下のように調達されていた。

①夏季を熱河の避暑山荘（離宮）で過ごしたり、木蘭囲場でモンゴル諸王公を率いて狩猟を行ったりするなど、満洲族のハーンとして振る舞った。また満洲族固有の祭天儀礼と中華皇帝のそれとを融合させることで、清朝独特の儀礼を執り行った。

②儒教的最高典礼である、天壇における祭天儀礼を行い、中華世界の支配者＝中華皇帝（天子）であることを標榜した。しかし一七世紀前半の明清交替は、夷狄であった満洲族が明朝を滅ぼして中国を支配した、すなわち東アジア世界の中華＝文明の根源が失われたと受けとめられた。中国の王朝交替を正当化する天命思想によれば、暗黙裏に天命は中華（漢人）に下るものと考えられていたから、清朝の場合、天壇で祭天儀礼を執り行えば、ただちに権威が付与されるわけではなかったと思われる。それゆえに夷狄観などの敵視に対しては厳格な思想統制を行ったり、雍正帝のときには『大義覚迷録』を著したりするなどして華夷概念を抽象化し、自らの支配の正当化を主張しなければならなかった。

③ダライ＝ラマを頂点とするチベット仏教共同体の勃興という事態を目前にして、清朝はその仏教権威の完全な擁護者に徹することで、自らの権威を発揚しようとした。具体的には自らを転輪聖王と称することで（ダライ

＝ラマがそう呼び、本人も自覚する）、チベット仏教世界を護持する存在として自らを位置づけた。すなわち清朝皇帝は①満洲族のハーン②中華世界の皇帝（天子）③チベット仏教共同体の擁護者＝転輪聖王を自認することで、被支配者に対する権威を調達していたといってよい。換言すれば、清朝皇帝は支配対象ごとに異なる方法によって巧みに権威を調達していたのである。

では、本章における検討は、このような清朝の権威調達の態様に何を加えることができたのであろうか。十全武功による「版図」の拡大・維持の過程で、乾隆帝や文武官僚たちがなぜ関聖帝君の霊異伝説を繰り返し創出・宣伝したのか。そしてなぜ関帝廟を建設し、霊異伝説を刻んだ石刻碑文を立てさせたのか。こうした施策・行為は上述の皇帝の権威と何らかの関わりがあるのだろうか。これらの諸問題を考える必要があろう。

まず満洲人官僚の勒保が撰した碑文を補いながら考えてみたい。

千百年来、〔関羽の〕神聖がもたらすこと、あまねく覆いつつむこと、天下の内外、霊蔭を蒙らないものはない。我が朝が最も庇護を蒙ったことは、さきの回部・台湾・グルカ（廓爾喀）・苗疆などが靖んぜぬおり、みな霊威が顕著で、ただちに大功を挙げられたとおりである。そこで重ねて封号を晋《すす》めている。……伏して願はくは神明が天上から見守り、霊威をもって三軍を助け、ひとしく未浄の妖氛を消し去り、永へに無疆の時運を衛られんことを。(36)

ここでは関聖帝君が歴代王朝を加護してきたこと、特に清朝を庇護したことは十全武功に典型的に表現されていることが語られ、さらに霊威によって我が軍を加護し、「妖氛（不祥の運気）」を消去することが期待されている。ここに明示されているように、関聖帝君には歴代王朝、換言すれば中華の正統王朝を加護し、中華皇帝を輔弼する役割が与えられており、中華皇帝＝関羽というような図式では決してない。かかる点でハーン、中華皇帝、転輪聖王とは性格が異なる。また「霊威をもって三軍を助け、ひとしく未浄の妖氛を消し去」るという文言のように、民間信仰の「破邪」に類似する表現も見られるから、関聖帝君という神は生前の義行――小説『三国志演義』の影響が強い――に制限されて、これぞといった名君ないしは主人に出会えば、自らの命をも省みず忠義を尽くす、王朝との関わりでいえば、中華の正統王朝としての権威を認めたもの、あるいは中華皇帝としての王権（君権）を認めたものを霊佑によって加護する、すなわち清朝の中華皇帝としての権威を承認する役割を果たしたと考えられる。

上述のごとく、清朝の中華皇帝としての権威はきわめて脆弱で、支配体制に何らかの揺らぎが発生すれば、漢民族の一般民衆から権威を調達することは難しかった。その状態に乾隆年間にいたっても大きな変化がなかったことは、すでに検討を加えた、乾隆三九年（一七七四）の山東省清水教王倫の乱にもうかがうことができる。この乱では当初、緑営兵が鎮圧に向かったが失敗し、ついで八旗兵が北京から南下していく。その際、乾隆帝は次のように語っている[37]。

〔乾隆帝は〕また次のように上諭を下した。このたび〔北京に駐留する〕健鋭・火器二営の満〔洲〕兵を選んで派遣し、拉旺多爾済と阿思哈に〔その兵を〕率いて山東へと向かわせた。また大学士赫徳が滄州・徳州等の兵を率いて全軍を指麾したので、その威勢は甚大となった。こうした状況からすれば烏合の衆は、当然にただちに殲滅されて生擒《とりこ》となるはずであった。しかし、おそらく賊匪（清水教の反乱軍）は〔八旗兵の南下を〕知って怖れおののき、あらかじめ狡猾な計略をめぐらせ、〔次のような〕流言飛語を広めて、民衆を惑わそうとした。京城（北京）〔の清朝皇帝〕が特に満洲（八旗）兵を山東に派遣したのは、必ずや山東の民を憎んでいるのであり、いま盗賊が騒擾を起こしているからには、みな生かしておくべきではないと考えたからであり、ゆえに緑旗兵（緑営兵）を用いず、満洲兵をわざわざ派遣したのであって、通過する都市・農村をすべて焼き払い、必ずや善悪を問わず、皆殺しにするであろう、と。

このような流言が奏功したことそれ自体が、漢民族の一般民衆が清朝ないしは満洲人皇帝の権威を十分には認めておらず、いったん反乱＝揺らぎが発生すれば、簡単に秩序が崩れ権威を調達しえなくなるという「もろさ」を露呈したことを示している。

また大軍事遠征（軍事行動）による「版図」拡大には、軍隊に対する権威調達が必要不可欠である。「版図」編入後、たとえ儒教ないしはチベット仏教に基づく徳治を前面に押し出そうとも、実際にはその一方で軍事的強制力を伴った支配を行わざるをえない。そうしたとき、軍隊をいかに清朝皇帝のために奉仕させるか、とりわけ軍隊の圧倒的多数を占める緑営兵に対して、安定した権威を調達する方法とは何か、それが重要な関心事となる。そして辿り着いた解決策こそが関聖帝君による清朝の護持という信仰心の利用だったといえるのではないか。近代国民国家に看取されるような、国民の存在を前提とした愛国心の発揚とは、その手法を大いに異としており、武官・兵士の信仰心に訴える方法が採用されたと考えられる。

熱河（承徳）の関帝廟

続いて、乾隆四四年（一七七九）に熱河（承徳）の関帝廟を勅修した際に立てられた碑文を検討してみよう[38]。

〔乾隆四四年（一七七九）五月〕この月、また協辦大学士尚書英廉・侍郎和珅に詔して、麗正門右の関帝廟を重修して黄色の瓦に交換させたので、殿宇は崇高となり、制度は大いに備わった。……我が王朝は文を揆《はか》り武を奮い、前代をはるかに越えた。聖祖（康熙帝）がはじめて山荘を啓いて、都邑となしてより、皇帝に謁見する者が輻輳し、万国が会同するようになった。我が皇上（乾隆帝）は神に謁して偉業をなさんとし、四五年のあいだに、疆宇（版図）二万余里を開闢した。モンゴル（蒙古）諸王公・ハルハ（喀爾喀）からオイラト（四衛拉特）・回部・諸藩等におよぶまで、心引かれぬ者はなく、命運を託そうと奔走し、俯伏して皇帝に供品して謁見した。……関帝廟は天下にあまねく祀られ、各直省・府・州・県では祠廟を建てて神像を設け、守土の官吏は歳時に拝謁し、典礼も文廟のようである。いわんや承徳は京師を距てること数百里、日月が照臨するところであり、中外が仰ぐところである。〔関帝〕廟の外観によって、国家が忠義を褒め称え、三綱・五常・名教の大きさを畏敬していることを見せることができる。……新廟がすでに完成し、文武官僚・兵士・全国の人民はみな歓喜している。モンゴルや外藩で歳時に謁見する者もまた廡下で拝礼すれば、神を畏れて教〔化〕に服するという誠心を表し、〔我が王朝の〕文徳・武功の盛んなさまを昭かにできる。

十全武功の主だった戦役が終了した乾隆四四年、乾隆帝は詔を下し、熱河の関帝廟の瓦を黄瓦に交換させた。これは二つの意味で大きな意義を有している。

第一に、熱河という場所である。乾隆帝は熱河の避暑山荘（離宮）を積極的に利用し、チベット仏教寺院を多数建築した。この宗教・政治空間にはモンゴル・チベット・トルコ系ムスリムが相次いで訪問したという。右の史料中でもモンゴル諸王公・ハルハ・オイラト・回部・諸藩の訪問に言及している。確かに熱河には多数のチベット式の仏教寺院が建てられ（前掲写真序-1～4）、平野聡はこの点を強調するのであるが、関帝廟のごとき漢民族の宗教に関わる建築物も多数存在したのであり（写真6-1～4）、それを無視することはできない。熱河はむしろ一大

写真 6-1　熱河（承徳）の関帝廟

出所）筆者撮影。

写真 6-2　関帝廟内の関羽像（中央が関羽）

出所）筆者撮影。

宗教センターの観を呈していたといってよい。

第二に、黄色という瓦の色の意味である。黄色はあえて指摘するまでもなく、皇帝を表す色である。関聖帝君は皇帝と同様の地位にまで昇り詰めたことを意味する。またこの関帝廟は乾隆帝によって皇帝専用のそれに認定されたことになる。

この史料はさらに熱河が「中外」の仰ぎ見るところであるとし、関帝廟を荘厳なものとして、王朝が忠義を褒め称えることを示せば、目撃したモンゴル・外藩等の人びとは神の霊威を認識し、我が王朝の文徳・武功の盛大さを理解するであろうと結んでいる。平野はやはり熱河の絢爛を極めたチベット仏教寺院という空間で、モンゴル・チベット・トルコ系ムスリムの訪問者と乾隆帝とが対面したことを強調する。しかし同じ空間に設けられた関帝廟も黄瓦を用いた荘厳な外観を呈し、訪問者はそこで拝礼せしめられていたと考えられる。モンゴル・チベット・トルコ系ムスリムの訪問者の目には、必ずや関聖帝君こそが皇帝に匹敵する地位を与えられた最高武神として映ったであろう。「見せる」対象は決して満洲人・漢人のみに限られたわけではなく、モンゴル・チベット・トルコ系ムスリムなども含まれていたのである。ただし注意すべきは、それが支配を象徴する〝異境の戦神〟とも認識されていた可能性がある点である。

こうした推測を傍証する史料がある。たとえば「一つ、〔ウルムチの昌吉県〕南関にはもとより関帝廟一座があり、道光一六年（一八三六）に建てられた。同治初年（一八六二）、逆回（反乱を起こしたウイグル系イスラーム教徒）に占拠されて清真寺（イスラーム寺院）とされた。光緒三年（一八七七）の平定後、また伊犁将軍〔金〕順によって

写真 6-3　関帝廟と 2 つの巨大な石刻碑文

出所）筆者撮影。

写真 6-4　廟内に描かれた玉泉山に現れた関平，周倉，関羽

出所）筆者撮影。

〔関帝廟として〕修復され、万歳および文武両聖の牌位が入れられたが、今まで十分に修築する費用がなかったため、もとのごとく傾圮してしまっている」[39]とあって、同治初年に新疆で回教徒、すなわちウイグル系イスラーム教徒の反乱が起きると、彼らは関帝廟を占拠し、清真寺＝イスラーム寺院としたこと、光緒三年に反乱が平定されると、伊犁将軍金順によって関帝廟が復原されようとしていることがわかる。あたかもキリスト教とイスラーム教のあいだに起きた、かの十字軍を彷彿とさせる行為であって大変興味深い。このような事実をいかに解釈するかは難しいが、一つの可能性として、反乱者は清朝支配の象徴、〝異境の戦神〟を祀る宗教施設たる関帝廟を占拠し、そこを自らの信奉する宗教たるイスラーム教の寺院に改築することで、清朝支配を拒否するという自らの意志を示そうとしたと考えられる。

ところで、この関帝廟か否かは明らかでないものの、紀昀は『閲微草堂筆記』巻二〇、灤陽続録二のなかで、この地（昌吉県）における関聖帝君の顕聖に触れている。

戊子（乾隆三三年、一七六八）昌吉で反乱が起きた。……ウルムチから昌吉県南界の天山まで、上る路がなく、北界は葦湖で、無限に広がり、淤泥が深く堆積していたので、入る者は溺れて死んだ。〔これが〕賊が敗れた理由である。〔反乱軍は〕西へ往かず、昌吉へもどるか、南北へと逃がれたが、ことごとく絶体絶命の地へと入り込み、怖れて逃げ惑った。後に捕虜を訊問すると、みな「驚き潰れたとき、もともと西走しようとしたが、忽然と関帝（関聖帝君）が雲中に馬に跨がって、その〔西への〕帰路を断っているのを目撃した。ゆえにやむをえず別の方向へと逃げ、隠れようと思った」と曰った。神（関羽）の威霊がこのように二万里の外におよんだことは、国家にとって幸福なことであり、また神助が二万里の外にまでいたったことは、ちっぽけな反乱であっても神の加護があることを示しているのだ。[40]

この昌吉県における反乱は、まさに乾隆帝のジュンガル遠征の真っ最中に発生したものであり、ジュンガル側に与して清朝に抵抗したものと推測される。このときにも関聖帝君の顕聖が目撃されており、紀昀は神（関羽）の威霊が新疆にもおよんでいること、いついかなるときにも神の加護があることをはっきりと強調し、すでにこの地が関聖帝君の霊力に覆われていることに感謝している。

以上のように論じ来たると、関聖帝君は清朝皇帝が中華世界の主たることを承認し、これに忠義を尽くして護持する最高武神として、特に乾隆帝によって位置づけられ、満洲人・漢人のみならず、「版図」の一部を構成したモンゴル・チベット・トルコ系ムスリムの人びとにもそのように宣伝されていたと見なせる。それはモンゴル・外藩諸王公らが熱河で目撃しただけでなく、新疆・チベット・モンゴルでも多数の関帝廟が設置されることで、一般民衆の目にも留まることになった。乾隆帝の十全武功を契機として、関聖帝君は中華皇帝あるいは中華世界を跨越した清朝の「版図」全体を護持する最高武神として位置づけられていったのである。ただそれだけに武力による反乱が発生すると、力による支配の象徴であり、また〝異境の戦神〟でもある関聖帝君は攻撃の対象と見なされ、それを祭祀する関帝廟がイスラーム寺院化されたり、ときには破壊されたりしたと思われる。ただし清朝は関羽信仰を強要したわけではない。関聖帝君はあくまで満洲人・漢人の武神・戦神であったのである。

清朝皇帝・関聖帝君・民間信仰

ところで、「版図」全体を覆うように霊威・霊力を顕した関聖帝君という神は、いかなる性格を有する神であったのであろうか。小島毅は、清朝の崇拝する関聖帝君は悪鬼を駆逐するような神でなく儒教的軍神であったと指摘する。[41]なるほど清朝の関聖帝君がこのような性格を有していたことは否定できない。しかし筆者が霊異伝説を分析した際に述べたように、関聖帝君は蚩尤退治以来、漢民族の一般民衆のあいだでは「破邪」の力を有する神として認識されており、その影響を清朝皇帝も免れなかったことは、たとえば、上述の熱河関帝廟に雍正帝が「忠義伏魔」の匾額を賜与していることに典型的に示されている。つまり儒教的軍神という言葉のみで表現できるような神ではなく、むしろ民間信仰のあり様を積極的に受容し、なおかつ「中外一統」＝王朝のイデオロギーを体現する最高武神として性格づけられていったと考えた方がよいと思われる。清朝皇帝、とりわけ乾隆帝は「版図」拡大とそれに伴う多民族「帝国」への変質の過程で、多様な宗教を柔軟かつ貪欲に取り込んでいく必要性を認識して実行していったと考えられるのである。

では、このようにして王朝との関係を色濃く有し、民間信仰をも取り込みながら形成されていった関聖帝君は、逆に漢民族の一般民衆の信仰のあり方にいかなる影響を与えたであろうか。たとえば、新疆・ウルムチの迪化城内に立てられた、山西会館創建を記念する碑文には、次のように記されている。[42]

北庭の沃土をおもい、西域の雄封（雄風）に奮いたつ。蕃部から遠く天子の威光を被り教化に浴さないところはない。そもそも処月（西突厥）やアラビア（天方）は〔中華の領域に入って〕はじめて神寺を拝み、霊蔭はあまねく無雷（西域）にまでおよんだ。はるかに思うに、この版図は、文物が集まって光り輝き、廟を仰ぎ見るに、広々とし神と人とがすべて調和している。ああ、盛んなるかな。我が皇上が永遠に定めた巨大な版図を開き、関聖武穆がこれを鎮めたもうたものだ。余らは西魯（山西）末士であり、ここに聚り住んで、すでに何年もの月日が過ぎた。人口が集まっているとはいえ、山寺はついにほとんど稀である。祠廟を建設しなければ、尊親の意を忘れてしまったというのであろうか。……ここに縁起の良い一つの場所を選び、材料・工人を集めて、祠廟の建設をはじめた、……〔このようにすばらしい祠廟と神像が完成することで〕盛朝の「統一中外」を奮い立たせ、また神の恵みが辺疆を照らすことに報いられる。

このような内容を有する碑文を見るとき、これがはたして民間で書かれた碑文と思われるであろうか。清代の商人が関羽を商業神（財神）として信仰したことは、これまでしばしば指摘されてきた。(43) しかしこの山西会館創建碑文は清朝皇帝による「版図」拡大と関聖帝君の黙佑、清朝による「統一中外」の二点を骨子として語られており、それは満洲人・漢人の文武官僚が記したものと大差ない。ここに民間信仰への王朝のイデオロギーの浸透をうかがうことができよう。たとえ民間の私的な御利益の由来する私廟であろうとも、王朝の創出・宣伝する神のあり方の影響を免れることはできなかった。山西商人など商人層が安心して交易活動を展開できる世界も、王朝の宣伝する関聖帝君に加護された世界＝「版図」のなかだったのであり、さらに「版図」をも乗り越えて海外へと出て行く商人たちが、関聖帝君を持ち出して祭祀・信仰するのも、かような関羽信仰のあり方の特徴に由来するもの、あるいは延長上に位置するものであると判断できよう。

乾隆帝と「版図」

ジュンガル・グルカ・大小両金川・回部・ビルマ・ベトナム・台湾へと軍事的に遠征した十全武功をはじめ、乾隆帝の治世では、ユーラシア東部を覆うような「版図」の拡大・形成が重要なキーワードの一つとなっている。当該時期、周辺諸国や諸民族が清朝の「版図」に編入してくれるよう願い出てきたという事例は枚挙に遑がない。こうした事態を先行研究では、清朝皇帝（乾隆帝）の偉大さに安易に収斂させたり、現在の中華人民共和国につながる巨大領域の統合に結びつけたりする場合がしばしば見られる。しかし私見では、十全武功を単に清朝皇帝（乾隆帝）個人の偉業としてのみ位置づけ、それで事足りるとする姿勢は、出来事の背後にひそむ歴史的・共時的条件を無視ないし軽視するものであると考えるし、ましてや清朝の「版図」への編入をもって現在の中華人民共和国の排他的領土主権につなげることは、あまりに的外れな議論であることは言を俟たない。ここで論ずべきは、乾隆帝の治世の最盛期とされる一八世紀後半に、なぜこれほどまで「版図」を主張する必要があったかという点である。

「版図」という境界概念は、上述のとおり、近代国民国家における国境とは大いに異なる。いわゆる国境としての境界概念が清朝をも呑み込むのは、一部を除けば、清末における列強諸国のアジア進出と植民地化以降のことである。このような「版図」概念の前近代性を前提としたうえで、一八世紀後半、乾隆帝をして「版図」拡大へと向かわしめた原因は何だったのであろうか。当時の東アジア世界のなかに「版図」を主張せざるをえない状況が存在したのであろうか。現在、筆者は十分な回答を持ち合わせていないが、十全武功のうち、ビルマ・ベトナムなど南方地域においては「版図」化が実行されなかったことに手がかりを求めるのはいかがであろうか。ビルマ・ベトナム遠征が事実上きわめて敗北に近かったことは上述のとおりであるが、かくもあっさりと「版図」化を諦めた背景には、清朝にとって脅威となるような強国が南方に存在しなかったことがあると思われる。それに対し、北方にはロシアという大国が控え、康熙帝の頃より東方進出を積極的に推し進め、ネルチンスク条約を締結こそしたものの、清朝の西北・北方への進出を虎視眈々とねらっていた(44)。こうした予断を許さぬ北方情勢のなかで行われたのが十全武功であり、関羽信仰を紐帯とする〝われわれ〟意識を利用した「中外一統」ではなかったか。このように複雑かつ多様な回路を通して「版図」にほぼ重なるかたちで広がる関羽(関聖帝君)の霊威・霊力は、広大な領域を人びとの心性にまで踏み込みつつ緩やかに統合しようとする政治的・宗教的な枠組みであったといえよう。

終　章　国家と宗教

一　中国近世における国家と宗教——清朝の王権と関羽信仰

本書では、第一章で唐代から明代における関羽信仰を概観した後、第二章・第三章で主に千年王国的宗教運動との関わり、第四章で王朝国家レヴェルの世界観と民間信仰のつながり、第五章・第六章で乾隆帝の大軍事遠征＝十全武功との関わりから清代の関羽信仰について、特に霊異伝説の創出・宣伝および関帝廟という装置といった分析視角から考察を試みてきた。これによって前近代における関羽信仰と王朝国家の関係をある程度網羅的に整理できたのではないかと考えている。本書における史料分析では歴史のダイナミズムを十分には論じきれなかった部分もあろうが、以下では、本書で明らかにできたことをまとめなおし、関羽信仰の歴史の意義を提示しておきたい。

第一に、先行研究中で最も先駆的であり、かつ最も有用なものの一つである井上以智為の論攷では、関羽信仰の歴史を「唐代創草期」「宋元発展期」「明代最盛期」「清代整頓期」の四期に分かっていた。「唐代創草期」については異論はないものの、「宋元発展期」については現在の史料状況から見るかぎり必ずしも同意できない部分がある。

もちろん史料がないからといって理論的な推測が許されないわけではないが、宋元に関する論証のほとんどが推測に推測を重ねており、実証的に証明されたものとは言い難い。今後の新たな史料発掘に俟たねばならないのである。そしてむしろ本書で明代における関羽（以下では清代の関聖帝君という称号は用いず、関羽に統一する）の霊異伝説を検討したところ、書き留められた霊異伝説の数、その詳細さや多様性といった質においても元代以前のものをはるかに凌駕するものであった。文献史料の多寡と濃淡だけを見て、史料の残存状況といった時代的な背景を考慮しないのはどうかという疑問・批判を受けるかもしれないが、前代を数・質ともに圧倒する明代においては、やはり相当に関羽信仰が広く伝播し始め、多くの人びとに受容されていったのではないかと考えるのである。また華北から周縁地域――江南デルタ、東南沿海部、四川・貴州・雲南など西南地域、さらに朝鮮半島――への関羽信仰の伝播が書き留められ、同時に非漢民族との接触・衝突のなかで霊異伝説が創出されていく状況を目の当たりにすると、関羽信仰は明代にようやく「版図」――明の「版図」は清のそれと比較したとき、かなり小さなものである――に重なるようなかたちで拡大しつつあったことがわかる。朝鮮半島にまでおよんだ関帝廟の設置もそうした信仰拡大の延長上に位置づけてよいであろう。これらから総合的に判断すれば、むしろ明代を「発展期」と称した方がふさわしいのではないかと思われる。また以下に述べるように、清代の「版図」拡大とともに関羽が顕聖する空間が広がったことを考えれば、清代を「最盛期」、その後の民国期を「整頓期」とした方がしっくりくる。

第二に、本書では関羽の霊異を伝える媒体としての関帝廟という装置に着目した。もちろん、祠廟は本来的には宗教・祭祀施設なのであるが、関帝廟の場合、構成する具体的な事物をそれぞれパーツと見なして検討してみると、小説『三国志演義』のなかの関羽の姿を具現化したような神像、歴代皇帝から賜与された扁額、神と意志を交感するための御霊籤、王朝国家――特に軍事行動――と密接に関わる霊異伝説を刻んだ石刻碑文などに分けることができる。これら個々のパーツがみな関羽の霊力を可視化したものであり、神としての関羽と王朝国家あるいは一般民衆とをつなぐ回路として機能していた。そして関帝廟という装置を総合的に考えるとき、軍事行動を媒介として王朝国家と深く結びついた関帝廟は、まさに「版図」へ組み込んだことの証あるいはランドマークとしての役割を果たすようになっていった。このように関帝廟は単なる宗教・祭祀施設ではなく、政治性・軍事性を強く帯びた施設であったといって過言ではないのである。それは山西商人のような民間人によって建設された関帝廟も例外ではなかった。実際に、そうした関帝廟に商人たちによって奉納された碑文の内容を見ても、あたかも皇帝・文武官僚の意志を反映するようなものになっていた。かかる点を踏まえれば、いわゆる〝商売繁盛の神〟＝財神としての関羽とは、あくまでも第二義的なものにすぎない、あるいは山西商人が商旅の加護を祈っていたものが、彼らの経済的な成功に伴って次第に財神として崇拝されるようになっていったのではないかと推定されるのである。現代の華僑が海外に関羽を祀るのはもちろん〝商売繁盛の神〟＝財神という意味も含まれるが、第一義的には国家のお墨付きを得た武神・戦神による加護が祈られたのである。

第三に、清朝皇帝や文武官僚が繰り返し創出・宣伝した関羽の霊異伝説それ自体については、清朝が関羽の忠義・武勇を政治的に利用しようとしたというきわめて安易な指摘・結論に止まってきた。本書では霊異伝説を詳細に分析した結果、単に関羽の忠義・武勇を強調したわけではなく、「伏魔」「破邪」「祈雨」「禱晴」、さらには関帝霊籤による託宣など、民間レヴェルの〝下からの〟信仰に基づく具体的な霊力があちこちに散りばめられており、じつに複雑かつ多様な内容を有していた。こうした霊異伝説のなかに埋め込まれた各種の回路を通じて、はじめて清朝皇帝から一般民衆までの心性に踏み込むような〝われわれ〟意識（we-feeling）の形成が可能になったものと考えられる。

第四に、王朝国家レヴェルによる霊異伝説の創出・宣伝、封号の賜与、国家祭祀の整備・挙行といったさまざまな演出は、清代を通じて軍事行動のたびに繰り返し行われ、一般民衆までをも巻き込んで関羽の霊異を浸透させていった。これが最も激烈に表現されたのが清朝成立以来最大の危機＝天理教の乱のときであった。反乱軍が紫禁城に突入するという未曾有の事件の最中、唯一顕聖した——正確にいえば顕聖せしめられた——神が関羽であり、関羽はまさに選ばれし神となった。清朝皇帝は自ら発した上諭のなかで関羽の顕聖を伝える霊異伝説に言及し、認証としての封号を賜与することで、漢民族の英雄神（軍神・戦神）＝関羽が清朝を加護したことを天下に誇示したのである。さらに全国各地の関帝廟で関羽の顕聖に感謝する祭祀が挙行された結果、文武官僚・兵士たちから一般民衆にいたるまでが関羽の権威を共有したであろうことは想像に難くない。関羽の権威の共有とは、換言すれば、関羽の加護のもとにあるという〝われわれ〟意識（we-feeling）の共有にほかならない。それは弥勒信仰を媒介として〝われわれ〟意識を形成している「邪教」＝白蓮教集団など——関羽信仰を媒介とする側から見れば、彼らは〝われわれ〟ではなく〝やつら〟にすぎない——と繰り返し衝突することによってさらに増幅されていったと思われる。

第五に、関羽の霊異伝説は乾隆帝による十全武功——ジュンガル・回部・チベット・台湾・両金川の平定——でもしきりに創出された。まずこの大軍事遠征（軍事行動）は清朝皇帝の文徳・武功はもちろん、それを加護する関羽の霊佑によって勝利を得ることができたと認識されていた。そしてこれらの地が「版図」に編入されると、関帝廟がただちに建設されており、「版図」編入の刻印としての意味を推定することができる（かかる点から見ると、明代に朝鮮に設けられた関帝廟の評価は難しい。明代に朝鮮を「版図」とまで認識していたのか、単に関羽の加護を祈ったものなのか、ここでは断言を控える）。また十全武功の後も、ときに応じて関羽は顕聖し、秩序の再形成、「版図」の保全・維持に霊佑を顕した。また「版図」編入後、当該地域が無事安定した発展を遂げているのは、関羽の黙佑によるものと認識されていた。つまり関羽の霊威・霊力は空間的には中華を越えて、清朝の版図全体を覆っていると考えられていたのである。しかし関羽の霊威を認識・共有できたのは、史料から見るかぎり、満洲人と漢人であった。チベット仏教を奉ずるチベット人やモンゴル人、あるいはイスラーム教徒（回教徒）については、一部の人びとを除いて――関羽はモンゴルの場合、民間英雄神ゲセル・ハーン、チベットの場合、伽藍神ベグゼ・ジャムスランにそれぞれ習合された――、共有できなかったと推定される。特にイスラーム教徒にとって、関帝廟は満洲人・漢人の支配の象徴と見なされていた可能性がある（関帝廟の襲撃とその清真寺＝イスラーム寺院への改築がそれを表象する）。すなわち関羽の霊威・霊力は空間こそ中華を越えたものの、人的には必ずしも中華の壁を乗り越えていなかったといえる。清朝の「版図」と関帝廟との関わりを考えると、関帝廟は自覚的か否かはともかく、結果から見れば、「版図」編入の象徴・ランドマークとしての意味を有しているように見える。漢地はもちろん、大軍事遠征（軍事行動）の過程で関羽は軍隊とともに「版図」の最前線へと運ばれ、新獲の「版図」に祀られることで、そこが認識可能な「わかる」世界へと転換されていく、そうした役割を果たしていたと考えられる。関羽の加護する世界、関羽の霊佑によって認識可能となった世界は、ほぼ「版図」全体を覆うように広がっていた。そこでは関羽の霊威・霊力が共有されている、あるいはされるべきであり、その点で少なくとも満洲人・漢人にとって関羽に護持された〝われわれ〟の領域・空間であった。つまり関羽の霊威を共有する〝われわれ〟意識は、王朝の宣伝によって巨大な「版図」にほぼ重なるかたちで広がっていったと考えられる。これは大軍事遠征（軍事行動）と「版図」の拡大・維持のなかで、繰り返し擦り込まれていくが、とりわけ乾隆帝の十全武功では関帝廟が「中外一統」を象徴するものとして設置されていったと思われる。

最後に、関羽は清朝皇帝が中華世界の主たることを承認し、これに忠義を尽くして護持する最高武神として、特に乾隆帝によって位置づけられ、満洲人・漢人のみならず、「版図」の一部を構成したモンゴル・チベット・トルコ系ムスリムの人びとにもそのように宣伝されていたと見なせる。それはモンゴル・外藩諸王公らが熱河（承徳）で目撃しただけでなく、新疆・チベット・モンゴルでも多数の関帝廟が設置されることで、一般民衆の目にも留まることになった。乾隆帝の十全武功を契機として、関羽は中華皇帝あるいは中華世界を跨越した清朝の「版図」全体を護持する最高武神として位置づけられていったのである。

本書で論じてきたことを整理すれば、以上のようになる。ところで、中国の事例ではないが、ここまで論じてきた関帝廟と比較する意味で想起しておきたいものがある。それは近代日本に設置された海外神社である。海外神社は近代の事例であり、直接的・短絡的な比較には注意を要するが、国家と「版図」および宗教との関係を考えるとき、縷々述べてきた関帝廟と案外類似した事態が現出していたことに驚く。中国の大連神社を中心として海外神社について網羅的な分析を加えた新田光子の研究を参考にしてみよう(1)。

新田によれば、海外神社の性格は時代によって大きく異なり、第一期(明治元年~大正三年)、第二期(大正四年~昭和六年)、第三期(昭和七年~昭和二〇年)の三期に分類できるという。注目したいのは第一期であるが、この時期には台湾神社・樺太神社(前者は日清戦争、後者は日露戦争を契機とする)に代表されるように、政府によって「国家」「開拓」のシンボルとして大規模な神社が建設された。また一方で、これと異なって規模が小さく、「国家」「開拓」をいうよりは、むしろ日本人移住者によって日本とのつながりが求められ、移住者の連帯結束を強める作用を果たした神社も存在した(2)。さらに新田は前者を「神宮タイプ」と呼んで「神社を統治の手段として、すなわち日本の政治・教育・文化を浸透させる手段と考えるものである。このタイプの神社は、日本の「新しい版図」に国家の手によって設立されたもので、規模も大きいのが普通である。……現地住民にとっては征服者たる日本国家にたいする服従・同化の程度を示す「踏み絵」ともなった。……そこではいわば神社を手段として、強制的な統合が図られるわけである」といい、さらに後者を「氏神タイプ」と呼び、「南米、北米の移民や満州開拓団の神社のように、移住者の手によって設立され、維持され、規模もそれほど大きくないものが多い。このタイプの神社はかなり純粋な意味で集団統合の表象となっていたように思われる」と述べるとともに、「理念型としてはこのように明確に性格を異にしているが、現実にある神社をいずれかのタイプに分類することは、かなり困難である」と指摘し、海外神社の特色を明確に説明した(3)。

こうした海外神社に関する議論を見てくると、関帝廟も「新しい版図」に設立された点に類似性を有するほか、無理を承知であえて分類を行うならば、清朝の軍隊の進駐に伴って新疆・チベットなどに運ばれた、あるいは各地に官廟として設置された関帝廟は「神宮タイプ」、山西商人をはじめとする移動・移住した民間人によって私廟として設立された関帝廟は「氏神タイプ」と称してよいのかもしれない。ただし、それはあくまで外面的な類似性にすぎず、関帝廟には、海外神社に見られるような「版図」内に均質な政治・教育・文化を浸透させるといった目的はなく、また参拝を強制し「皇民化」を図る装置としての機能を有したわけではなかった。あくまで山西商人など民間人は〝(山西という故郷ないし「漢民族らしさ」を紐帯とする)われわれ〟意識を表象するものとして関羽を祀り、清朝の軍隊・官僚は〝(ほぼ「版図」に重なるように加護された)われわれ〟意識に基づく統合の象徴として関羽を祀ったのであった。しかしこのように関帝廟をめぐる〝われわれ〟意識には重層性が看取され、祠廟自体の分類は「かなり困難であ」り(分類自体が無意味であり)、そのことは、私廟であろうともあたかも官廟であるかのように清朝の支配を正当化する内容を含んだ石刻碑文を立てていたことなどから見て取れる。ゆえに官廟であれ私廟であれ、関帝廟はときに現地の非漢民族にとって征服者たる清朝(満洲人あるいは漢人)の支配の表象として目に映り攻撃の対象となりえたのである。

二　近世東アジアにおける王権と宗教

前節では本書で明らかにしてきた清朝の王権と宗教（関羽信仰）の関係について回顧・整理を試みた。以下では、そうした清朝の事例を相対化するために、もう少し枠組みを広げて、同じ近世の東アジアにおける日本・朝鮮の王権までをも議論に含めながら再検討を加えておくことにしたい。

日本史における「王権」の定義

基本的な問題に立ち返ると、そもそも「王権」という語はどのように定義されてきたのであろうか。王権を論じた先行研究は豊富に蓄積されているうえ、論点もさまざまで一義的に定義することは難しいと思われるが、さしあたり仮に日本を例として比較的新しい研究成果のなかから王権の定義をさぐって確認していこう。たとえば、近世宗教考古学者の松原典明は次のように述べている。

「鎌倉、室町、江戸」の幕府権力もひとつの「王権」とする多元的王権論の視点も、日本の支配者階級の実態とその歴史的脈略《ママ》を射程とするためには必要不可欠で、「王権」を「王の権力、力」とだけ見るのではなく、「王を王たらしめている構造、制度」の重要なシステム力として総合的に考える必要があることを説いている。ここでは、この定義に従って「近世王権」を次のように捉えておきたい。天皇と将軍あるいは朝廷と武家政権という二つの王権、あるいは世俗的実質的な権力と観念的、伝統的な権力が並立して存在し、両者があいまった完全な政権（公武結合政権・複合政権）が「近世王権」の実態に近いものと捉えている。広義には「時代を支配する者、集団の権力」という定義が最も日本の近世を包括できそうである。(4)

松原は日本における「近世王権」を定義しているため、「王権」研究の対象を、時代を支配した天皇と将軍のみに限らず、彼らを支えて王たらしめた各地の大名のそれぞれの意識をも検討すべきことを提起する。すなわち観念的・伝統的王権たる朝廷も、世俗的・実質的王権たる武家政権も、ともに「時代を支配する者、集団の権力」であるから「王権」の範疇に含めてよいというのである。

天皇の王権と宗教

これらのうち、王権としての天皇と宗教との関係については、さしあたり安丸良夫の問題提起が参考となる。[5]安丸は、A・M・ホカートの名著『王権』を引用しながら「我々が知りうるもっとも初期の宗教は「王の神性に対する信仰」[6]であり、それは王と太陽を同一視するものだという……絶対的超越的な神聖王権のイメージである」と述べた後、「王権には、元来、人々の想像力に訴えて、世界の全体性をコスモロジー的に代表してその支配下の共同体に臨む、宗教的権威性がそなわっているわけである」と指摘したうえで、天皇と宗教的権威との関わりを軸として世界史的な比較を行う必要性を提起している。[7]そしてさらに水林彪の論攷を踏まえつつ、[8]七世紀末から八世紀につくられた天皇制の正統性神話が後に神道（思想）とされ、明治維新をはさんで近代日本の天皇制と結びついたこと、ところが八世紀半ば以降、天皇制はすでに仏教と結びついて権威化され、さらに道教や儒教によっても正統化されるなど、天皇制をめぐって神道と儒・仏・道の複雑な習合が見られたこと、王権の正統化イデオロギーが宗教的形態をとることの究極的な根拠は、民衆の生活様式が宗教的性格をもっていることに対応していたことなどに言及する。[9]

こうした天皇をめぐる王権と宗教をめぐる安丸の議論からは、清朝の王権を考えるうえで、次のような視点が提供される。観念的・伝統的な王権として認知される日本の天皇に比較すると、清朝皇帝は満洲族——漢民族から見れば異民族――であったため、禅譲や放伐の結果として皇帝即位と同時に権威を承認される漢民族、いわば「中華」の皇帝とは異なって「夷狄」による征服なのであり、被支配層の大部分を占める漢民族向けの正統性や権威がただちに調達されるわけではなかった。そのため従来論じられてきたとおり、清朝皇帝は中華皇帝として君臨するために祭天儀礼など伝統的な中国王朝の祭祀を執り行ったり、「夷狄」でも有徳であれば「中華」の皇帝たりうるとする『大義覚迷録』を編纂刊行させたり、場合によっては文字の獄に代表されるような反清的言論の弾圧を実施したりする必要があった。仮に何らかの正統性神話を調達したくとも、それはホカートのいうがごとき「王の神性に対する信仰」ではなく、他の形式をとらざるをえなかった。

また日本の天皇ですら神道（思想）のみならず儒・仏・道と深く結びついて権威化されていたように、近世東アジアの王権、とりわけ清朝の王権を考える際には儒・仏・道の影響を決して過小評価することはできない。しかもそれは民衆の生活様式における宗教的性格と密接不可分の関係にあるという安丸の議論に従えば、清朝の場合も儒・仏・道をはじめとする各宗教の民間信仰における習合を想定しておく必要が出てこよう。

このように清朝皇帝の王権の権威調達を考えてみると、一方では清朝の権威を支える正統性神話を自ら創出すること、もう一方では多様な宗教的権威を〝下からの〟民衆レヴェルの信仰から汲み取ることが重要なのではないかという捉え方が可能となる。ここに本書で儒・仏・道三教合一の関羽信仰を取り上げ、その霊異伝説を分析し、そこにいかなる権威の調達のあり方が含意されていたかを考察した意義がある。

徳川将軍の王権と宗教

一方、王権としての武家政権、特に徳川政権と宗教についても多数の先行研究が存在している。たとえば、山本博文は「武威」と「神国」意識、大桑斉は歴史化・神格化や「転輪聖王」などの語彙を用いながら興味深く解き明かしている。[10]

まず山本は冒頭で徳川政権にさきだつ豊臣秀吉の環東アジア帝国構想に触れている。「世界」征服をねらう秀吉は朝鮮、さらに中国の明朝をも征服した後、次のような新国家建設の構想を持っていた。大唐の都に後陽成天皇を移して都回りの国々一〇ヶ国を進上し、諸公家衆には知行を与える。大唐の関白には豊臣秀次がなり都回りの一〇〇ヶ国が与えられる。日本の関白には豊臣秀保（豊臣秀長の養子）あるいは宇喜多秀家、日本の帝位には皇太子良仁親王あるいは皇弟智仁親王が即く。朝鮮には織田秀信あるいは宇喜多秀家、九州には羽柴秀俊（後の小早川秀秋）を置く。そして秀吉自身はまず北京に入り、その後に寧波に移り、天竺の切り取りを画策するというものである。

これは山本が指摘するように、「世界」の中心たる中華帝国に日本が取って代わり、秀吉が日本の枠組みを越えて、唐・天竺のほか、琉球・高山国（台湾）・呂宋（ルソン）をも含む環東シナ海帝国の皇帝の地位に即くことをねらったものであった。この豊臣政権の正統性はいわゆる「武威」に求められ、それは武力で天下を統一したことへの自信のあらわれであった。このような秀吉の新国家構想は最終的には挫折に終わったが、それを継いだ徳川政権の「王権」はそうした秀吉の「王権」のあり方を踏まえたうえで考える必要があるというのが山本の主張である。[11]

山本は「王権」の定義を「然るべき手続きによって就任し、その国の正統な統治者として被統治者の多数から承認された権力」と規定し、「然るべき手続き」として軍事的勝利、世襲、選挙、上位権力の承認などの場合を想定している。江戸時代の場合、実際の枢要な権能を有していたのは徳川家であり、近世の朝廷の機能はわずかに官位の授与と元号の制定のみにすぎなかった。しかも実態としては幕府の官位叙任を追認したものであったり、元号制定についても将軍は天皇に準じた扱いを受けたりしていた。つまり徳川を実質的な「王権」と見なしても問題はないとするのである。[12]

こうして山本は徳川政権を、関ヶ原の戦いで対抗勢力を撃破し、大坂の陣で豊臣家を滅ぼすといった「武威」に基礎づけられた「王権」と見なしながらも、豊臣とは逆に対外的には非戦政策を採用したほか、天皇とは異なって「王権」として存立するためにはイデオロギー面に弱点があったとする。それを補完するために国際社会との関わりにおいて「日本型華夷秩序」なる虚構を産み出し、「神国」意識をその理論的支柱に据えたのであった。この日本を「神国」とする神国思想は、キリスト教という新しい世界宗教に対して無力であったが、それを主張することで少なくとも国内的にはカトリック諸国への優位性を確保できたと述べている。(13) キリスト教(カトリック)に神国思想を対置させている点に注目しておきたい。

これに対し、大桑は山本よりさらに正面から徳川政権と宗教との関係について議論を展開する。まず通説では、幕藩制国家が世俗国家であり、将軍権力は世俗権力であるというように、近世社会を世俗化の過程として捉えているが、実は近世社会における宗教は残滓などではなく意味的な存在なのであり、権威・権力は基盤となる社会の宗教性を抜きにして成り立ち難いから、権力自体が宗教性をもつか、宗教を内部に取り込まねばならなかった。(14) また民衆は武力的に支配されようとも能動的主体性を確立しようとする存在であり、それが宗教・信心によって支えられていたから、権力は民衆編成において宗教を取り込まざるをえなかったという。(15)

こうした山本・大桑の指摘は中国近世の王権と宗教を考えようとする本書にも大きな示唆を与えるものである。なぜなら、漢民族を「鎮圧」「征服」し、まさしく「武威」によって成立した清朝も、同じく近世社会にあって将軍権力のように民衆レヴェルの宗教と密接に結びつきながら、「鎮圧」「征服」した漢民族向けの権威を調達しようとしていたのではないかと考えられるからである。そのように考えるとき、清朝が関羽との関係を歴代王朝よりもいっそう深めていった理由が明白となってくる。清朝は「武威」によって漢民族を「鎮圧」「征服」しながらも、緑営を中心とする漢民族から構成される軍隊に奉仕させ、人口のうえから見れば圧倒的大多数を占める漢民族の支持を獲得する必要があった。広大な領域と膨大な人口を支配するには、漢民族の心性にまで踏み込まねばならなかった。このような切実な問題を解決する有効な手がかりの一つとなったのが関羽信仰であったに相違ない。軍隊が祭祀する武神（軍神）でもあり、民間の英雄神でもあり、また儒・仏・道三教の神としても受容されていた関羽こそが支配の要になる。清朝の皇帝と文武官僚（特に満洲人官僚）はそう敏感に嗅ぎ取ったのであろう。

また大桑は曽根原理の説に拠りつつ[16]、徳川家康が僧侶たちを城中に招いて行った「論議」を家康自身の歴史化・神格化の段階として捉え、家光による東照大権現信仰を徳川将軍権力の神話的始祖とその神話の形成の段階と見る。とりわけ家光は自らを「二世権現」と称し、権現様＝家康の再来として認識した。さらに家光は「戦車を駆って諸王を平定する覇王」「天から授かった輪宝（戦車）を捧持して天下を平定し、正義によって世界を統治する理想的君主」である転輪聖王として「二世転りん」と称したから、家康すなわち東照大権現が初代転輪聖王であり、世界はこの神話的始祖・東照大権現から始まったとする神話を創出したのであった[17]。この自らを転輪聖王に擬えるかたちで仏教から権威を調達しようとする方法は、さきの石濱裕美子の研究でも触れたとおり、清朝の乾隆帝が「菩薩にして転輪聖王たる存在」として君臨したのと同様であり、近世東アジアの王権が多様な宗教からの権威の調達を図っていたことを示すものとなろう。

明清交替と「小中華」としての朝鮮

先行研究でも明らかなように、近世東アジアにおける明清交替は周辺諸国に驚くべき大変動として非常な緊張感をもって迎えられた。日本でも「唐船風説書」を『華夷変態』と名づけたとおり、夷狄によって中華が滅ぼされるという異常事態として認識されていた[18]。それでは、本書の第一章でも検討した豊臣秀吉の壬辰・丁酉倭乱（一五九二～九八年）の際における明軍の援助に対する恩義に淵源をもつ慕明思想を有した朝鮮においてはいかなる反応が見られたのであろうか。

岸本美緒によれば、明朝が滅亡し清朝が中国を征服すると、朝鮮の知識人のあいだでは、夷狄の支配下に入った中国はすでに中華ではなく、朝鮮こそが中華文明の継承者であるとする小中華思想が高揚した。それは辮髪を下げて筒袖の衣服を着た清朝の人びとに対比して、朝鮮の人びとが正統儒学を学び、中華の礼、中華の風俗を厳格に履行しているという朝鮮の自尊意識に裏打ちされていた。しかし実際のところ、朝鮮の華夷意識は「舜も東夷の人、文王も西夷の人」という機能概念的な華夷論の枠組みを清朝と共有していたのであった。

さきに見たように、大桑は日本でもこうした変動に対応して徳川将軍権力の神格化（神聖化）という現象が起こったことを指摘したが、一方で、日本を「中朝」＝中華と主張する日本中心主義を唱える山鹿素行などの儒者の登場も見られたとする。また、一七世紀段階の東アジア世界では「心学」世界という共通の思想基盤に立つ一体化とでも称すべき状況が現出していたのに対し、近代に遭遇したときには、一体としての東アジアはすでに存在せず、儒教的中華主義を基本とするエスノセントリズムの三国が存在しただけであったとする。すなわち清朝は多民族国家を標榜しながら自国中心主義を、朝鮮は儒教国家の正統な継承者を主張して朝鮮中心主義を、日本は神聖国家への道を、それぞれ展開しながら分裂の方向へと歩んでいったのである。

近世東アジアの国家と宗教

清朝の「鎮圧」「征服」を通じた「武威」による支配の確立、その後の関羽信仰を含む多様な宗教の包摂、それによる王権の権威調達と、自らの統治の正当化を目の当たりにするとき、大桑の指摘のとおり、徳川日本のみならず、中国近世社会（特に清朝）においても宗教は決して残滓などではなく、きわめて重要な意味を有する存在であったことがわかる。それは「武威」が圧倒した清朝初期より――十全武功のような大軍事遠征、「版図」の拡大・発展においても神々の加護が高らかに唱えられたが――、むしろ政権の土台が揺らいできた天理教の乱・太平天国の乱以降、関羽はもちろん多数の神々が顕聖し、王朝を加護したことが強調され、封号が乱発される清朝後期に顕著になっていく。いずれにせよ、清朝の対漢民族支配を考えるとき、王朝レヴェルにおける神々の加護の宣揚は、一般民衆の心性にまで踏み込んで、王朝の危機を訴えるとともに、神々の力を借りて自らに対する求心性を維持しようとするものにほかならなかった。一般に近世東アジアにおいて政教は容易には分離しがたく、むしろ互いに複雑に絡み合い結びついていたのである。

これに対してヨーロッパの諸国家と宗教に関する研究では、一七世紀以降、「脱宗教化」=世俗化が進んだという指摘にしばしば出会う。しかしヨーロッパの王権に世俗化を問うことには問題がないものの、近世東アジアの国家と宗教の関係にまで敷衍して、安易にこの用語・概念を持ち込むことはきわめて危険である。本書では、あくまで中国を中心とした近世東アジア世界に対象を止め、ヨーロッパ・キリスト教世界やイスラーム世界については、専門家の議論に委ねることにしたい。

三　近代国家と宗教

最後に、本書を終えるにあたって、近代到来以後の国家=中華民国と関羽信仰（関聖帝君）との関わりについて、見通しも含めながら論じておきたい。筆者はこれまで清朝期の関羽信仰を中心に文献史料を閲覧してきたため、中華民国期の関羽信仰については十分な史料収集・分析が進んでいない。しかしながら、この問題を考えるうえで一つのきわめて興味深い史料に出会うことができた。中国首都図書館蔵の中華民国陸軍海軍部編、民国三年（一九一四）序、鉛印本『関帝史略演詞』一冊である。該書は現在では濮文起他編『関帝文献匯編』にも所収されており、比較的容易に閲覧が可能である。該書は中華民国の陸軍部・海軍部で行われた軍人向けの講演内容を編集したものと推測されるが、それ以上の由来は定かではない。したがってどこまでここに書き留められた内容を信頼しうるか躊躇する部分もあるが、中華民国と関聖帝君の関係を考えるうえで興味深い視点を提供してくれるため、試みに検討し、本書で分析してきた前近代国家である清朝と関聖帝君との関係と比較することにしたい。

まず『関帝史略演詞』では冒頭に「大総統申令」を掲載している。このとき（一九一四年）の大総統は袁世凱と判断されるが、一部分を引用すると以下のとおりとなる。「撝《う》けとった陸軍・海軍部の呈文によれば、「現在は国家多難なときにあたり、武を尚び忠烈を褒め称えるべきである。いにしえは死をもって事にあたり、労をもって国を安定させた者は、みな祀典につけられた。ちかごろでは欧米諸国では銅像を鋳造し、日本にも靖国神社があって、先烈を表彰し、いずれの国家もみな同じである。〔しかし〕現在〔中国では〕武成廟の式典はなお欠落しているが、〔むやみに祀るのではなく〕道徳を褒め称えて功に報いるには、必ずや名実があわねばならない。関壮繆（関羽）は昭烈帝（劉備）に付き従い、岳武穆（岳飛）はひとり〔宋朝に対する〕精忠（忠義）が著しく、英雄の風格が明らかで、ともに〔その名は〕世界中に知れわたっており、まことにわが民族の英武・壮烈の精神を代表しているといえるので、謹んで関・岳を合祀して武廟とすべきである」という。しらべたところ、関・岳の両祠は長きにわたって祭祀され、我が国の人民は彼らの英雄的な功績を敬慕し、〔それは〕ほとんど下々にまで伝わっており、まことに忠武なる者たちによって国家の基礎が立てられ、それによって人民の士気が高められている。民国の肇基にあたって重要なのは尚武である。経書のなかにはもともと禡祭《ばさい》（軍隊の祭礼）に関する記載があり、唐宋以後においては武成王を祀った。……いま関・岳合祀の典礼について協議し、あわせて唐宋以来の武成廟の祭祀の規定を調査し、歴代の武功が輝きわたる名臣や名将および民国開国の忠烈将士を、酌量して従祀させれば、軍隊の士気を振るわせ、よってこれら御霊の保佑を得られるであろう。すべての我が国の人民はみな武祀を褒め称えることで、軍隊の士気を高め、国家の基礎を固めることができると知るべきである。これは末世の誤った祭祀ではなく、さらに仏教・道教の迷信とも異なっている。国民が道徳を身につけ、我が国を守る兵士となることは、もともと大総統の深く望むところである。ここに令す。中華民国三年（一九一四）一一月二〇日」。

この「大総統申令」のなかで最初に注目したいのが陸軍部・海軍部が大総統に提出した呈文の内容である。そこでは、アメリカやヨーロッパ諸国においては国家のために戦争で戦死したり功績を残したりした者について銅像を鋳して顕彰していること、日本にも靖国神社があって軍人の戦死者を祀っていることなどを述べたうえで、残念ながら中国には、かつて唐宋時代に存在した武成王廟のような軍人を祀る祠廟と祭典が欠如していると指摘されている。アメリカやヨーロッパ諸国については十分な情報が得られず、具体的に何をさしているのかは不明であるが、日本の場合、靖国神社が引き合いに出されている点は注目に値しよう。そして中国でもこのような軍人を祀る施設を建設すべきであるとし、蜀主（昭烈帝劉備）に忠誠を尽くした関羽、宋朝のために命を捧げた岳飛の二人の英雄をかつぎ出し、関岳廟を設け、それを武廟として認定しようと提起するのである。

これに対して大総統袁世凱は関羽・岳飛が歴史的にも長く祭祀されてきた英雄であることに同意し、民国建国後の困難のなかで重要なのは尚武であると強調する。そして唐宋時代の武成王廟の祭祀にならって、関羽・岳飛を主神とする関岳廟＝武廟を設置し、かつての名臣・名将および民国建国の忠烈将士をそこへ従祀させれば、軍隊の士気を高めるのみならず、国家の礎を定めることができるであろうと述べる。ここでさらに注意すべきは関羽・岳飛を祀ることについて、これをいわゆる「迷信」ではないと否定していることである。わざわざ「迷信」ではないと断っていることから、国民党が行っていた「迷信打破」運動との関連が想定されるが[19]、こうして国家祭祀として忠義を尽くした人物を祀るのは合法的なことであると言及している点はおもしろい。

こうした陸軍部・海軍部の要請、それに対する大総統の見解を踏まえたうえで、はっきり誰が誰に対して演説を行ったのかは判明しないものの、講演内容を見るかぎり、軍の上層部に位置する者が一般の軍人に向かって関羽に関する講話を行ったらしい。それをまとめた「関帝史略演詞」全体はあまりに長文であるため、本書の論旨に関わる二ヶ所のみ以下に訳出してみたい。

軍人は国家を保護し、人民を保護し、責任はきわめて重く、心のなかにはいつも一つの模範があり、これによって立ち居振る舞いを正し、はじめて軍人の責任を果たすことができます。……みなさん普段の信仰の対象は誰ですか。第一位は必ずや三国時代の関帝だと思います。古来の名将は多くいるのに、なぜ第一位は関帝なのでしょうか。なぜなら関帝の精神は、われわれの心のなかにあるからです。なぜわれわれは心のなかに関帝の精神をもっているのでしょうか。……関帝の忠義はすなわち天地の正気であります。人びとの心のなかには忠義があり、よって人びとの心のなかには関帝がいるのです。これはまさに関帝の精神が人びとの心のなかに留まっている証拠であります。人民の関公を祭祀する者も甚だ多い。これはまさに関帝の精神が人びとの心のなかに留まっている証拠であります。宋朝以来、歴代王朝では関帝を尊崇し、祀典に列し、人民は関帝を信仰し、国内の正神として奉じています。われわれ軍人は関帝がわれわれ軍人の軍神であると信じ、われわれが信じている軍神を奉じて、われわれ軍人の模範となせば、精神的に自ずとめざすところがあり、われわれ軍人が果たすべき責任も、自ずと果たせるようになるでしょう。

これは演説の冒頭部分である。この文章を一瞥すれば、講演が軍人を相手として行われたことを確信できるであろう。ここでは関羽の忠義を褒め称え、〝われわれ〟軍人の軍神・模範と持ち上げ、軍人たちを鼓舞している。講演者の意図が関羽の忠義を奨励し、軍人たちに軍人としての誇りと自信、責任感をもたせようとしている点にあることがわかる。この後、講演者は延々と関羽の事蹟を紹介したうえで、最後に以下のような言葉で講話の終わりを締め括っている。

民国の肇基において大総統が陸・海軍部の要請により、特に関帝および岳王を武廟に合祀することを認めました。すべての軍人が宣誓の大典を行うときには、いつも武廟で行礼することになりました。これによって中華民国政府の関・岳に対する崇敬は、前代に比べてさらに盛大なものとなったのです。総じて言うならば、関帝は一生忠義をもって国家を加護し、永久に人民を守るのであって、神としての根本は忠義の二字にあるのです。人びとの心のなかにはみな関帝の神霊があるというのも、忠義の二字にあります。われわれ軍人が関帝に学ぶべきは、ただ国家のために忠義を尽くし、ただ元首のために忠義を尽くすことです。大総統は国家の元首であり、元首に忠義を尽くすことは、すなわち国家に忠義を尽くすことになり、われわれ軍人の心はつねに関帝の神霊が見守っており、不忠不義の事があったとしても、それがわれわれの心を動揺させることはありません。国家を妨害する者があれば、それを国賊と見なし、必ずやそれに抵抗する、これが忠であります。人民を騒擾する者があれば、それを民賊と見なし、必ずやそれを撲滅する、これが義であります。忠義の二字が全うできれば、「護国」「保民」の責任は完全に尽くすことができます。これによってわれわれの精神は関帝の精神と相い通じ、関帝の神霊はつねにわれわれを守ってくれるのであり、われわれはわれわれの軍神を信仰すれば、自ずと幸福を得られるのであります。

右の冒頭の部分とさきに紹介した「大総統申令」が対応していることは間違いない。陸軍部・海軍部が申請した関羽と岳飛を武廟に合祀することは承認されたらしい。そして講演の最後では関羽の「忠義」が徹底的に強調されている。その「忠義」は国家に対するものであり、国家に対する忠義は国家元首に対する忠義に読み替えられ、国家元首はすなわち大総統であるとする。清代に見られた「伏魔」「破邪」「祈雨」など関羽にまつわるさまざまな要素の枝葉——ときにおどろおどろしく生々しい権能——は見事かつきれいに払い落とされ、わずかにその根幹たる「忠義」の文字のみが残され、クローズアップされることになった。関羽の「忠義」のみが近代国家に必要なものと見なされ、他は「迷信」的なものとして捨象されたのかもしれない。少なくとも近代国家にとって、「忠義」の体現者として軍人の模範たることが関羽に求められたのである。しかし実際には、民間では現在もなおいまだ根強く関羽の霊異伝説が創出され続けているし、国家も関羽のさまざまなかたちでの加護を期待していることは本書の冒頭で述べたとおりである。

関羽は間違いなく儒・仏・道三教合一の民間信仰の神霊である。しかしこれほどまで歴代の王朝国家と密接な関係を有してきた神霊は他に例を見ないであろう。こうした点を踏まえたとき、関羽信仰の研究は中国宗教史の一部分であるだけでなく、政治史の一部分でもあり、さらに一歩深めていえば国体思想史・精神史の一部分をもなすものであるといえるであろう。

註

序章　領域統合と民間信仰

（1）台湾寺廟網「雲林四湖保安宮」http://www.taiwantemple.com（二〇一八年三月六日閲覧）。

（2）『Lohas（楽活）澎湖湾』「検視主題——首届海峡両岸関帝世紀大交流」http://www.travel.bizph.com（二〇一八年四月二九日閲覧）。

（3）『中国時報』二〇〇七年七月二三日。

（4）海巡・海洋委員会海巡署東南沙分署、心霊信仰／心霊寄託／東沙大王廟 https://www.cga.gov.tw/GipOpen/wSite/mp?mp = 9994（二〇一八年九月五日閲覧）。

（5）中華人民共和国の「封建迷信」弾圧が科学的無神論（宗教・信仰と封建迷信とを「科学的」に区別したうえで、後者を厳禁する）ではなく戦闘的無神論（科学的な教育活動によらず暴力をともなって取り締まる）として展開されてきたことについては、太田出「民間信仰と封建迷信のはざまで」（『アジア遊学』（特集・中国の虚像と実像）五六号、二〇〇三年）を参照。

（6）濱島敦俊『総管信仰——近世江南農村社会と民間信仰』（研文出版、二〇〇一年）九頁において「土神」をこのように定義している。

（7）濱島前掲書、二三五～二三七頁。

（8）その他、城隍神に関する研究としては、那波利貞「支那に於ける都市の守護神に就きて」（『支那学』七巻三・四号、一九三四年）、小島毅「城隍廟制度の確立」（『思想』七九二号、一九九〇年）、鄭土有・王賢森『中国城隍信仰』（上海三聯書店、一九九四年）、巫仁恕「節慶・信仰与抗争——明清城隍信仰与城市群衆的集体抗議行為」（『中央研究院近代史研究所集刊』三四期、二〇〇〇年）、松本浩一「明代の城隍神信仰とその源流」（『図書館情報メディア研究』一巻二号、二〇〇三年）、水越知「清代後期における重慶府巴県の寺廟と地域社会——『巴県档案』寺廟関係档案の基礎的考察」（『史林』九八巻一号、二〇一五年）、同「「城隍出巡」祭礼と中国近世の都市空間」（『関西学院史学』四三巻、二〇一六年）などがある。

（9）濱島前掲書、二三七頁。

（10）濱島敦俊「近世江南李王考」（梅原郁編『中国近世の法制と社会』京都大学人文科学研究所、一九九三年、所収）五二六頁、濱島前掲書、八九～九六頁。
(11) 濱島前掲書、九一頁。引用箇所を読むかぎり、濱島は「神」になれなければ「鬼」となるという解釈を提示しているかのように見える。しかし漢民族の信仰としては、死後祀る者があれば（たとえば子孫）、それは「祖先」となり、祀る者がなければ「鬼」となる。したがって「神」か「鬼」かという二者択一ではないことに注意する必要がある。
(12) 朱海濱「近世浙東周雄信仰の発生と変容」（『東方学』一〇六輯、二〇〇三年）、朱海濱『祭祀政策与民間信仰変遷——近世浙江民間信仰研究』（復旦大学出版社、二〇〇八年）。
(13) 朱海濱前掲論文、九一頁。
(14) 朱海濱前掲書、一三七～一三八頁。
(15) 愛宕松男「天妃考」（『愛宕松男東洋史学論集』三一書房、第二巻、中国社会文化史、一九八七年）。
(16) 愛宕前掲論文、六九、九七頁。
(17) 愛宕前掲論文、六九頁。
(18) 愛宕前掲論文、六九～七四頁。
(19) 愛宕前掲論文、九〇～九一頁。
(20) 愛宕前掲論文、七二頁。
(21) 愛宕前掲論文、一四六頁。
(22) 愛宕前掲論文、一五〇～一五八頁。
(23) 李献璋『媽祖信仰の研究』（泰山文物社、一九七九年）。
(24) 李献璋前掲書、序、三頁。
(25) 李献璋前掲書、九三～一五二、五二九～五六八頁。
(26) 森田憲司「文昌帝君の成立——地方神から科挙の神へ」（梅原郁編『中国近世の都市と文化』京都大学人文科学研究所、同朋舎、一九八四年、所収）。
(27) 森田前掲論文、三九八～三九九頁。
(28) 森田前掲論文、四〇三頁。
(29) 森田前掲論文、四〇八～四一一頁。
(30) 濱島前掲書、七頁。
(31) 井上以智為「関羽祠廟の由来並に変遷（上）（下）」（『史林』二六巻一、二号、一九四一年）、同「関羽信仰の普及（一）」（『福岡商大論叢』四巻、一九五一年）、原田正巳「関羽信仰の二三の要素について」（『東方宗教』第八・九合集号、一九五五年）、Prasenjit Duara, *Culture, Power, and the State : Rural North China, 1990–1942*, Stanford University Press, 1988、郭松義「論明清時期的関羽崇拝」（『中国史研究』一九九〇年三期、一九九〇年）、小島毅「国家祭祀における軍神の変質――太公望から関羽へ」（『日中文化研究』三号、一九九二年）、李偉実「関羽崇拝初探」（『学術研究叢刊』一九九二年四期、一九九二年）、張羽新「清朝為什麼崇奉関羽？」（『世界宗教研究』一九九二年一期、一九九二年）、大塚秀高「関羽の物語について」（『埼玉大学紀要』三〇号、一九九四年）、洪淑苓『関公民間造型之研究――以関公伝説為重心的考察』（国立台湾大学出版委員会、一九九五年）、山田勝芳「関帝廟に集まる地域――中華「地域」と関帝信仰」（松本宣郎他編『地域の世界史7　信仰の地域史』山川出版社、一九九八年、所収）、李福清（B. Riftin）『関公伝説与三国演義』（台北、雲龍出版社、一九九九年）、蔡東洲・文廷海『関羽崇拝研究』（巴蜀書社出版、二〇〇一年）、朝山明彦「明末に於ける関羽の治河顕霊」（『東方宗教』一一一号、二〇〇八年）、包詩卿「明代軍事活動与関羽信仰伝播」（『中州学刊』一六五号、二〇〇八年）、同「明代関羽信仰伝播基礎述論」（『河北師範大学学報（哲学社会科学版）』三一期五号、二〇〇八年）、同「従関羽廟宇興修看明代関羽信仰中心的北移」（『西南大学学報（社会科学版）』三五期三号、二〇〇九年）、朱海濱「国家武神関羽明初興起考――従姜子牙到関羽」（『中国社会経済史研究』二〇一一期一号、二〇一一年）。

(32) 井上前掲「関羽祠廟の由来並に変遷（下）」二六六頁。

(33) 張羽新前掲論文、六四～七〇頁。

(34) 張羽新が掲げた文献史料を見ると、ヌルハチやホンタイジが入関前に『三国志演義』を満文に翻訳して武将に兵書として配布するなど、個人的な関心を有していたことが確認でき、きわめて興味深い。しかしこうした事実を何の媒介もなく、入関後の関羽信仰と直結させるのは、いささか強引すぎるのではないかと思われる。

(35) 茂木敏夫「中国的世界像の変容と再編」（『シリーズ二〇世紀中国史』一、中華世界と近代、東京大学出版会、二〇〇九年、所収）三八頁。

(36) 西嶋定生『中国古代国家と東アジア世界』（東京大学出版会、一九八三年）五九八頁。

(37) 平野聡「チベット仏教共同体と「中華」――清朝期多民族統合の一側面」（『国家学会雑誌』一一〇巻三号、一九九七年）二六〇～三二二頁、同「「公正な帝国」から「近代中華帝国」へ」（『歴史学研究』七七六号、二〇〇三年）四三～五三頁、同『清帝国とチベット問題――多民族統合の成立と瓦解』（名古屋大学出版会、二〇〇四年）。

(38) 濱下武志「近代東アジア国際体系」（平野健一郎編『講座　現代アジア4　地域システムと国際関係』東京大学出版会、一九九四年、所収）二八五～三二五頁、同『朝貢システムと近代アジア』（岩波書店、一九九七年）。

(39) 茂木敏夫「清末における「中国」の創出と日本」（『中国――社会と文化』一〇号、一九九五年）二五一～二六五頁、同『変容する近代東アジアの国際秩序』(世界史リブレット41、山川出版社、一九九七年)、同「東アジアにおける地域秩序形成の論理——朝貢・冊封体制の成立と変容」(辛島昇他編『地域の世界史3　地域の成り立ち』山川出版社、二〇〇〇年、所収)五二～八八頁。

(40) Mark Mancall, *China at the Center : 300 years of Foreign Policy*, New York, 1984.

(41) 片岡一忠『清朝新疆統治研究』(雄山閣、一九九一年)、同「朝賀規定からみた清朝と外藩・朝貢国の関係」(『駒沢史学』五二号、一九九八年、後に同著『中国官印制度研究』東方書店、二〇〇八年、所収、本書での頁数は後者による)三六七～三八四頁、同「印制にみえる清朝体制——清朝と八旗・外藩・朝貢国・中国内地の関係」(『歴史人類』二七号、筑波大学歴史・人類学系、一九九九年)一七九～二四〇頁。

(42) 石橋崇雄「清初皇帝権の形成過程——特に『丙子年四月〈秘録〉登ハン大位檔』にみえる太宗ホン・タイジの皇帝即位記事を中心として」(『東洋史研究』五三巻一号、一九九四年)九八～一三五頁、同「清初祭天儀礼考——特に『丙子年四月〈秘録〉登ハン大位檔』における太宗ホン・タイジの皇帝即位記録にみえる祭天記事を中心として」(石橋秀雄編『清代中国の諸問題』山川出版社、一九九五年、所収)五七～九二頁、同「清朝国家論」(『岩波講座　世界歴史13　東アジア・東南アジア伝統社会の形成』岩波書店、一九九八年、所収)一七三～一九二頁、同「清朝の支配権と典礼——特に清初前期におけるハン権・皇帝権と即位儀礼・祭天典礼の問題を中心として」(水林彪・金子修一・渡辺節夫編『王権のコスモロジー』弘文堂、一九九八年、所収)二〇六～二三二頁、同『大清帝国』(講談社選書メチエ一七四、二〇〇〇年)

(43) 石濱裕美子『チベット仏教世界の歴史的研究』(東方書店、二〇〇一年)。

(44) 平野前掲書。

(45) 濱田正美「「塩の義務」と「聖戦」との間で」(『東洋史研究』五二巻二号、一九九三年)一二二～一四八頁、同「モグール・ウルスから新疆へ——東トルキスタンと明清王朝」(『岩波講座　世界歴史13　東アジア・東南アジア伝統社会の形成』岩波書店、一九九八年、所収)九七～一一九頁。

(46) 西嶋前掲書、同『西嶋定生東アジア論集』(第三巻、岩波書店、二〇〇二年)。

(47) 石濱裕美子「書評　平野聡『清帝国とチベット問題』」(『歴史学研究』八〇四号、二〇〇五年)、同「書評　平野聡『清帝国とチベット問題』」(『東洋史研究』六四巻二号、二〇〇五年)、杉山清彦「書評　平野聡『清帝国とチベット問題』」(『史学雑誌』一一五編九号、二〇〇六年)。

(48) 特に対象を明清時代に限らねば、かなり多くの研究が蓄積されている。代表的なものとしては加地伸行『儒教とは何か』(中公新書、一九九〇年)、妹尾達彦「帝国の宇宙論——中華帝国の祭天儀礼」(水林彪・金子修一・渡辺節夫前掲書、所収)二三三～二五五頁、渡邉義浩『儒教と中国——「二千年の正統思想」の起源』(講談社、二〇一〇年)、小島毅「儒教経学と王権」(小島毅編『アジア遊学——東アジアの王権と宗教』勉誠出版、二〇一二年、所収）五二～六四頁、横手裕「道教と唐宋王朝」（小島前掲書、所収）一一七～一三二頁などがあげられる。

（49）太田出『中国近世の罪と罰』（名古屋大学出版会、二〇一五年）。

（50）昨年、これら関羽に関係する文献を総合的に研究した書籍が出版された。伊藤晋太郎『「関帝文献」の研究』（汲古書院、二〇一八年）を参照。

第一章　唐朝から明朝における関羽の神格化

（1）羅貫中（著）、立間祥介（訳）『三国志演義』下巻（平凡社、一九七二年）一四六～一四七頁。

（2）前掲『三国志演義』一九二頁。

（3）井上以智為「関羽祠廟の由来並に変遷（下）」（『史林』二六巻二号、一九四一年）二六六頁。

（4）濱島敦俊「明清時代、江南農村の「社」と土地廟」（『山根幸夫教授退休記念明代史論叢』下巻、汲古書院、一九九〇年、所収）、同「江南劉姓神雑考」（大阪大学『待兼山論叢』史学篇、二四号、一九九〇年）、同「明清江南城隍考・補考」（唐代史研究会編『中国の都市と農村』汲古書院、一九九二年、所収）、同「明清江南農村的商業化与民間信仰的変質——囲繞〝総管信仰〟」（葉顕恩主編『清代区域社会経済研究』（上）、中華書局、一九九二年、所収）、同「近世江南李王考」（梅原郁編『中国近世の法制と社会』京都大学人文科学研究所、一九九三年、所収）、同「近世江南金総管考」（小野和子編『明末清初の社会と文化』京都大学人文科学研究所、一九九六年、所収）、同『総管信仰——近世江南農村社会と民間信仰』（研文出版、二〇〇一年）。

（5）濱島前掲「近世江南李王考」五二六頁、濱島前掲書、八九～九六頁。

（6）濱島前掲書、九一頁。

（7）今鷹真・小南一郎・井波律子（訳）『三国志Ⅱ』（世界古典文学全集、筑摩書房、一九八二年）三七七頁。

（8）前掲『三国志Ⅱ』三七八頁。

（9）前掲『三国志Ⅱ』三七八～三七九頁。

（10）大塚秀高「関羽の物語について」（『埼玉大学紀要』三〇号、一九九四年）。

（11）前掲『三国志演義』一四六～一四七頁。

（12）前掲『三国志演義』一五〇頁。

（13）前掲『三国志演義』二〇九～二一〇頁。

（14）前掲『三国志演義』一九二頁。

(15) 前掲『三国志演義』二八七～二八八頁。
(16) 洪淑苓『関公民間造型之研究――以関公伝説為重心的考察』(国立台湾大学文史叢刊、一九九五年) 一一四～一一九頁。
(17) 山田勝芳「関帝廟に集まる地域――中華「地域」と関帝信仰」(松本宣郎他編『地域の世界史7 信仰の地域史』山川出版社、一九九八年、所収) 二二二頁。
(18) 小島毅「国家祭祀における軍神の変質――太公望から関羽へ」(『日中文化研究』三号、一九九二年) 七二頁。
(19) 井上以智為「関羽祠廟の由来並に変遷(上)」(『史林』二六巻一号、一九四一年) 四六頁、同「関羽信仰の普及(一)」(『福岡商大論叢』四巻、一九五一年) 五頁には、いずれも「建中三年」と見えるが、後掲史料に見えるように、建中四年の誤りではないかと推測される。
(20) 井上前掲「関羽祠廟の由来並に変遷(上)」四六頁。
(21) 井上前掲「関羽祠廟の由来並に変遷(上)」四六頁。
(22) 井上前掲「関羽祠廟の由来並に変遷(上)」四八～四九頁。
(23) 康熙『四川叙州府志』巻一、祠祀。以下、本章で使用する史料のなかには、面迫祥子「一六世紀から一八世紀における中国の関羽信仰」(二〇一四年度広島大学修士論文)にて初めて検討されたものもある。ここでは本人の承諾を得たうえで引用させていただく(分析・解釈は筆者自身が行っており、それらの責任は筆者にある)。ここに記して感謝の意を表するとともに、読者には併読されることを期待したい。
(24) 井上前掲「関羽祠廟の由来並に変遷(下)」五三頁。
(25) 井上前掲「関羽祠廟の由来並に変遷(下)」五三～五四頁。
(26) 井上前掲「関羽祠廟の由来並に変遷(下)」五五頁。
(27) 井上前掲「関羽祠廟の由来並に変遷(下)」五五～五六頁。
(28) 光緒『黄巌県志』巻九、建置志、叢祠。
(29) 光緒『浦江県志稿』巻一三、祠廟。
(30) 嘉靖『邵武府志』巻一〇、祀典。
(31) 嘉慶『納渓県志』巻、二、壇壝。
(32) 井上前掲「関羽祠廟の由来並に変遷(下)」五七頁。
(33) 井上前掲「関羽祠廟の由来並に変遷(下)」五八頁。
(34) 井上前掲「関羽祠廟の由来並に変遷(下)」五八～五九頁。

(35) 道光『茂州志』巻二、祠廟。
(36) 宮紀子『モンゴル時代の出版文化』（名古屋大学出版会、二〇〇六年）一四二～一七六頁。
(37) 宮前掲書、一五六頁。
(38) 宮前掲書、一五六～一五七頁。
(39) 宮前掲書、一五八頁。
(40) 宮前掲書、一五八頁。
(41) 井上前掲「関羽祠廟の由来並に変遷（下）」六一～七〇頁。
(42) 朱元璋による明初の宗教政策については濱島前掲書、一一四～一二五頁を参照。
(43) 井上前掲「関羽祠廟の由来並に変遷（下）」六一～六二頁。
(44) 井上前掲「関羽祠廟の由来並に変遷（下）」六三頁。
(45) 井上前掲「関羽祠廟の由来並に変遷（下）」六三頁。
(46) 井上前掲「関羽祠廟の由来並に変遷（下）」六三頁。
(47) 井上前掲「関羽祠廟の由来並に変遷（下）」六三～六五頁。
(48) 井上前掲「関羽祠廟の由来並に変遷（下）」六九頁。
(49) 井上前掲「関羽祠廟の由来並に変遷（下）」七〇頁。
(50) 井上前掲「関羽祠廟の由来並に変遷（下）」六七～六八頁。
(51) 井上前掲「関羽祠廟の由来並に変遷（下）」六八、七二頁。朝鮮、李肯翊編『燃藜室記述別集』（一九一四年、京城朝鮮光文会）巻四。
(52) 唐順之は、『明史』巻二〇五によれば、字は応徳、武進の人である。嘉靖八年（一五二九）に首席で会試に及第した。翰林院で歴朝の実録の校訂に従事していたものの、のちに罷免された。倭寇の来襲に際して、趙文華らの推挙によって復官し、郎中に任じられ、胡宗憲とともに賊を討伐し、右僉都御史、鳳陽巡撫に任じられた。嘉靖三九年（一五六〇）に五四歳で没した。
(53) 唐時升は、『明史』巻二八八によれば、字は叔達、嘉定の人である。三〇歳に満たずして、科挙を辞し、古学に専念した。同里の婁堅・程嘉燧と並んで「練川三老」と称された。崇禎九年（一六三六）に八六歳で没した。
(54) 面迫前掲論文、第一章を参照。
(55) 鄧茂七の乱については、谷川道雄・森正夫編『中国民衆叛乱史』2〈宋～明中期〉（平凡社、一九七九年）三五三～四六八頁、宮崎市定『宮崎市定全集』一三巻（岩波書店、一九九二年）六六～七九頁を参照。

(56) 鄭和の大航海については、寺田隆信『中国の大航海者 鄭和』(清水新書、一九八四年)、ルイス・リヴァシーズ(著)、君野隆久(訳)『中国が海を支配したとき――鄭和とその時代』(新書館、一九九六年)、上田信『シナ海域 蜃気楼王国の興亡』(講談社、二〇一三年)を参照。
(57) 浅井紀「明末における奢安の乱と白蓮教」(慶應義塾大学『史学』四七巻三号、一九七六年)二三一～二六〇頁。
(58) 谷川道雄・森正夫編『中国民衆叛乱史』3〈明末～清Ⅰ〉(平凡社、一九八二年)、吉尾寛『明末の流賊反乱と地域社会』(汲古書院、二〇〇一年)を参照。
(59) 同治『重修涪州志』巻八、人物志、仕宦によれば、夏道碩は四川省大寧・大竹知県、兵部武選司主事を歴任した。

第二章 清朝と関聖帝君の「顕聖」

(1) 道光『揚州営志』巻一四、祝儀志には、関羽の生誕日＝五月一三日は揚州営のみで、春秋の二季は文官と共同で祭祀したとあるから、清初は緑営の武官(八旗は不明)のみが祀り、雍正年間にいたって、文官も参加するようになったと考えられる。
(2) 井上以智為「関羽祠廟の由来並に変遷(下)」(『史林』二六巻二号、一九四一年)七二～八二頁。
(3) 呉福生の乱については、張士陽「清代台湾における先住民の社会変容」(神奈川大学中国語学科編『中国民衆史への視座――新シノロジー・歴史篇』東方書店、一九九八年、所収)を参照。
(4) 井上前掲論文、七四頁。
(5) 光緒『順天府志』京師志六、祠祀、関帝廟、「御製重修関帝廟碑記」(乾隆三三年)に「我が国家において久しく霊威を仰ぎ、近頃では西師の役において、また昭らかに加護を蒙り、ゆえに特に加封して忠義・神武・霊佑と曰った」という記載があるのを筆者は発見した。
(6) 李献璋『媽祖信仰の研究』(泰山文物社、一九七九年)二八九～三一一頁。
(7) 森田憲司「文昌帝君の成立――地方神から科挙の神へ」(梅原郁編『中国近世の都市と文化』京都大学人文科学研究所、同朋舎、一九八四年、所収)四一一頁。
(8) 井上前掲論文、七四～七五頁。
(9) たとえば、光緒『駐粤八旗志』巻二～四、建置志には、関帝廟の存在を確認できない。
(10) 旗纛については、山本さくら「明代の旗纛廟――地方志における旗纛廟の考察」(別府大学『史学論叢』三四号、二〇〇四年)を参照。
(11) 雍正『八旗通志初集』巻五五、典礼志六(東北師範大学出版社)一〇四八頁に確認できる。

（12）郭松義「論明清時期的関羽崇拝」（『中国史研究』一九九〇年三期、一九九〇年）一三〇頁。
（13）道光『揚州営志』巻二、輿図、「揚州府城守汛図」「揚州営旧教場基制図」および巻一四、祝儀志。
（14）道光『揚州営志』巻二、輿図、「揚州営旧教場基制図」および巻一六、藝文志、康熙二九年「修三義閣記」。
（15）井上前掲論文、五六～六四頁、原田正巳「関羽信仰の二三の要素について」（『東方宗教』第八・九合集号、一九五五年）三一～三三頁、柴継光『運城塩池研究』（山西人民出版社、一九九一年）一四～一五頁。
（16）柴継光前掲書『運城塩池研究』八～一五頁。
（17）濱島敦俊「近世江南李王考」（梅原郁編『中国近世の法制と社会』京都大学人文科学研究所、一九九三年、所収）五二六頁、同『総管信仰――近世江南農村社会と民間信仰』（研文出版、二〇〇一年）八九～九六頁。その他に同「明清時代、江南農村の「社」と土地廟」（『山根幸夫教授退休記念明代史論叢』下巻、汲古書院、一九九〇年、所収）、同「江南劉姓神雑考」（大阪大学『待兼山論叢』史学篇、二四号、一九九〇年）、同「明清江南城隍考・補考」（唐代史研究会編『中国の都市と農村』汲古書院、一九九二年、所収）、同「明清江南農村的商業化与民間信仰的変質――囲繞〝総管信仰〟」（葉顕恩主編『清代区域社会経済研究』（上）、中華書局、一九九二年、所収）、同「近世江南金総管考」（小野和子編『明末清初の社会と文化』京都大学人文科学研究所、一九九六年、所収）を参照。
（18）清朝の祀典（公式祭祀リスト）中における関羽の正式な封号は関聖大帝であるが、民間では関聖帝君として親しまれ、史料中ではもっぱら関聖帝君・関帝と表現される。『光緒会典事例』巻四三八、礼部、中祀、関聖帝君廟によれば、清朝も光緒七年（一八八一）に関聖大帝を関聖帝君に改めている。それゆえに本書中でも清代における神として登場する際には関聖帝君に統一することとする。
（19）代表的な研究としては、蕭育民「清嘉慶天理教起義」（李光璧他編『中国農民起義論集』三聯書店、一九五八年、所収）、Susan Naquin, 1976, *Millenarian Rebellion in China: The Eight Trigrams Uprising of 1813*, Yale University Press, New Haven and London、秦宝琦『中国地下社会（清前期秘密社会巻）』（学苑出版社、一九九三年）などがある。
（20）近代中国史料叢刊二〇六、『那文毅公（彦成）総統河南等省軍務奏議』巻三五「籌定善後」。
（21）那彦成は満洲正白旗人で、乾隆五四年（一七八九）の進士。その後、翰林院庶吉士、礼部尚書、両広総督をへて、嘉慶一四年（一八〇九）一二月に陝甘総督に着任、在任中に天理教の乱が勃発したため、欽差大臣に任ぜられて鎮圧の指揮にあたった。『清史列伝』巻三三に伝がある。
（22）同治『滑県志』巻一二、雑志、教諭郭景泰「教匪紀事」。
（23）小田則子「清朝と民間宗教結社――嘉慶帝の「邪教説」を中心として」（『東方学』八八、一九九四年）二一～六頁。

(24) 清代歴史資料叢刊、（清）蘭簃外史『靖逆記』（上海書店、一九八七年）巻三「平定滑県」。
(25) 蘭簃外史『靖逆記』の出版説明による。
(26) 『那文毅公（彦成）総統河南等省軍務奏議』巻三五「籌定善後」。
(27) 蘭簃外史『靖逆記』巻一「蹕回鑾伏莽」。
(28) 関聖帝君の「紅臉《あかいかお》」は有名で、現在でも関聖帝君といえば〝紅〟がイメージされることは周知のとおりである。
(29) 金井徳幸「社神と道教」（『道教』二、道教の展開、平河出版社、一九八三年、所収）一八六頁。
(30) 佐々木衛『近代中国の社会と民衆文化——日中共同研究・華北農村社会調査資料集』（東方書店、一九九二年）九四頁。
(31) 蘭簃外史『靖逆記』巻一「蹕回鑾伏莽」、按語。
(32) 天人相関説・天人感応説については、溝口雄三『中国の思想』（放送大学教育振興会、一九九一年）九～二八頁を参照。
(33) 太平天国・捻軍についてはきわめて多くの先行研究が存在する。さしあたり羅爾綱『太平天国史稿』（中華書局、一九五五年）、同『太平天国史事考』（三聯書店、一九五五年）、江地『捻軍史初探』（三聯書店、一九五六年）、同『初期捻軍史論叢』（三聯書店、一九五九年）、小野信爾「捻子と捻軍——清末農民戦争の一側面」（『東洋史研究』二〇巻一号、一九六一年）、鈴木中正『中国史における革命と宗教』（東京大学出版会、一九七四年）、小島晋治『太平天国革命の歴史と思想』（研文出版、一九七八年）、同『太平天国運動と現代中国』（研文出版、一九九三年）、三石善吉『中国の千年王国』（東京大学出版会、一九九一年）、菊池秀明『広西移住民社会と太平天国』（風響社、一九九八年）、並木頼寿『捻軍と華北社会——近代中国における民衆反乱』（研文出版、二〇一〇年）を参照されたい。
(34) 郭松義前掲論文、一二九頁、張羽新「清朝為什麼崇拝関羽？」（『世界宗教研究』一九九二年一期、一九九二年）六八頁。
(35) 『関聖帝君聖蹟図誌全集』巻一（光緒刊本、濮文起他編『関帝文献匯編』一、所収）。
(36) 中国第一歴史档案館蔵、軍機処録副奏摺、農民運動類、補遺項、九〇一二巻九七号。

同治三年五月初一日、内閣奉上諭、巴揚阿奏、神霊助順、請頒給匾額一摺。咸豊四年間、賊犯荊州龍会橋、官軍以少勝多、転危為安。拠奏実頼関帝神霊黙佑。覧奏。実深寅感。

(37) 中国第一歴史档案館蔵、軍機処録副奏摺、農民運動類、補遺項、九〇一二巻九三号、同治元年七月二九日、陝西巡撫瑛棨「奏為関帝両次顕霊懇恩頒給匾額仰祈聖鑑事」。

窃拠潼商道蔣徴陶、転拠潼関庁同知劉芬奏称、本年五月初一日、粤逆馬歩四万餘人、囲攻庁城、経城上官兵開放槍砲、不独分紮平夷之賊、均被撃殺、即踞険負隅者、無不応手立斃。並拠生擒逆賊及被脅民人僉供、伊等駐紮城之南塬、高而且遠、最難攻達、亦被槍砲撃傷多人。夜間遙望城上、火焰連天、旌旗耀目、隠有無数官兵、出城夾撃、営中驚乱、以致敗退。其為関帝神霊、毫無疑義。

(38) このときの陝甘回族の反乱については、中田吉信「同治年間の陝甘の回乱について」（『近代中国研究』第三集、一九五九年）を参照。

(39) 金文京によれば、芝居の臉譜や民間伝説では、関羽の顔は紅く、張飛の顔は黒かった。そのように考えれば、「黒臉」とは張飛のことであるかもしれない。金文京『三国志演義の世界』（東方書店、一九九三年）一五九頁を参照。

(40) 中国第一歴史檔案館蔵、軍機処録副奏摺、農民運動類、補遺項、九〇一二巻九六号。
同治三年四月十四日、内閣奉上諭、李鴻章奏、神霊助順、請頒給匾額等語。江蘇官軍囲攻常州府城時、適値昼夜霪霖、砲火難施。該撫虔禱於関帝廟、幸頼神霊默佑、於旋晴霽、且於攻城喫緊之際、忽転順風、鎗砲火器、施放異常得力、立将常州府城攻抜、並拠称査明、常州府城係咸豊十年四月初六日未時、失陥、此次亦於四月初六日未時、克復等語。覧奏。実深寅感。

(41) 柴継光は、康熙七年（一六六八）に直隷広平府の漳河の水位が上がったとき、関聖帝君が水中の妖怪を殺して、洪水から住民の生命・財産を救ったという逸話を紹介している（柴継光・柴虹『武聖関羽』山西古籍出版社、一九九六年、一四九〜一五〇頁）。また金井徳幸も関聖帝君に水旱を防ぐ霊力があったと述べている（金井前掲論文、一八六頁）。このように関聖帝君に広く降雨に関わる霊力を認めるならば、李鴻章が祈晴（禱晴）を行った可能性も十分にありえよう。

(42) 『関聖帝君聖蹟図誌全集』巻一（光緒刊本、濮文起他編『関帝文献匯編』一、所収）。

(43) 捻軍の指導者張楽行（張落行）については、江地前掲『捻軍史初探』七〜二一頁、並木前掲書、四〇〜六七頁を参照。

(44) 『明清史料』壬編第七本、六八二、礼部「為本部議覆河南巡撫英奏」移会。

(45) 吉岡義豊「呂祖の信仰と中国の民衆神」（『日本仏教学会年報』二一、一九五五年）、中村裕一「道教と年中行事」（『道教』二、道教の展開、平河出版社、一九八三年、所収）三九二〜三九三頁、窪徳忠『道教の神々』（平河出版社、一九八六年）一七六〜一七七頁。

(46) 窪前掲書、二四三〜二四六頁、二六八〜二七一頁。

(47) 劉志文『中国民間信神俗』（広東旅游出版社、一九九一年）二九五頁。

(48) 那波利貞「支那に於ける都市の守護神に就きて」（『支那学』七巻三・四号、一九三四年）、鄧嗣禹「城隍考」（『燕京大学史学年報』二巻二期、一九三五年）、中村哲夫「城隍神信仰からみた旧中国の国家と社会」（『富山大学教養部紀要』八号、一九七六年、後に同著『近代中国社会史研究序説』法律文化社、一九八四年、第三章、所収）、酒井忠夫「中国江南史上の道教信仰——特に土地神信仰をめぐる文化の地域性」（仏教史学会三〇周年記念『仏教の歴史と文化』一九八〇年、所収）、金井前掲論文、一八七〜一九一頁、濱島敦俊「明清江南城隍考」（唐代史研究会編『中国都市の歴史的研究』汲古書院、一九八八年、所収）、同「明清城隍

考」（『榎博士頌寿記念東洋史論叢』汲古書院、一九八八年、所収）、同「明清時代、江南農村の「社」と土地廟」（『山根幸夫教授退休記念明代史論叢』下巻、汲古書院、一九九〇年、所収）、同「明清江南城隍考・補考」（唐代史研究会編『中国の都市と農村』汲古書院、一九九二年、所収）、早田充宏「城隍神信仰の変遷について」（『東洋の思想と宗教』五号、一九八八年）、小島毅「城隍廟制度の確立」（『思想』七九二号、一九九〇年）、同「正祠と淫祠——福建の地方志における記述と論理」（『東洋文化研究所紀要』一一四号、一九九一年）。

(49) 現在のところ、この僧伽大聖がいかなる神であったかは判明しない。今後の調査に期したい。

(50) 中国第一歴史檔案館蔵、軍機処録副奏摺、農民運動類、補遺項、九〇一二巻九四号、同治三年二月一九日、上諭。
同治三年二月十九日、内閣奉上諭、呉棠奏、神霊顕応、懇請頒給匾額一摺。上年五月間、匪徒盛広大等勾結髪逆、渡江図襲通州城、幸頼城隍及僧伽大聖神霊黙佑、得以転危為安、実深寅感。着南書房翰林恭摺、匾額各一方頒給。呉棠祇欽敬謹、懸掛通州城隍廟並僧伽大聖殿、用答神庥。欽此。

(51) 中国第一歴史檔案館蔵、軍機処録副奏摺、農民運動類、補遺項、九〇一二巻九五号、同治三年二月二九日、上諭。
同治三年二月二十九日、内閣奉上諭、張集馨奏、神霊佑助、請頒給匾額一摺。据奏本年正月間、陝西漢中、髪逆畳次竄撲、寧陝庁城、幸頼城隍神霊黙佑、得以転危為安、実深寅感。着南書房翰林恭摺、匾額一方頒給。張集馨祇欽敬謹、懸掛寧陝庁城隍廟、以答神庥。欽此。

(52) 中国第一歴史檔案館蔵、軍機処録副奏摺、農民運動類、補遺項、九〇一二巻九八号、同治一一年四月、湖広総督李瀚章・湖北巡撫郭柏蔭「奏為湖北蒲圻県城隍神霊顕応護佑地方抛情懇恩加封恭摺具陳仰祈聖鑑事」。
窃抛湖北蒲圻県知県姚縄瀛詳、抛紳士陳光聯等稟称、蒲圻県城隍、前明洪武年間、封顕佑伯、相伝係漢忠臣紀信之霊、本邑崇祀以来、捍災御患、祈雨禱晴、最為顕応。咸豊五年、髪逆大股、竄陥蒲圻県城、近城一帯皆為賊擾。前撫臣胡林翼、駐軍西城外、連日攻撃、忽於夜間、賊見有大兵自西城殺入、火光沖天、有顕佑伯紀旗号、威勇莫当。賊軍大乱、即開北門逃竄、自相践踏、死者甚多。官軍進殺数里、大獲全勝。抛擒獲賊供所以奔潰情形、始知神霊黙助、地方幸獲平靖、洵属御災捍患、有功於民、応請奏乞封号、以答神庥等情。

(53) 濱島前掲「明清城隍考」。

(54) 小島毅前掲「城隍廟制度の確立」二〇九～二一一頁。

(55)『漢書』巻一上、高帝紀第一上。

(56)『明清史料』壬編第七本、六八五、礼部「為本部議覆署河南巡撫瑛奏」移会。

(57)『明清史料』壬編第七本、六八五、礼部「為本部議覆署河南巡撫瑛奏」移会。

(58) 濱島敦俊「近世江南李王考」（梅原郁編『中国近世の法制と社会』京都大学人文科学研究所、一九九三年、所収）五一一頁。
(59)『後漢書』巻十五、李通伝。
(60)「墟」とは農村部にある市場町（マーケットタウン）をさす。広東や福建では「墟」といい、他の地域では「市」「鎮」「集」「場」などとも呼ばれた。林和生「明清時代広東の墟と市——伝統的市場（いちば）の形態と機能に関する一考察」（『史林』六三巻一号、一九八〇年）を参照。
(61) 中国第一歴史檔案館蔵、軍機処録副奏摺、農民運動類、補遺四二、嘉慶八年正月一二日、那彦成「奏為奏聞事」。
窃査博羅県羊屎坑内之柏塘墟、建有関帝廟。本年、陳爛厳在起事時、赴廟卜往東南永安利否、神賜籤往東南不利、往西北吉。該匪等将神像抬行、即向西北响水一帯焚刼、正値提臣孫金謀帯兵、由此路進剿、賊敗入羅渓営、又被攻克。該匪等怨神不佑、胆敢毀像棄擲。査柏塘墟赴永安甚近、当日該匪等、若直奔東南、会合永安匪徒、居民被禍更惨、事更難辦。伏査、関帝自我朝開国以来、久著威顕。茲於陳爛厳在小坑作乱、賜籤誘令遇兵敗潰、旋即投首莫非神霊黙佑、速得戦功。奴才因委員査辦博羅撫恤、知有此事、随仍恭塑神像、修整廟宇。開光之日、四方男婦瞻謁者、竟有数千人、無不感荷威霊、歓声雷動。
(62) 関聖帝君の御神籤（霊籤）は非常に有名で、『関帝明聖真経』など関聖帝君の善書に詳註附きで載せられている場合が多い。さしあたり光緒癸卯（二九年）仲夏・上海酔六堂印『関帝明聖真経』（筆者蔵）によった。
(63) 濱島前掲「近世江南李王考」五一三～五一四頁、濱島前掲書、一〇～一四頁。
(64) 鈴木前掲書、二八四～二八七頁。

第三章　関帝廟という装置

(1) 山田勝芳「関帝廟に集まる地域——中華「地域」と関帝信仰」（松本宣郎他編『地域の世界史7　信仰の地域史』山川出版社、一九九八年、所収）。
(2) さしあたり太田出・林淑美「福建省龍海市歩文鎮蓮池社・石倉社・玄壇宮社調査報告（上）」（神戸商科大学『人文論集』三七巻三号、二〇〇二年）、同「福建省龍海市歩文鎮蓮池社・石倉社・玄壇宮社調査報告（下）」（神戸商科大学『人文論集』三九巻一・二合併号、二〇〇三年）を参照。
(3) これらの関帝廟については、太田出「民間信仰と封建迷信のはざまで」（『アジア遊学』五六号、二〇〇三年）も参照されたい。
(4) 周倉は正史にその名が見えず、架空の人物であった可能性が高い。『三国志演義』（第七七回）では、関羽が麦城で呉軍に殺された際、自ら首をはねて死んでいる。

（5）明・万暦一〇年（一五八二）に協天大帝に封ぜられた。前掲表1-1および井上以智為「関羽信仰の普及（一）」（『福岡商大論叢』四号、一九五一年）を参照。

（6）北宋・大観二年（一一〇八）に徽宗によって加封された。宣和五年（一一二三）には義勇武安王に封ぜられている。前掲表1-1および井上前掲論文を参照。

（7）明・万暦四〇年（一六一二）、知県羅登雲「武安王廟首創香灯租碑記」。

至其力扶漢室為一代之忠臣、而其□畳顕於歴代、則又為歴代之忠臣歟、無論唐宋、即如我朝。閩広倭変、其殺戳〔戮〕幾不遺種。蓋甲子□□年間及今、黄童白叟皆能記憶之。自余為詔安幸際太平□□□発渙其義。而南詔所署篆千戸侯鄧公、為余述其曩昔、巧父託□之遺言、倭偸入城、有蕭墻為之導引、蓋其変也、而雲長之□□□之。此等霊異、与吾恵州之変、大略相似。倭之猖獗也、土兵・浙兵不敵也、而反戈相向。城中人民、白日見紅面将軍、作風雨退□。其霊顕与詔安無異。

（8）伝統中国の御神籤については、酒井忠夫他編『中国の霊籤・薬籤集成』（風響社、一九九二年）が参考になる。

（9）善書とは勧善書の略。一般民衆の社会倫理や社会道徳を説いたもの。『関帝明聖経』は『太上感応篇』『陰隲文』とともに三大善書の一つに数えられる。酒井忠夫『中国善書の研究』（弘文堂、一九六三年）を参照。

（10）清・光緒一八年（一八九二）、「重修赤嶺廟碑記文」。

漳郡城東十里曰赤嶺、有関帝廟等祠、不知□自何時者。諸誌始拓於順治十四年丁酉、再修於康熙四十四年乙酉、最□則修於嘉慶丁酉《ママ》也（嘉慶丁酉は存在しない。引用者補）。

（11）「民間信仰活動許可証」については、太田前掲「民間信仰と封建迷信のはざまで」のなかで簡単な検討を行ったので参照されたい。

（12）明・正統年間（一五〇六～二一年）に発生した民衆反乱。宦官劉瑾《きん》一派の苛斂誅求に苦しみ蜂起、主に北直隷・山東・河南など華北で活動したが、正徳八年（一五一三）に鎮圧された。西村元照「劉六劉七の乱について」（『東洋史研究』三二巻四号、一九七四年）を参照。

（13）民国『睢寧県旧志』巻九、災祥。

（14）清水教王倫の乱については、佐藤公彦「乾隆三十九年王倫清水教叛乱小論——義和団論序説」（『一橋論叢』八一巻三号、一九七九年）、韓書瑞（Susan Naquin）「王倫起義的教派」（『中国農民戦争史論叢』四号、一九八二年、所収）、秦宝琦『中国地下社会（清前期秘密社会巻）』（学苑出版社、一九九三年）第六章第二節を参照。

（15）徐績は正藍旗漢軍人。山東兗州府泉河通判、山東按察使などを歴任し、乾隆三六年（一七七一）一〇月より山東巡撫に着任。在任中に王倫の乱が勃発した。同四〇年（一七七五）には、河南巡撫に転任している（『清史列伝』巻二七、徐績）。

(16) 王元啓撰『祇年居士集』巻二二、記二、「勅封忠義神武大帝霊応記」。
往者、陽穀県妖人王倫為乱時、臣績巡撫山東、調兵往剿、自以標兵四百人従、馳赴東昌、扼賊之衝、賊攻城不可克、退去。臣即率兵追躡其後、遇于小鄧荘・張四孤荘、殲其大半。進次柳林、伏賊四起、我軍陥重囲中、士皆殊死闘。俄而疾風揚砂、杳冥昼晦、賊衆潰乱、罔知所向。適会兖兵継至、併力前剿、賊逐以遯。乾隆三十九年九月七日事也。賊既退、従者言「囲急時、見有緑袍赤臉、如廟中関聖像、左右指麾、賊遂崩潰」。臣績未之敢信。比集標兵、存不満百、検視衣履、多為賊刀劃傷、因念此身不殞于賊、殆有神護。賊平之後、執訊餘党之就俘者、僉言「攻東昌及柳林対陣時、両見聖像、衆遂胆慄而退」。詢其状、与従者所言悉合。

(17) 関羽に関する志書は元代以降、特に明清時代に多く刊行された。濮文起編『関帝文献匯編』（全一〇冊、国際文化出版、一九九五年）には『関聖帝君聖蹟図誌全集』をも含めて、多数の志書が収録されている。

(18) 黄蓋は『三国志』呉書、巻五五に立伝されており、字は公覆、荊州零陵郡の人で、孫堅が義兵を挙げるとこれに従ったという。しかしなぜ広東省韶州府で「顕聖」したかは判然としない。

(19) 楚逆とは康熙一二年（一六七三）に発生した三藩の乱のうち、呉三桂（他に尚之信・耿精忠）による乱をさす。呉三桂は康熙一七年（一六七八）、湖南（楚）の衡州で帝位に即いたが、半年ほどで死亡した。神田信夫「平西王呉三桂の研究」（『明治大学文学部研究報告』東洋史二、一九五二年）を参照。

(20) 『関聖帝君聖蹟図誌全集』世系。

(21) これほどにまで顕聖したにもかかわらず、康熙帝は関羽に何の封号も与えていない。これは乾隆帝のときに関羽信仰のあり方に一つの転換点を迎えたという、筆者が前章で行った推測を傍証するものとなるかもしれない。

(22) 光緒『叙州府志』巻二七、職官によれば、淡士灝は陝西大茘の人で挙人。嘉慶六年（一八〇一）に知府に任じられた。

(23) 『那文毅公（彦成）総統河南等省軍務奏議』巻三五「籌定善後」。

(24) 真武大帝のことであろう。四聖獣の一つ＝玄武であるといわれる。真武神・玄天上帝とも呼ばれた。

(25) 梁敬叔『勧戒録』第六集、巻二「武帝顕霊」。
咸豊丁巳（七年）、粤逆囲攻建寧、号称二十万、真正髪匪約二三万人、餘則脅従者多。遥掘地道之外、入門爬城者、無虚日。自四更至黎明、守城兵勇尤戒、倦臥城上。毎門雉楼前、皆供奉神像、惟聖帝真武天尊暨武帝為多、神前昼夜焼巨燭二枝。……一夜風雨交作、五更猶奔走泥鍔中、飢寒交迫、倦不可支、均熟睡神前香案左右。悍賊数十、架雲梯爬登而上、皆身穿短油《ママ》〔袖？〕衣、手執利刃。已上者七人、梯半又数十人、城下接応者無数、皆竹据雨衣、俟爬城者得手開城、即一鬨而入。万分危急之際、衆皆鼾沈未醒、忽武帝座前巨燭、驟然倒地、爇兵勇面、痛極狂呼、衆驚醒、見賊、大声斉叫殺賊。金鼓乱鳴、隣楼兵勇、半守半来救応、立殺三賊、四賊跳城而逃、梯上之賊、及城下接応諸賊自乱。城上又以槍砲撃斃数人、餘遂退。斯時、若非武帝有霊、此燭何以不先不後、適於賊上之時倒地、有若是之巧者哉。又聞活擒長毛訊供時、僉云夜攻各門、城上皆有長髯大将、騎馬往来馳驟、若指麾拒敵之状、故百計攻囲、終不能破云云。

(26)『明清史料』壬編第七本、六八二、礼部「為本部議覆河南巡撫英奏」移会。

(27) 中国第一歴史檔案館蔵、軍機処録副奏摺、農民運動類、補遺四二、嘉慶八年正月一二日、那彦成「奏為奏聞事」。

第四章 「白蓮」の記憶

(1) 濱島敦俊『明代江南農村社会の研究』(東京大学出版会、一九八二年)五七〇～六一四頁、野口鉄郎「白蓮教の教理的展開と「術」」(同著『明代白蓮教史の研究』雄山閣、一九八六年、所収)三二九～三五八頁。

(2) 澤田瑞穂『中国の伝承と説話』(研文出版、一九八八年)でも「とにかく明清時代の白蓮教徒といえば、紙を剪って人馬の形につくり、これを自在に動かしたとか、そのほかさまざまな妖術を使ったように伝えられている」などと白蓮教と妖術をめぐる説話を紹介している。一七二～一七五頁を参照。

(3) 夫馬進「明代白蓮教の一考察――経済闘争との関連と新しい共同体」(『東洋史研究』三五巻一号、一九七六年)一〇頁。

(4) 濱島前掲書、六〇六～六〇七頁。

(5) 濱島前掲書、六〇八頁。

(6) 夫馬前掲論文、七～一一、二〇～二三頁。

(7) 光緒『重修常昭合志』巻四七、祥異志。

(8) フィリップ・A・キューン(著)、谷井俊仁・谷井陽子(訳)『中国近世の霊魂泥棒』(平凡社、一九九六年)、谷井俊仁「乾隆時代の一広域犯罪事件と国家の対応――割辮案の社会史的素描」(『史林』七〇巻六号、一九八七年)、同「清代外省の警察機能について――割辮案を例に」(『東洋史研究』四六巻四号、一九八八年)。

(9) キューン前掲書、一四頁。

(10) キューン前掲書、二七一頁。

(11) 蘇萍『謠言与近代教案』(上海遠東出版社、二〇〇一年)も教案との関わりのなかで、この謠言について論じている。

(12) キューン前掲書、二七一～二七二頁。

(13) 反キリスト教暴動ではこのような謠言がしばしば確認されている。一八七〇年の天津教案や一八九一年に長江流域の広い範囲で起こった暴動では「宣教師が子どもを誘拐し、薬や銀を作るために眼をくりぬいている」という謠言が広まったという。蒲豊彦

「長江流域教案と〝子ども殺し〟」（森時彦編『長江流域社会の歴史景観』京都大学人文科学研究所、二〇一三年、所収）を参照。

(14) こうした視点から光緒二年の謡言を取り上げ、主に『申報』の報道を分析したものに徐茂明「謡言与秩序——光緒二年江南系列謡言案研究」（『歴史人類学学刊』二巻一期、二〇〇四年）があり、本章を執筆するうえでも参考となったが、清末の新聞報道のあり方に力点が置かれており、地方志のなかから「白蓮の記憶」を遡及しようとする本章とは視点が異なっている。

(15) ジャン・ドリュモー（著）、永見文雄・西澤文昭（訳）『恐怖心の歴史』（新評論社、一九九七年）。

(16) ドリュモー前掲書、二八頁。

(17) ドリュモー前掲書、三二九頁。

(18) キューン前掲書、二七〇頁。

(19) 光緒『丹徒県志』巻六〇、紀聞。

(20) 光緒『嘉善県志』巻三四、雑志上、祥眚。

(21) 蘇萍『謡言与近代教案』（上海遠東出版社、二〇〇一年）一八一〜一八二頁。

(22) 唐賽児については、山根幸夫「山東唐賽児起義について」（『明代史研究』第一号、一九七四年）を参照。

(23) 佐藤公彦『義和団の起源とその運動——中国民衆ナショナリズムの誕生』（研文出版、一九九九年）七五〇頁。

(24) 佐藤前掲書、六六三頁。

(25) 太田出「太湖流域漁民信仰雑考——楊姓神・上方山大老爺・太君神を中心に」（『九州歴史科学』三九号、二〇一一年）一五〜一七頁。

(26) 清・張玉書等編『康熙字典』（上海書店出版、一九八七年）未集上、竹部には「嘉靖三六年（一五五七）、妖人馬祖が楮《かみ》を翦って兵となし人びとを駭《おどろ》かせた。各家は多く[illegible]の四文字を懸けてこれを避けた。文字は道蔵を出典とする」と見え、『南匯県志』の記載より一年遡った出来事としている。

(27) 斎頭は斎教に関係するかと思われる。斎教は羅教が長江以南に伝わって生まれた教派で、後に青蓮教・一貫道へとつながっていく。浅井紀「無生老母への誘い」（野口鉄郎編『結社が描く中国近現代』山川出版社、二〇〇五年、所収）を参照。

(28) 哥老会は清代四川省の嘓嚕《かくろ》を起源とする秘密結社であり、一九世紀に四川から長江の中流・下流域に活動範囲を拡げた。並木頼寿「反清復明を叫んで」（野口前掲『結社が描く中国近代史』、所収）を参照。

(29) 森正夫「清代江南デルタの郷鎮志と地域社会」（『東洋史研究』五八巻二号、一九九九年、後に同著『森正夫明清史論集』第三巻、二〇〇六年、所収）を参照。

(30) 森正夫はかかる表現を「秩序意識の喪失がきわめて劇しい口調で慨嘆される」ものとして紹介している。同「明末における秩序

変動再考」（『中国――社会と文化』一〇号、一九九五年。後に森前掲書、所収）八八頁。

(31) 李日華『味水軒日記』については濱島敦俊「明末清初の均田均役と郷紳（その四）――李日華《味水軒日記》をめぐって」（『史朋』一六号、一九八三年）を参照。

(32) 濱島敦俊「明末江南の葉朗生の乱について」（『海南史学』第一二・一三合併号、一九七五年）、同「嘉靖馬道人小考」（『史朋』三号、一九七五年、後にいずれも濱島前掲書、第一〇章、所収、本章における頁数は該書による）。

(33) 濱島前掲書、五七五頁。

(34) 濱島前掲書、六〇六～六〇七頁。

(35) 杖斃については、鈴木秀光「杖斃考――清代中期死刑案件処理の一考察」（『中国――社会と文化』一七号、二〇〇二年）を参照。

(36) 澤田前掲書、一二四～一二五頁でも嘉靖三五年の「黒眚（妖眚）」に関する記事に言及する。

(37) 嘉靖の馬道人の乱と黒眚の謡言がいかなる関係にあるかは判然としないが、光緒『厳州府志』巻二二、佚事、祥異にも「嘉靖三七年の春、［厳州府下の］六県で訛言《デマ》があり、黒眚が現れ、居民は惶《ふる》え惑い、銅鑼を夜明けまで打ち鳴らし、一ヶ月して罷んだ」とある。江南デルタとはやや遠く離れた厳州府にも黒眚として伝聞したのであろうか。

(38) 濱島前掲書、六〇七～六〇八頁。

(39) 中国第一歴史檔案館蔵、軍機処録副奏摺、八八一一巻四四号、嘉慶一八年一二月、直隷。

　抛馬祥玉供、小的名叫馬士瑞、今年六十歳、是山東武定府恵民県人。従前在宝坻県属林亭口做過生意、後来買売不做、小的就各処擺攤相面為生。十七年上、小的在天津衛認識了一個売火焼的李義。他是河間府河間県人、合小的交好。今年八月裏不記日子、小的在馬駒橋地方出攤子算命卜卦、又遇到李義在那裏做売火焼。彼此叙一回閑話、小的就把攤子収了、還喝一会酒。第二日、李義又找見小的説起話来。他就問小的還到那裏、做什麼去呢？　小的就説如今禾稼成熟時候、買把鎌刀做工去罷。他説小的、你還能做工嗎？　小的就説苦工不能做了、軽活還可以做。他就説明日替你找個喫飯地方。後来他就把劉二找来、説小的是他窮朋友、煩劉二替小的找個地方。劉二応允。十七日、劉二就把小的領到董村李在天家場院裏、言明做一個秋活十一吊京銭。那劉二合李在天是親誼、就給李在天家管事。那一天李在天到場裏看見、就説小的不像做工的人。劉二就説小的会相面的話、李在天就叫小的替他相面。小的看他是両個大圓眼、準頭大、山根短、小的就説他顴骨高大富貴全有。小的虧他一会、問他多少年紀、他説今年四十四歳。説完了話、他就走了。後来在場院聴劉二説、李在天合京裏太監時常来往。遅了五六天、劉二叫小的到李在天家去、才知他是教会的人。小的就問李在天是什麼教、他説是天理良心教、入教要拜天地君親師、就可以伝道。小的就問伝什麼道、他説伝道要跪一柱香、黒夜不許点灯、男女都可伝得。騎木凳為馬、再使銅盆洗臉、就可看見南天門、還看見前世冠戴什麼頂子、花幾両銀子、還可以買職分。李在天叫小的入教、叫小的拿出幾両銀子、小的説没有銀子。他又説大有大成、小有小就。他就要上京、俟回来再著小的入会。他們還有丸薬、説是喫了就不怕殺砍。小的拿了一丸喫了、因不好喫、小的就吐了。回到場院、聽劉二説李在天会念咒語、実在利害。家里有一位軍師、有紙人・紙馬在木匣里盛放、到満了月、他就会活了成事、若不到日子把匣開了、晩上他還要混鬧。小的問過他軍師叫什麼名字、他総不肯説。小的知道李在天是他的号、他兄弟的号叫李柱天、都不知名字。李在天有両個児子、大児子叫李昇、小児子叫什麼名字、小的不知道。到八月底、李在天向小的説好好給他照管場院糧石、就同他兄弟李柱天・児子李昇説往京裏去了。小的在他場裏居住、後来李在天們総没有回来。九月十七日、小的聽説京城滋事之信、小的害怕、就逃跑出来。小的還聽見過那紙人・馬成過事、都起在半空、被関帝顕聖、一陣雨把紙人馬都打掉了。小的従董村逃出之後、跑到張家湾去、還是算命卜卦相面度日。十一月裏、走到林南倉歇店住下。二十八日進城趕集、就被差人把小的盤獲送案了。

（40）この史料の存在は、筆者が一九九五年九月～九七年八月に中国人民大学清史研究所に留学していたとき、当時同研究所の講師であった宋軍のご教示によって知ることができた。ここに記して感謝の意を表する。天津社会科学院図書館には刊本も所蔵されているが、現在は鈔本のみ閲覧が可能であるという。

（41）天津社会科学院図書館蔵、鈔本（光緒年間）、儲仁遜『聞見録』第一冊（巻一上、順治元年至光緒一二年）、道光元年辛巳下元。

自明万暦年間、有三十六教門、替天行道、焼香治病、皆無異心異説。惟有白蓮教門、黄極祖師伝留、法力広大、療災治病、法到病除、故此収徒門無数。一日、有病魔者求師療治、蟒魔陰道、以法斬之。蟒魂屢屢纏繞、向師索命無休。師傅臨終吩咐徒衆、曰為師大限已到、今日辞世。師徒一場、須遵師言方見情。我死之時、急速入殮、即時埋葬、且忌停柩、方是報師之恩。衆徒応諾。及師気絶、衆徒議論、雖然師傅吩咐、只可従其一、不可従其二。遵師速殮、休遵師速埋。徒衆依其言。翌日、聞柩中有呻吟之声達於棺外。衆徒皆歓喜曰師傅還魂矣。衆徒未暁蟒魂投其殻内、此係未埋葬之功。徒衆開棺、将師傅扶出棺外、入道房奨（将）養数日、身体強壮。自此一後、伝授妖術邪法。蟒魂投殻、是為毀壊白蓮教門之道、以報殺己之仇、故白蓮教之師吩咐速埋、皆為此也。撒豆成兵、駕蓆雲授、持紙人・紙馬、能在暗処剪人髪辮及辮網子。紙人持刀殺人、攪擾家家戸戸不安、臨晩安寝、皆在房門内・房頂上・窗戸猫道安放水碗。京都鬧的更甚、太和宝殿・保和宝殿殿坐、皇上臨宣之処天花板上、皆有白蓮邪教之人隠現。道光皇爺震怒、親放鳥槍撃下邪教之人、発在刑部厳刑鞫問、勘問確実入奏、上諭下、梟示。関聖帝君顕聖、駆逐邪教、朝中始安、皇上勅封「護国漢聖清仏」。後飭刑部厳拿白蓮邪教之人、該教自此改為学好、男女混雑、夜聚暁散、久之後又恣生禍端、国家又拿学好之人、該教又改為聖賢門之名目。

（42）現在のところ、儲仁遜がどのような経歴の持ち主であったかは不明である。

第五章　清朝のユーラシア世界統合と関聖帝君

（1）佐藤公彦「乾隆三十九年王倫清水教叛乱小論――義和団論序説」（『一橋論叢』八一巻三号、一九七九年）三三三〜三三七頁。

（2）兪蛟『夢厂雑著』巻六「臨清寇略」。

賊之攻城也、皆黒布纏頭、衣履墨色、望之若鬼魅、間有服優伶彩服者。器械多劫諸営汛、或以厨刀・樵斧縛桿上、跳躍呼号、兼挟邪術。……賊徒無一中傷、益跳躍呼号、謂炮不過火。守城兵民咸皇迫、窃窃私語、謂此何妖術乃爾也。賊中有服黄綾馬掛者、係王倫之弟、偽称四王爺、右手執刀、左手執小旗、坐対南城僅数百歩、口中黙念不知何詞。衆炮叢集、擬之鉛丸、将及其身一二尺許、即堕地。当事諸君、倶惴惴無可措手。忽一老弁、急呼妓女上城、解其褻衣、以陰対之、而令燃炮。群見鉛丸已墜地、忽躍起、中其腹。時兵民歓声雷動、賊為之奪気、知其術可破、益令老弱妓女、裸而憑城。兼以鶏犬血・糞汁、縛帚洒之。由是炮無不発、発無不中。

（3）佐藤前掲論文、三三五頁。

（4）このような一連の行為については、鈴木中正『中国史における革命と宗教』（東京大学出版会、一九七四年）二六一〜二六二頁、小島晋治『太平天国運動と現代中国』（研文出版、一九九三年）二二八〜二三七頁でも検討されているので参照されたい。

（5）佐藤前掲論文、三三六頁。

（6）中国第一歴史檔案館蔵、硃批奏摺、農民運動類、秘密結社項、膠片編号二七、乾隆三九年一〇月初七日、舒赫徳。

再奉諭旨、抝賊供、攻臨清時、有紅衣女子及黒狗血之事。其法係何人主意、著舒赫徳査明、即行奏覆、欽此。臣伝詢臨清守城文武各員、抝葉信称、「葉信前帯兵到東昌時、路遇寿張・陽穀打仗回来的兵丁、倶説賊匪不怕鎗砲、葉信想、臨清西南二門倶有関聖帝君神像、縦有邪術、不能勝。然起初城上施放鎗砲、賊竟敢向前。葉信因想起俗言黒狗血可以破邪、又聞女人是陰人亦可以破邪、是以用女人在垜口向他、復将黒狗血撒在城上。那日放鎗、即打着手執旗的賊目、各兵踴躍連放鎗砲、打死賊匪甚多。自此之後、倶能打着、此不過葉信一時欲壮兵民之胆、亦借此揺惑賊衆之心」等語。理合将査問縁由奏聞。謹奏。

（7）「邪不犯正」「邪不敵正」「邪不伐正」なども表現される。後漢・王符『潜夫論』巫列に「夫妖不勝徳、邪不伐正、天之経也」と見える。

（8）中国第一歴史檔案館蔵、硃批奏摺、農民運動類、秘密結社項、膠片編号二七、乾隆三九年一〇月一二日、舒赫徳等「奏称葉信病故事」、および乾隆三九年一〇月一六日、舒赫徳「片奏為奉首査明葉信確因病監斃事」。

（9）佐口透『十八〜十九世紀東トルキスタン社会史研究』（吉川弘文館、一九六三）四二六〜五三〇頁、片岡一忠『清朝新疆統治研究』（雄山閣、一九九一年）八五〜八七頁を参照。

（10）この上諭は曹振鏞等纂『平定回疆剿擒逆匪方略』巻五七（近代中国史料叢刊八五一、三三六六〜三三七〇頁）にも収録されている。

(11) 佐藤長『中世チベット史研究』（同朋舎、一九八六年）五二一～七四〇頁。

(12)『衛蔵通志』巻六、寺廟、関帝廟。
札什倫布為歴代班禅喇嘛焚修之所。旁有小山巠聳峙、為営官寨。自入版図以後、即其地建帝君廟、歴昭霊応、漢番僧俗、奉祀惟謹。乾隆五十六年秋、廓爾喀惑於逆僧沙瑪爾巴邪説、覬覦札什倫布財物、潜兵掩至、番民僧俗、迫於變起倉猝、皆鳥獣散。都司徐南鵬僅率緑営弁兵七八十人、拠営官寨以当其衝。賊兵環以数帀、断汲水道、仰攻八昼夜、我兵固志死守、間発矢石、無不奇中、掘地十餘丈、飛泉湧出、歓声動地、士気百倍。賊随稍却、屯聚柳林中、以為久計。忽夜驚自相戕殺、懼而引去、行至通拉山、風雪驟作、賊衆僵斃、不可勝計、咸以為帝君霊応所致。

(13) 佐藤長前掲書、六三六頁。

(14)『衛蔵通志』巻六、寺廟、関帝廟（叢書集成初編三一三六、一三九～一四〇頁）。

(15) 朱一貴・呉福生・林爽文など、清代台湾の民変に関する研究は多数蓄積されている。さしあたり松田吉郎「朱一貴の乱について」（『大阪市立大学東洋史論叢』一〇号、一九九三年）、陳孔立『清代台湾移民社会研究』（廈門大学出版社、一九九〇年）、細谷良夫「中華世界の確立」（松丸道雄他編『世界歴史大系　中国史』4明清、山川出版社、一九九九年）を参照。

(16) この過程については、さしあたり森川哲雄「清朝の藩部（一）――モンゴリア」「清朝の藩部（二）――新疆とチベット」（松丸道雄他編『世界歴史大系　中国史』4明清、山川出版社、一九九九年、所収）三九四～四五六頁を参照。

(17) 石濱裕美子「転輪王思想がチベット・モンゴル・清朝三国の王の事績に与えた影響について」（『史滴』一六号、一九九四年）、同「パンチェンラマと乾隆帝の会見の背景にある仏教思想について」（『内陸アジア言語の研究』IX、一九九四年）を参照。

(18) 中村淳「チベットとモンゴルの邂逅――遙かなる後世へのめばえ」（『岩波講座　世界歴史11　中央ユーラシアの統合』岩波書店、一九九七年、所収）を参照。

(19) 石濱裕美子「パクパの仏教思想に基づくクビライの王権像について」（『日本西蔵学会会報』四〇号、一九九四年）。

(20)『元史』巻七七、礼志。
世祖至元七年、以帝師八思巴之言、於大明殿御座上置白傘蓋一、頂用素段、泥金書梵字於其上、謂鎮伏邪魔、護安国刹。自後毎歳二月十五日、於大〔明〕殿啓建白傘蓋仏事、用諸色儀杖社直、迎引傘蓋、周遊皇城内外、云与衆生祓除不祥、導迎福祉。歳正月十五日、宣政院同中書省奏、請先期中書奉旨移文枢密院、八衛撥傘鼓手一百二十人、殿後軍甲馬五百人、抬舁監壇漢関羽神轎軍及雑用五百人。

(21)『析津志輯佚』祠廟・儀祭、武安王廟。

武安王廟、南北二城約有廿餘処、有碑者四。一在故城彰義門内黒楼子街、有碑。自我元奉世祖皇帝詔、毎月支与馬匹草料、月計若干。至今有怯薛寵敬之甚。国朝常到二月望、作遊皇城建仏会、須令王監壇。

(22) ゲセル・ハーンについては、若松寛（訳）『ゲセル・ハーン物語——モンゴル英雄叙事詩』（平凡社東洋文庫五六六、一九九三年）を参照。

(23) Joseph Fletcher, 'Ch'ing Inner Asia *c.* 1800', in Denis Twitchett and John K. Fairbank eds. *The Cambridge History of China*, Volume 10, Late Ch'ing, 1800–1911, Part1, Cambridge University Press, 1978.

(24) 石濱前掲「転輪王思想がチベット・モンゴル・清朝三国の王の事績に与えた影響について」五九頁、望月信亨『仏教大辞典』（精興社、一九三五年）第四巻、「転輪聖王」、三八二六～三八二七頁、岩本裕『日本仏教語辞典』（平凡社、一九八八年）「転輪聖王」、五三八頁を参照。

第六章　清朝の版図・王権と関羽信仰

(1) 管見のかぎり、乾隆帝の十全武功に関して中国史上あるいは世界史上におけるその意義を総合的に考察した研究は存在しないようである。十全武功の展開過程の詳細については、さしあたり荘吉発『清高宗十全武功研究』（国立故宮博物院印刊、一九八二年）が参考になる。

(2) 『高宗実録』巻六〇〇、乾隆二四年一一月の条。

(3) 『高宗実録』巻一三二一、乾隆五四年正月の条。

(4) 『高宗実録』巻一一〇三、乾隆四五年三月の条。

(5) 『高宗実録』巻七七七、乾隆三二年正月の条。

(6) 『高宗実録』巻四八〇、乾隆二〇年六月の条。

(7) 「得勝図」については荘吉発前掲書のほか、同書、五三〇～五三一頁に所載の参考文献を参照していただきたい。

(8) 『高宗実録』巻七二二、乾隆二九年一一月の条。

(9) 文脈からすれば、外藩、属国、朝貢国ともに「版図」に含まれるかのようである。しかし実際に『大清一統志』には「版図」の語が見えず、清朝皇帝が用いる「版図」概念は必ずしも明確ではない。朝貢国をも含めた広義の「版図」の語もあるかもしれず、今後詳細に検討する必要があろう。

(10) 『康雍乾盛世図』第一巻（星球地図出版社、二〇〇二年）より引用。

(11) 格捧額『伊江匯覧』（乾隆四四年）壇廟、関帝廟。

(12) 乾隆『回疆志』城池。

(13) 光緒『鎮西庁郷土志』廟宇。

(14) 光緒『奇台県郷土志』地理、『塔城直隷庁郷土志』地理。

(15) 郭松義「論明清時期的関羽崇拜」（『中国史研究』一九九〇年三期）。

(16) 井上以智為「関羽祠廟の由来並に変遷（上・下）」（『史林』二六巻一、二号、一九四一年）。

(17) 光緒『順天府志』京師志、祠祀、関帝廟、「御製重修関帝廟碑記」。

(18) 『高宗実録』巻八〇六、乾隆三三年三月上の条。

(19) 民国『哈密志』巻一五、輿地志、祠宇、帝君廟。

格於丁未冬、奉檄来茲、撫理彝情以来、見天回彝效順、商賈駢臻、烽烟永靖、士馬咸安、熙皥之風、無殊華夏。仰見天子之文徳・武功、覃敷異域、然冥冥中猶頼帝君黙佑耳。……大清雍正七年、歳次己酉仲秋、赫格等公立。

(20) 嘉慶『三州輯略』巻七、藝文門上、鞏寧城宇碑記、関帝廟東亭碑文。

皇帝龍飛御極三十有七年、以烏魯木斉向為準夷游牧、今帰版図十餘載、生聚教養、与内地無異。……伏念、皇上神武、威加海内外、於平定準夷一事、拓土二万。考巴里坤為古蒲類・大小高昌国、烏魯木斉、或即漢之輪台・車師前後王歟、自漢唐以来、未嘗列為郡県、如今日之盛者也。唯我皇上聖不自聖、凡新闢疆土、咸帰功於神、以祈霊佑、而保敉寧。乃鞏寧城勅建関帝廟、索諾木策凌督率文武官弁、実司其事。……至神之霊佑顕応、載在国史。

(21) 嘉慶『三州輯略』巻七、藝文門上、迪化城関帝廟碑文。

至誠宏不測之功、惟我関聖帝君、神周六合、道炳九垓、山陬海澨、咸仰神霊、絶域殊方、備沾佑穀。而烏魯木斉、界在西陲、越為夷服、恭逢聖天子武功大定、式瞻帝君神応無方。以故建城之初、即崇廟祀。而自綏来之後、黙荷神庥。蓋新疆初隷版図、百度幾同綿蕝、而時和歳稔、歴十年頻見豊盈、沴息民恬、二万里群歌楽利。昔日之氷天雪窖、今已涼燠応時、昔日之氊幕穹廬、今已閭閻匝地。此皆盛朝徳化所涵育、而即帝君英爽所護持也。

(22) 関聖帝君に関する宝巻には『護国佑民宝巻』があり、「護国佑民」（国を護り民を佑く）の四字は関羽の代名詞ともいえる。

(23) 中田吉信「同治年間の陝甘の回乱について」（『近代中国研究』三集、一九五九年）を参照。

(24) 劉錦棠『劉襄勤公奏稿』巻三、光緒八年三月初一日「神霊顕応懇賜匾額封号摺」。

奏為神霊顕応、拠情籲懇天恩、賞賜匾額封号、以答神庥、恭摺仰祈聖鑒事。窃拠甘粛鎮迪道福裕詳称、拠署鎮西撫民同知陳晋蕃、転拠地方紳士、前任巴里坤鎮標中営游撃陳升恒・補用游撃李鳳鳴・升用直隷州知州袁永豊、並耆民人等聯名呈称「巴里坤城北門外、歴有関聖帝君廟、建自唐時。雍正年間、建城設官、改為武聖廟、神霊最著。又南関歴建有蒲類海龍神祠、暨楊泗将軍祠、並城隍廟。戸民因事祈禱、輒著霊応。同治三四五等年、回氛甚熾、斗粟万銭、烏垣奇古吐哈各城、相継不守。糧尽援絶、城関民人相食、四郷村堡、焚掠一空。逆回族党時撲孤城、当攻守喫緊時、在城官紳兵民等、遂向関帝諸神廟禱求黙佑。旋督同飢疲之官兵・団丁登陴防守、随賊所向、拚死捍御、屢瀕於危、賊均敗退。夜間巡邏将士時見神異。或聞兵馬馳驟之声、或見衣甲舞刀、挺立城上。四年六月初九日、賊由東北城隅架雲梯、猱升而上。前隊業已登城、突遇神将擋御、賊衆驚譁。我軍死士、遂当先轟撃、賊卒以退。鎮城亦因之而安。向非武聖各廟神霊護佑、人力何能逮此。

(25) さしあたり石濱裕美子『チベット仏教世界の歴史的研究』(東方書店、二〇〇一年)を参照。

(26) 岡洋樹「清代のモンゴルと関帝信仰」(山田勝芳編『東北アジアにおける関帝信仰の歴史的現在的研究』平成九〜一一年度科学研究費補助金、基盤研究C、研究成果報告書)一二一〜一三七頁。

(27) 井上前掲論文。

(28)『衛蔵通志』巻六、寺廟、関帝廟。

恭惟、我国家撫有区夏、東至朝鮮、西窮大漠、南極于交趾、北抵于庫倫。曁海外西洋諸国、罔不輸職貢、奉正朔、幅員之広、千古罕有。挙凡王師所向、靡不誠服、関聖帝君実黙佑焉。唐古忒在勝朝為烏斯蔵。自聖祖仁皇帝時帰入版図、駐兵札什城、旧建有帝君廟、霊応異常、僧俗無不敬礼。……自進師至凱旋、凡三越月、固聖主廟謨広運、指示機先、大将軍運籌帷幄、靡堅不破、然究属帝君威霊呵護之所致也。……蓋国家声教之所及、無非神威之所訖、自非真気盤礴、塞乎天地之間、輔翊景運、安能弥綸中外、霊威異彰若此乎。

(29)『衛蔵通志』巻六、寺廟、関帝廟。

〔乾隆〕五十七年夏、由宗喀・済嚨整旅遄進。先是駐軍前蔵、徴兵籌餉、謁札什城関帝廟、見其堂皇湫隘、不可以瞻礼緬神、御災捍患。所以佑我朝者、屢著其孚格。于是度地磨盤山、鳩工庀材、命所司董其役。黙禱啓行、洊臨賊境、七戦皆捷、距陽布数十里、廓酋震讋軍威、乞降至再。皇帝鑑其誠款、体上帝好生之徳、准納表貢。詔令班師、並御製十全記頒示臣下。予惟此視師、自進兵以来、山谿険劣、瘴霧毒淫、竟獲履険如坦、不三月而蔵績、自非神祐不至此。凱旋之日、廟適落成、与諸公瞻仰殿廡、徘徊俎豆、深感大功速竣、維神之力、而益欣継自今前後蔵之永永無虞也。

(30)『乾隆上諭檔』第一四冊。

大学士伯和字寄、閩浙総督李・福建巡撫徐、乾隆五十三年七月十九日、奉上諭、我朝肇基定鼎以来、関帝屢著霊応、業経迭晋封号、備極尊崇。据福康安奏、台湾賊匪滋事以来、府城東門・城楼上、関帝賜佑著霊。是以大軍一到、即得迅速蔵功、安穏配渡等語。著伝諭李侍堯・徐嗣曽等、於改建城垣時、将該処旧有廟宇、重加修建、不可換塑聖像。但須将殿宇式廓、輪奐一新、以壮観瞻、而隆妥侑。仍候朕親書匾額発往、敬謹懸掛、用答霊貺。

（31）『高宗実録』巻一二八三、乾隆五二年六月の条。

（32）光緒『新竹県采訪冊』巻四、祠廟、竹南堡祠廟、関帝廟。
在県南二十八里内湾荘。屋一間、祀関聖。乾隆中、同知王右弼建〈淡水同知王右弼、乾隆三十九年任、四十三年卸篆。相伝王右弼開墾内湾一帯地方、生番屢出肆擾。右弼祈於竹塹城内関帝廟、屢顕霊異。因就其地建廟祀之〉。

（33）清朝は、漢人による原住民の土地の開墾・略奪などを防止するために、政策的に両者を分離しようと番界（土牛線、土牛紅線）を設けた。しかし現実的には漢人の東進を止められず、原住民（特に生番）が漢人を殺害する事件がしばしば発生した。さしあたり柯志明『番頭家――清代台湾族群政治与熟番地権』（台北、中央研究院社会学研究所、二〇〇一年）、林淑美『清代台湾移住民社会の研究』（汲古書院、二〇一七年）を参照。

（34）光緒『新竹県采訪冊』巻四、祠廟、竹南堡祠廟、関帝廟。

（35）光緒『越雋庁志』巻五之二、祠廟志、顧汝修「重修越雋武廟記」。
昔余奉使持節安南、見石坊於冨良江上。金字大書千古偉人。余心訝之、不識所奉何神、而荘厳壮偉、不減中夏。問之、以帝君廟対。其赫濯於域外、又如斯也。……越雋之有武廟、創自前明嘉靖、至国初、重葺之、歴今百餘年。廊廡率多傾圮、不足以妥神明、而隆祀典。……本営守府許世亨、金川之役、奮建殊勲、欽奉恩旨、加賜経親巴図魯名号、賞戴孔雀花翎、越級坐陞参将。遂慨然倡率、同時立功兵弁、及陞抜守備・千総者、共捐三百餘金。

（36）光緒『太平県志』巻九、勒保「重修武廟碑記」。
千百年来、〔関羽〕神聖之所運、覆冒之所周、薄海内外、無不共叨霊蔭。至我朝尤蒙福庇、如前此回部・台湾・廓爾喀・苗疆等処不靖、皆荷霊威顕著、用能克日奏功。是以畳晋崇封、屢上尊号、……。伏願神明降鑑、威助三軍、斉消未浄之妖氛、永衛無疆之景運。

（37）『高宗実録』巻九六六、乾隆三九年九月一一日。
又諭、此次挑派健鋭・火器二営満兵、令拉旺多爾済・阿思哈帯領前往山東。又有大学士赫徳、挑帯滄州・徳州等処之兵、至彼督辦、声勢甚大。諒此幺麼烏合、自可立就殲擒。但恐賊匪聞知畏惧、豫施狡譎之計、散播流言、蠱惑衆聴、以京城特派満兵来東、必因痛悪山東民人、現有盗劫擾害之事、皆不可留、故不用緑旗兵、専派満兵前来、将所過城村剿洗、必至良莠不分、概行屠戮。

（38）光緒『承徳府志』巻一四、壇廟、関帝廟、大学士梁国治「勅修承徳府関帝廟碑記」。
〔乾隆四四年五月〕是月、復詔協辦大学士尚書英廉・侍郎和珅、重修麗正門右関帝廟、改易黄瓦、殿宇崇閎、規制大備。……我国家揆文奮武、邁古超前。自聖祖肇啓山荘、成都成邑、朝宗輻輳、万国会同。我皇上覲揚光烈、四十五年以来、開闢疆宇二万餘里。自蒙古諸王公・喀爾喀及四衛拉特・回部・諸藩等、莫不傾心、託命奔走、俯伏来享来庭。……関帝廟祀遍天下、各直省府州県建祠設像、守土官吏歳時展謁、典礼視文廟。況承徳距京師数百里、日月所照臨、中外所瞻就。廟貌之成、可以見国家褒崇忠義、凛乎綱常名教之大焉。……新廟既成、文武吏士邦人咸喜。蒙古・外藩、歳時朝覲者、亦得展礼廡下、以申畏神服教之誠、以昭文徳・武功之盛。

(39) 光緒『昌吉県郷土図志』(烏魯木斉)地理、祠廟。

一、南関旧有関帝廟一座、道光十六年建置。同治初年、被逆回拠為清真寺。光緒三年平定後、又経伊犁将軍順整修、改進万歳暨文武両聖牌位、迄今無款請正、圮事如故。

(40) 紀昀『閲微草堂筆記』巻二〇、灤陽続録二。

戊子昌吉之乱。……由烏魯木斉至昌吉南界天山、無路可上。北界葦湖、連天無際、淤泥深丈許、入者輒滅頂、賊之敗也。不西、還拠昌吉而南北横奔、悉入絶地、以為惶遽迷瞀也。後執俘訊之、皆曰「驚潰之時、本欲西走、忽見関帝立馬雲中、断其帰路。故不得已而旁行、冀或匿免也」。神之威霊乃及於二万里外、国家之福祚、又能致神助於二万里外、蛸鋒螗斧潢池盗弄何為哉。

(41) 小島毅「国家祭祀における軍神の変質——太公望から関羽へ」(『日中文化研究』三、一九九二年)。

(42) 嘉慶『三州輯略』巻七、藝文門上、(迪化城)創建山西会館碑文。

維北庭之沃壌、壮西域之雄封。自蕃部遠被天威、声教不遺。夫処月而天方始崇神寺、霊蔭遍及於無雷。緬茲版図煌煌者、文物萃起。瞻彼観宇、恢恢乎、神人罄宜。猗歟、盛哉。何莫非我皇上、廓永奠之鴻図、而陰沐関聖武穆之静鎮也。余等西魯末士、聚処於斯、歴有年所。人烟雖曰輻輳、而山寺竟属幾希。就非宗垣、寧忘尊親之意。……爰購得吉地一処、畚土鳩工、経営伊始、……既足以壮盛朝之統一中外、復又以答神功之福照辺疆。

(43) 郭前掲論文を参照。

(44) 近年の清朝・ロシア関係史については菊池俊彦「北方世界とロシアの進出」(『岩波講座 世界歴史13 東アジア・東南アジア伝統社会の形成、一六〜一八世紀』岩波書店、一九九八年、所収)、および同論文、一四七〜一四八頁所載の参考文献を参照。

終章 国家と宗教

(1) 新田光子『大連神社史——ある海外神社の社会史』(おうふう、一九九七年)。その他、海外神社を取り上げた研究は多いが、中島三千男「「海外神社」研究序説」(『歴史評論』六〇二号、二〇〇〇年)、菅浩二『日本統治下の海外神社——朝鮮神宮・台湾神社と祭神』(弘文堂、二〇〇四年)から海外神社に関する多くの示唆を受けた。

(2) 新田前掲書、一七〜一八頁。

（3）新田前掲書、一九六頁。
（4）松原典明「近世王権の墓制とその歴史的脈絡」（周縁の文化交渉学シリーズ3『陵墓からみた東アジア諸国の位相――朝鮮王陵とその周縁』関西大学文化交渉学教育研究拠点（ＩＣＩＳ）、二〇一一年）一八二頁。
（5）安丸良夫「宗教と権威　序論」（網野善彦他編『岩波講座　天皇と王権を考える4　宗教と権威』岩波書店、二〇〇二年）。
（6）アーサー・モーリス・ホカート（著）、橋本和也（訳）『王権』（人文書院、一九八六年）には「現在われわれが知りうる最も初期の宗教は、王の神性に対する信仰である。私は、これが必ずしも最も始源の信仰であると言うつもりはない。しかしながら、初期の記録をみると、人は神々と、その地上での代理である王を崇拝していたように思える」（一七頁）と記されている。
（7）安丸前掲論文、一～三頁。
（8）水林彪「古代神話のイデオロギー構成」（網野善彦他編、前掲書）一三～三八頁。
（9）安丸前掲論文、三～四頁。
（10）山本博文「徳川王権の成立と東アジア世界」（水林彪・金子修一・渡辺節夫編『王権のコスモロジー』弘文堂、一九九八年）。大桑斉「徳川将軍権力と宗教――王権神話の創出」（網野善彦他編前掲書、後に大桑斉『近世の王権と仏教』思文閣出版、二〇一五年、第二章、所収。本書での頁数は後者に拠った）。
（11）山本前掲論文、八八～八九頁。
（12）山本前掲論文、九〇～九八頁。
（13）山本前掲論文、一〇七～一〇九頁。
（14）大桑前掲書、三九～四〇頁。
（15）大桑前掲書、四一頁。
（16）曽根原理『徳川家康神格化への道』（吉川弘文館、一九九六年）。
（17）大桑前掲書、四八～四九頁。
（18）大桑前掲書、三一四～三一六頁、岸本美緒「東アジア・東南アジア伝統社会の形成」（『岩波講座　世界歴史13　東アジア・東南アジア伝統社会の形成、一六～一八世紀』岩波書店、一九九八年）五〇～五一頁。
（19）迷信打破運動については、酒井忠夫「中国国民党の宗教政策」（『酒井忠夫著作集6　近・現代における宗教結社の研究』国書刊行会、二〇〇二年）、三谷孝「南京政権と『迷信打破運動』」（『歴史学研究』四五五号、一九七八年）、馬場毅「近代国家と宗教弾圧――日中両国を比較して」（『現代中国学方法論とその文化的視角（方法論・文化篇）』愛知大学国際中国学研究センター、二〇〇六年）二二九～二三四頁を参照。

参考文献

一次史料

未刊行史料

中国第一歴史檔案館（北京）
宮中檔奏摺
軍機処録副奏摺
硃批奏摺

定期刊行物

『点石斎画報』（上海）／『中国時報』（台湾）

地方志

『咸淳臨安志』／康熙刊『四川叙州府志』／光緒刊『黄巌県志』／光緒刊『浦江県志稿』／嘉靖刊『邵武府志』／嘉慶刊『納渓県志』／道光刊『茂州志』／万暦刊『嘉定県志』／乾隆刊『金山県志』／康熙刊『南平県志』／光緒刊『銅梁県志』／道光刊『銅梁県志』／光緒刊『永昌府志』／康熙刊『重慶府涪州志』／同治刊『重修涪州志』／道光刊『揚州営志』／光緒刊『順天府志』／同治刊『滑県志』／康熙刊『詔安県志』／民国刊『睢寧県旧志』／民国刊『万源県志』／民国刊『衢県志』／崇禎刊『烏程県志』／民国刊『上海県続志』／光緒刊『重修常昭合志』／民国刊『呉県志』／光緒刊『丹徒県志』／光緒刊『嘉善県志』／光緒刊『川沙庁志』／民国刊『徳清県志』／嘉慶刊『徳清県続志』／民国刊『江陰県続志』／民国刊『南匯県志』／光緒刊『黎里続志』／民国刊『梅里備志』／民国刊『南潯志』／民国刊『張堰志』／光緒刊『羅店鎮志』／民国刊『無錫開化郷志』／民国刊『無錫富安郷志』／民国刊『相城小志』／同治刊『湖州府志』／光緒刊『平湖県志』／同治

刊『双林鎮志』／乾隆刊『震沢県志』／光緒刊『甫里志稿』／光緒刊『青浦県志』／光緒刊『無錫金匱県志』／光緒刊『重修華亭県志』／康熙刊『松江府志』／光緒刊『厳州府志』／民国刊『南潯鎮志』／民国刊『崇明県志』／光緒刊『石門県志』／同治刊『南潯鎮志』／光緒〔宣統〕刊『楓涇小志』／民国刊『銭門塘郷志』／光緒刊『上虞県志』／光緒刊『嘉興府志』／『衛蔵通志』／嘉慶刊『続修台湾県志』／熊夢祥『析津志輯佚』／乾隆刊『回疆志』／光緒刊『鎮西庁郷土志』／光緒刊『奇台県郷土志』／年代不明『塔城直隷庁郷土志』／民国刊『哈密志』／嘉慶刊『三州輯略』／光緒刊『新竹県采訪冊』／光緒刊『越雋庁志』／光緒刊『太平県志』／光緒刊『承徳府志』／光緒刊『昌吉県郷土図志』

正史・実録・会典・法典など

『漢書』
『後漢書』
『三国志』
『宋史』
『元史』
『明史』
『清史稿』
『清史列伝』
『大清世宗憲皇帝実録』
『大清高宗純皇帝実録』
『大清宣宗成皇帝実録』
光緒刊『東華続録』
光緒刊『大清会典』
光緒刊『会典事例』
乾隆刊『大清律例』
雍正刊『八旗通志初集』
光緒刊『駐粤八旗志』
『大唐郊祀録』唐代、蕭嵩他奉勅撰

『全唐文』清代、奉勅撰
傅恒等撰『平定準噶爾方略』前編五四巻・正編八五巻・続編三二巻、乾隆三五年（一七七〇）
阿桂等撰『平定両金川方略』一三六巻、藝文八巻、首八巻、乾隆四六年（一七八一）
勅撰『欽定平定台湾紀略』六五巻、首五巻、乾隆五三年（一七八八）
勅撰『欽定安南紀略』三〇巻、首一巻、乾隆中
勅撰『欽定廓爾喀紀略』五四巻、首四巻、乾隆五八年（一七九三）
『大清一統志』清代、乾隆八年（一七四三）徐乾学等撰、同四九年（一七八四）和珅等撰
『乾隆上諭檔』（中国第一歴史档案館蔵、広西師範大学出版社、二〇〇九年）

碑 文

『山右石刻叢編』清代、胡聘之撰

奏議・文集・日記・小説・類書・字典など

『天妃顕聖録』台北、台湾銀行経済研究室編、民国四六年（一九五七）
『関聖帝君聖蹟図誌全集』五巻、盧湛撰、康熙三二年（一六九三）
『関聖陵廟紀略』四巻、後続一巻、王禹書撰、康熙四〇年（一七〇一）
『聖蹟図誌』一四巻、葛崙輯、雍正一一年（一七三三）
『関帝志』四巻、張鎮輯、乾隆二一年（一七五六）
『関帝事蹟徴信編』三〇巻、首一巻、末一巻、周広業・崔応榴輯、乾隆三九年（一七七四）
『一斑録雑述』清代、鄭光祖撰
『義勇武安王集』八巻、明代、顧問輯、『北京図書館古籍珍本叢刊』一四、所収
『関帝文献匯編』濮文起他編、全十冊、国際文化出版、一九九五年
『関帝史略演詞』中華民国陸軍海軍部編、民国三年（一九一四）序、鉛印本
『関帝歴代顕聖誌伝』古本小説集成編委会編、上海古籍出版社
『三国志通俗演義』元代、羅貫中撰
『榘菴集』同恕撰、四庫全書珍本初集集部別集類

『唐荊川先生文集』明代、唐順之撰
『三易集』明代、唐時升撰
『客座偶談』清代、何徳剛撰
『太平御覧』宋代、李昉等奉勅撰
『那文毅公（彦成）総統河南等省軍務奏議』清代、那彦成撰、近代中国史料叢刊二〇六輯、所収
『靖逆記』清代、蘭簃外史撰
『明清史料』中央研究院歴史語言研究所編輯、一九九九年
『関帝明聖真経』清代（筆者蔵）
『祗年居士集』清代、王元啓撰
『勧戒録』清代、梁敬叔撰
『太湖備考続編』清代、金友理撰
『康煕字典』張玉書等編、上海書店、一九八七年
『蚓庵瑣語』清代、王逋撰
『見聞随筆』清代、斉学裘撰
『小匏庵詩話』清代、呉仰賢撰
『味水軒日記』明代、李日華撰
『湧幢小品』明代、朱国禎撰
『烏青文献』清代、張炎貞（張園真）纂修
『見只編』明代、姚士麟撰
『曠園雑誌』清代、呉陳炎（呉陳琰）撰
『瀛珠仙館筆記』清代、黄兆麟撰
『聞見録』清代、儲仁遜撰、天津社会科学院図書館蔵、鈔本
『夢厂雑著』清代、兪蛟撰
『伊江匯覧』清代、格琫額撰）
『劉襄勤公奏稿』清代、劉錦棠撰、近代中国史料叢刊二四輯、所収
『閲微草堂筆記』清代、紀昀撰

経　書

『詩経』／『論語』／『春秋左氏伝』／『易経』

宗教経巻

『護国佑民宝巻』（筆者蔵）

絵画資料

「準回両部平定得勝図」乾隆得勝図
「平定台湾戦図」乾隆得勝図
「皇輿全図」清代
「大清万年一統地理全図」『康雍乾盛世図』第一巻、星球地図出版社、二〇〇二年、所収

ネット新聞

「逾八〇〇間関帝廟同歩祈福」（『台湾新生報』、台湾）
「雲林四湖保安宮」（『台湾寺廟網』、台湾）
「首届海峡両岸関帝世紀大交流」（『Lohas（楽活）澎湖湾』、台湾）
「東沙大王廟」（『海巡・海洋委員会海巡署東南沙分署』心霊信仰／心霊寄託、台湾）

二次史料

和　文

浅井紀「明末における奢安の乱と白蓮教」（慶應義塾大学『史学』四七巻三号、一九七六年）
――――「無生老母への誘い」（野口鉄郎編『結社が描く中国近現代』山川出版社、二〇〇五年、所収）
朝山明彦「明末に於ける関羽の治河顕霊」（『東方宗教』一一一号、二〇〇八年）
石濱裕美子「転輪王思想がチベット・モンゴル・清朝三国の王の事績に与えた影響について」（『史滴』一六号、一九九四年）

――――「パンチェンラマと乾隆帝の会見の背景にある仏教思想について」(『内陸アジア言語の研究』IX、一九九四年)
――――「パクパの仏教思想に基づくクビライの王権像について」(『日本西蔵学会会報』四〇号、一九九四年)
――――『チベット仏教世界の歴史的研究』(東方書店、二〇〇一年)
――――「書評　平野聡『清帝国とチベット問題』」(『歴史学研究』八〇四号、二〇〇五年)
――――「書評　平野聡『清帝国とチベット問題』」(『東洋史研究』六四巻二号、二〇〇五年)
石橋崇雄「清初皇帝権の形成過程――特に『丙子年四月〈秘録〉登ハン大位檔』にみえる太宗ホン・タイジの皇帝即位記事を中心として」(『東洋史研究』五三巻一号、一九九四年)
――――「清初祭天儀礼考――特に『丙子年四月〈秘録〉登ハン大位檔』における太宗ホン・タイジの皇帝即位記録にみえる祭天記事を中心として」(石橋秀雄編『清代中国の諸問題』山川出版社、一九九五年、所収)
――――「清朝国家論」(『岩波講座　世界歴史13　東アジア・東南アジア伝統社会の形成』岩波書店、一九九八年、所収)
――――「清朝の支配権と典礼――特に清初前期におけるハン権・皇帝権と即位儀礼・祭天典礼の問題を中心として」(水林彪・金子修一・渡辺節夫編『王権のコスモロジー』弘文堂、一九九八年、所収)
――――『大清帝国』(講談社選書メチエ一七四、二〇〇〇年)
伊藤晋太郎『「関帝文献」の研究』(汲古書院、二〇一八年)
井上以智為「関羽祠廟の由来並に変遷(上)(下)」(『史林』二六巻一、二号、一九四一年)
――――「関羽信仰の普及(一)」(『福岡商大論叢』四巻、一九五一年)
今鷹真・小南一郎・井波律子(訳)『三国志II』(世界古典文学全集、筑摩書房、一九八二年)
岩本裕『日本仏教語辞典』(平凡社、一九八八年)
上田信『シナ海域　蜃気楼王国の興亡』(講談社、二〇一三年)
大桑斉「徳川将軍権力と宗教――王権神話の創出」(網野善彦他編『岩波講座　天皇と王権を考える4　宗教と権威』岩波書店、二〇〇二年)
――――『近世の王権と仏教』(思文閣出版、二〇一五年)
太田出「民間信仰と封建迷信のはざまで」(『アジア遊学』(特集・中国の虚像と実像)五六号、二〇〇三年)
――――「太湖流域漁民信仰雑考――楊姓神・上方山大老爺・太君神を中心に」(『九州歴史科学』三九号、二〇一一年)
――――『中国近世の罪と罰――犯罪・警察・監獄の社会史』(名古屋大学出版会、二〇一五年)
太田出・林淑美「福建省龍海市歩文鎮蓮池社・石倉社・玄壇宮社調査報告(上)」(神戸商科大学『人文論集』三七巻三号、二〇〇二

年）
――「福建省龍海市歩文鎮蓮池社・石倉社・玄壇宮社調査報告（下）」（神戸商科大学『人文論集』三九巻一・二合併号、二〇〇三年）
大塚秀高「関羽の物語について」（『埼玉大学紀要』三〇号、一九九四年）
岡洋樹「清代のモンゴルと関帝信仰」（山田勝芳編『東北アジアにおける関帝信仰の歴史的現在的研究』平成九～一一年度科学研究費補助金、基盤研究C、研究成果報告書）
小田則子「清朝と民間宗教結社――嘉慶帝の「邪教説」を中心として」（『東方学』八八、一九九四年）
愛宕松男「天妃考」（『愛宕松男東洋史学論集』三一書房、第二巻、中国社会文化史、一九八七年）
小野信爾「捻子と捻軍――清末農民戦争の一側面」（『東洋史研究』二〇巻一号、一九六一年）
面迫祥子「一六世紀から一八世紀における中国の関羽信仰」（二〇一四年度広島大学修士論文）
片岡一忠『清朝新疆統治研究』（雄山閣、一九九一年）
――「朝賀規定からみた清朝と外藩・朝貢国の関係」（『駒沢史学』五二号、一九九八年、後に同著『中国官印制度研究』東方書店、二〇〇八年、所収）
――「印制にみえる清朝体制――清朝と八旗・外藩・朝貢国・中国内地の関係」（『歴史人類』二七号、筑波大学歴史・人類学系、一九九九年）
加地伸行『儒教とは何か』（中公新書、一九九〇年）
蒲豊彦「長江流域教案と〝子ども殺し〟」（森時彦編『長江流域社会の歴史景観』京都大学人文科学研究所、二〇一三年）
神田信夫「平西王呉三桂の研究」（『明治大学文学部研究報告』東洋史二、一九五二年）
金井徳幸「社神と道教」（『道教』二、道教の展開、平河出版社、一九八三年、所収）
菊池秀明『広西移住民社会と太平天国』（風響社、一九九八年）
岸本美緒「東アジア・東南アジア伝統社会の形成」（『岩波講座　世界歴史13　東アジア・東南アジア伝統社会の形成、一六～一八世紀』岩波書店、一九九八年）
キューン、フィリップ・A（著）、谷井俊仁・谷井陽子（訳）『中国近世の霊魂泥棒』（平凡社、一九九六年）
金文京『三国志演義の世界』（東方書店、一九九三年）
窪徳忠『道教の神々』（平河出版社、一九八六年）
小島晋治『太平天国革命の歴史と思想』（研文出版、一九七八年）

――『太平天国運動と現代中国』（研文出版、一九九三年）
小島毅「城隍廟制度の確立」（『思想』七九二号、一九九〇年）
――「正祠と淫祠――福建の地方志における記述と論理」（『東洋文化研究所紀要』一一四号、一九九一年）
――「国家祭祀における軍神の変質――太公望から関羽へ」（『日中文化研究』三号、一九九二年）
――「儒教経学と王権」（小島毅編『アジア遊学――東アジアの王権と宗教』勉誠出版、二〇一二年、所収）
酒井忠夫『中国善書の研究』（弘文堂、一九六三年）
――「中国江南史上の道教信仰――特に土地神信仰をめぐる文化の地域性」（仏教史学会三〇周年記念『仏教の歴史と文化』、一九八〇年、所収）
――「中国国民党の宗教政策」（『酒井忠夫著作集6　近・現代における宗教結社の研究』国書刊行会、二〇〇二年）
酒井忠夫他編『中国の霊籤・薬籤集成』（風響社、一九九二年）
佐口透『十八～十九世紀東トルキスタン社会史研究』（吉川弘文館、一九六三）
佐々木衛『近代中国の社会と民衆文化――日中共同研究・華北農村社会調査資料集』（東方書店、一九九二年）
佐藤公彦「乾隆三十九年王倫清水教叛乱小論――義和団論序説」（『一橋論叢』八一巻三号、一九七九年）
――『義和団の起源とその運動――中国民衆ナショナリズムの誕生』（研文出版、一九九九年）
佐藤長『中世チベット史研究』（同朋舎、一九八六年）
澤田瑞穂『中国の民間信仰』（工作舎、一九八二年）
――『中国の伝承と説話』（研文出版、一九八八年）
朱海濱「近世浙東周雄信仰の発生と変容」（『東方学』一〇六輯、二〇〇三年）
菅浩二『日本統治下の海外神社――朝鮮神宮・台湾神社と祭神』（弘文堂、二〇〇四年）
杉山清彦「書評　平野聡『清帝国とチベット問題』」（『史学雑誌』一一五編九号、二〇〇六年）
鈴木中正『中国史における革命と宗教』（東京大学出版会、一九七四年）
鈴木秀光「杖斃考――清代中期死刑案件処理の一考察」（『中国――社会と文化』一七号、二〇〇二年）
妹尾達彦「帝国の宇宙論――中華帝国の祭天儀礼」（水林彪・金子修一・渡辺節夫編『王権のコスモロジー』弘文堂、一九九八年、所収）
曽根原理『徳川家康神格化への道』（吉川弘文館、一九九六年）
谷井俊仁「乾隆時代の一広域犯罪事件と国家の対応――割辮案の社会史的素描」（『史林』七〇巻六号、一九八七年）

——「清代外省の警察機能について——割辮案を例に」(『東洋史研究』四六巻四号、一九八八年)
谷川道雄・森正夫編『中国民衆叛乱史』2〈宋～明中期〉(平凡社、一九七九年)
——『中国民衆叛乱史』3〈明末～清Ⅰ〉(平凡社、一九八二年)
張士陽「清代台湾における先住民の社会変容」(神奈川大学中国語学科編『中国民衆史への視座——新シノロジー・歴史篇』東方書店、一九九八年、所収)
寺田隆信『中国の大航海者　鄭和』(清水新書、一九八四年)
ドリュモー、ジャン(著)、永見文雄・西澤文昭(訳)『恐怖心の歴史』(新評論社、一九九七年)
中川忠英(著)、村松一弥・孫伯醇(編)『清俗紀聞』(平凡社東洋文庫、一九六六年)
中島三千男「「海外神社」研究序説」(『歴史評論』六〇二号、二〇〇〇年)
中田吉信「同治年間の陝甘の回乱について」(『近代中国研究』第三集、一九五九年)
中村淳「チベットとモンゴルの邂逅——遙かなる後世へのめばえ」(『岩波講座　世界歴史11　中央ユーラシアの統合』岩波書店、一九九七年、所収)
中村哲夫「城隍神信仰からみた旧中国の国家と社会」(『富山大学教養部紀要』八号、一九七六年)
——『近代中国社会史研究序説』法律文化社、一九八四年、所収)
中村裕一「道教と年中行事」(『道教』二、道教の展開、平河出版社、一九八三年、所収)
那波利貞「支那に於ける都市の守護神に就きて」(『支那学』七巻三・四号、一九三四年)
並木頼寿「反清復明を叫んで」(野口鉄郎編『結社が描く中国近現代』山川出版社、二〇〇五年、所収)
——『捻軍と華北社会——近代中国における民衆反乱』(研文出版、二〇一〇年)
西嶋定生『中国古代国家と東アジア世界』(東京大学出版会、一九八三年)
——『西嶋定生東アジア論集』(第三巻、岩波書店、二〇〇二年)
西村元照「劉六劉七の乱について」(『東洋史研究』三二巻四号、一九七四年)
新田光子『大連神社史——ある海外神社の社会史』(おうふう、一九九七年)
野口鉄郎「白蓮教の教理的展開と「術」」(同著『明代白蓮教史の研究』雄山閣、一九八六年、所収)
馬場毅「近代国家と宗教弾圧——日中両国を比較して」(『現代中国学方法論とその文化的視角(方法論・文化篇)』愛知大学国際中国学研究センター、二〇〇六年)
濱下武志「近代東アジア国際体系」(平野健一郎編『講座 現代アジア4　地域システムと国際関係』東京大学出版会、一九九四年、所

収)
――『朝貢システムと近代アジア』(岩波書店、一九九七年)
濱島敦俊「明末江南の葉朗生の乱について」(『海南史学』第一二・一三合併号、一九七五年)
――「嘉靖馬道人小考」(『史朋』三号、一九七五年)
――『明代江南農村社会の研究』(東京大学出版会、一九八二年)
――「明末清初の均田均役と郷紳(その四)――李日華《味水軒日記》をめぐって」(『史朋』一六号、一九八三年)
――「明清江南城隍考」(唐代史研究会編『中国都市の歴史的研究』汲古書院、一九八八年、所収)
――「明清城隍考」(『榎博士頌寿記念東洋史論叢』汲古書院、一九八八年、所収)
――「明清時代、江南農村の「社」と土地廟」(『山根幸夫教授退休記念明代史論叢』下巻、汲古書院、一九九〇年、所収)
――「江南劉姓神雑考」(大阪大学『待兼山論叢』史学篇、二四号、一九九〇年)
――「明清江南城隍考・補考」(唐代史研究会編『中国の都市と農村』汲古書院、一九九二年、所収)
――「近世江南李王考」(梅原郁編『中国近世の法制と社会』京都大学人文科学研究所、一九九三年、所収)
――「近世江南金総管考」(小野和子編『明末清初の社会と文化』京都大学人文科学研究所、一九九六年、所収)
――『総管信仰――近世江南農村社会と民間信仰』(研文出版、二〇〇一年)
濱田正美「「塩の義務」と「聖戦」との間で」(『東洋史研究』五二巻二号、一九九三年)
――「モグール・ウルスから新疆へ――東トルキスタンと明清王朝」(『岩波講座　世界歴史13　東アジア・東南アジア伝統社会の形成』岩波書店、一九九八年、所収)
林和生「明清時代広東の墟と市――伝統的市場(いちば)の形態と機能に関する一考察」(『史林』六三巻一号、一九八〇年)
原田正巳「関羽信仰の二三の要素について」(『東方宗教』第八・九合集号、一九五五年)
早田充宏「城隍神信仰の変遷について」(『東洋の思想と宗教』五号、一九八八年)
平野聡「チベット仏教共同体と「中華」――清朝期多民族統合の一側面」(『国家学会雑誌』一一〇巻三号、一九九七年)
――「「公正な帝国」から「近代中華帝国」へ」(『歴史学研究』七七六号、二〇〇三年)
――『清帝国とチベット問題――多民族統合の成立と瓦解』(名古屋大学出版会、二〇〇四年)
夫馬進「明代白蓮教の一考察――経済闘争との関連と新しい共同体」(『東洋史研究』三五巻一号、一九七六年)
ホカート、アーサー・モーリス(著)、橋本和也(訳)『王権』(人文書院、一九八六年)
細谷良夫「中華世界の確立」(松丸道雄他編『世界歴史大系　中国史』4明清、山川出版社、一九九九年)

松田吉郎「朱一貴の乱について」（『大阪市立大学東洋史論叢』一〇号、一九九三年）
松原典明「近世王権の墓制とその歴史的脈絡」（周縁の文化交渉学シリーズ3『陵墓からみた東アジア諸国の位相――朝鮮王陵とその周縁』関西大学文化交渉学教育研究拠点（ICIS）、二〇一一年）
松本浩一「明代の城隍神信仰とその源流」（『図書館情報メディア研究』一巻二号、二〇〇三年）
水越知「清代後期における重慶府巴県の寺廟と地域社会――『巴県档案』寺廟関係档案の基礎的考察」（『史林』九八巻一号、二〇一五年）
――「城隍出巡」祭礼と中国近世の都市空間」（『関西学院史学』四三巻、二〇一六年）
水林彪「古代神話のイデオロギー構成」（網野善彦他編『岩波講座　天皇と王権を考える4　宗教と権威』岩波書店、二〇〇二年）
溝口雄三『中国の思想』（放送大学教育振興会、一九九一年）
三石善吉『中国の千年王国』（東京大学出版会、一九九一年）
三谷孝「南京政権と『迷信打破運動』」（『歴史学研究』四五五号、一九七八年）
宮紀子『モンゴル時代の出版文化』（名古屋大学出版会、二〇〇六年）
宮崎市定『宮崎市定全集』一三巻（岩波書店、一九九二年）
望月信亨『仏教大辞典』（精興社、一九三五年）
茂木敏夫「清末における「中国」の創出と日本」（『中国――社会と文化』一〇号、一九九五年）
――『変容する近代東アジアの国際秩序』（世界史リブレット41、山川出版社、一九九七年）
――「東アジアにおける地域秩序形成の論理――朝貢・冊封体制の成立と変容」（辛島昇他編『地域の世界史3　地域の成り立ち』山川出版社、二〇〇〇年、所収）
――「中国的世界像の変容と再編」（『シリーズ二〇世紀中国史』一、中華世界と近代、東京大学出版会、二〇〇九年、所収）
森正夫「明末における秩序変動再考」（『中国――社会と文化』一〇号、一九九五年。後に同著『森正夫明清史論集』第三巻、二〇〇六年、所収）
――「清代江南デルタの郷鎮志と地域社会」（『東洋史研究』五八巻二号、一九九九年、後に同著『森正夫明清史論集』第三巻、二〇〇六年、所収）
森川哲雄「清朝の藩部（一）――モンゴリア」「清朝の藩部（二）――新疆とチベット」（松丸道雄他編『世界歴史大系　中国史』4明清、山川出版社、一九九九年、所収）
森田憲司「文昌帝君の成立――地方神から科挙の神へ」（梅原郁編『中国近世の都市と文化』京都大学人文科学研究所、一九八四年、

所収）
安丸良夫「宗教と権威　序論」（網野善彦他編『岩波講座　天皇と王権を考える４　宗教と権威』岩波書店、二〇〇二年）
山田勝芳「関帝廟に集まる地域――中華「地域」と関帝信仰」（松本宣郎他編『地域の世界史７　信仰の地域史』山川出版社、一九九八年、所収）
山根幸夫「山東唐賽児起義について」（『明代史研究』第一号、一九七四年）
山本さくら「明代の旗纛廟――地方志における旗纛廟の考察」（別府大学『史学論叢』三四号、二〇〇四年）
山本博文「徳川王権の成立と東アジア世界」（水林彪・金子修一・渡辺節夫編『王権のコスモロジー』弘文堂、一九九八年）
吉尾寛『明末の流賊反乱と地域社会』（汲古書院、二〇〇一年）
吉岡義豊「呂祖の信仰と中国の民衆神」（『日本仏教学会年報』二一、一九五五年）
横手裕「道教と唐宋王朝」（小島毅編『アジア遊学――東アジアの王権と宗教』勉誠出版、二〇一二年、所収）
羅貫中（著）、立間祥介（訳）『三国志演義』下巻（平凡社、一九七二年）
リヴァシーズ、ルイス（著）、君野隆久（訳）『中国が海を支配したとき――鄭和とその時代』（新書館、一九九六年）
李献璋『媽祖信仰の研究』（泰山文物社、一九七九年）
林淑美『清代台湾移住民社会の研究』（汲古書院、二〇一七年）
若松寛（訳）『ゲセル・ハーン物語――モンゴル英雄叙事詩』（平凡社東洋文庫五六六、一九九三年）
渡邉義浩『儒教と中国――「二千年の正統思想」の起源』（講談社、二〇一〇年）

中文（拼音配列）

包詩卿「明代軍事活動与関羽信仰伝播」（『中州学刊』一六五号、二〇〇八年）
――「明代関羽信仰伝播基礎述論」（『河北師範大学学報（哲学社会科学版）』三一期五号、二〇〇八年）
――「従関羽廟宇興修看明代関羽信仰中心的北移」（『西南大学学報（社会科学版）』三五期三号、二〇〇九年）
濱島敦俊「明清江南農村的商業化与民間信仰的変質――囲繞〝総管信仰〟」（葉顕恩主編『清代区域社会経済研究』（上）、中華書局、一九九二年、所収）
蔡東洲・文廷海『関羽崇拝研究』（巴蜀書社出版、二〇〇一年）
柴継光『運城塩池研究』（山西人民出版社、一九九一年）
柴継光・柴虹『武聖関羽』（山西古籍出版社、一九九六年）

陳孔立『清代台湾移民社会研究』（厦門大学出版社、一九九〇年）
鄧嗣禹「城隍考」（『燕京大学史学年報』二巻二期、一九三五年）
郭松義「論明清時期的関羽崇拝」（『中国史研究』一九九〇年三期、一九九〇年）
韓書瑞（Naquin, Susan）「王倫起義的教派」（『中国農民戦争史論叢』四号、一九八二年、所収）
洪淑苓『関公民間造型之研究——以関公伝説為重心的考察』（国立台湾大学出版委員会、一九九五年）
江地『捻軍史初探』（三聯書店、一九五六年）
——『初期捻軍史論叢』（三聯書店、一九五九年）
柯志明『番頭家——清代台湾族群政治与熟番地権』（台北、中央研究院社会学研究所、二〇〇一年）
李福清（B. Riftin）『関公伝説与三国演義』（台北、雲龍出版社、一九九九年）
李偉実「関羽崇拝初探」（『学術研究叢刊』一九九二年四期、一九九二年）
劉志文『中国民間信神俗』（広東旅游出版社、一九九一年）
羅爾綱『太平天国史稿』（中華書局、一九五五年）
——『太平天国史事考』（三聯書店、一九五五年）
秦宝琦『中国地下社会（清前期秘密社会巻）』（学苑出版社、一九九三年）
蘇萍『謡言与近代教案』（上海遠東出版社、二〇〇一年）
王恢編『新清史地理志図集』（国史館、一九九三年）
王自強主編『康雍乾盛世図』（第一巻、星球地図出版社、二〇〇二年）
巫仁恕「節慶・信仰与抗争——明清城隍信仰与城市群衆的集体抗議行為」（『中央研究院近代史研究所集刊』三四期、二〇〇〇年）
蕭育民「清嘉慶天理教起義」（李光璧他編『中国農民起義論集』三聯書店、一九五八年、所収）
徐茂明「謡言与秩序——光緒二年江南系列謡言案研究」（『歴史人類学学刊』二巻一期、二〇〇四年）
張暁光撰輯『清代銅板戦功図全編』（学苑出版社、二〇〇三年）
張羽新「清朝為什麼崇奉関羽？」（『世界宗教研究』一九九二年一期、一九九二年）
鄭土有・王賢森『中国城隍信仰』（上海三聯書店、一九九四年）
朱海濱『祭祀政策与民間信仰変遷——近世浙江民間信仰研究』（復旦大学出版社、二〇〇八年）
——「国家武神関羽明初興起考——従姜子牙到関羽」（『中国社会経済史研究』二〇一一期一号、二〇一一年）
朱正明『関帝文化』（香港中国新聞出版社、二〇〇三年）

荘吉発『清高宗十全武功研究』(国立故宮博物院印刊、一九八二年)

欧　文

Fletcher, Joseph, 'Ch'ing Inner Asia *c.* 1800', in Denis Twitchett and John K. Fairbank eds. *The Cambridge History of China*, Volume 10, Late Ch'ing, 1800–1911, Part 1, Cambridge University Press, 1978.

Mancall, Mark, *China at the Center : 300 Years of Foreign Policy* ; New York, 1984.

Naquin, Susan, *Millenarian Rebellion in China : The Eight Trigrams Uprising of 1813*, Yale University Press, New Haven and London, 1976.

Prasenjit Duara, *Culture, Power, and the State : Rural North China, 1990–1942*, Stanford University Press, 1988.

あとがき

私は小学生（高学年）ないし中学生の頃から『三国志』が大好きだった。普通ならば、吉川英治の『三国志』を読むのが王道であろうが、私の場合は父親から薦められた立間祥介の訳本を読みふけっていた。もちろん、横山光輝のマンガ『三国志』も同時並行で読みすすめ、新刊が出るとただちに購入するほどだった。劉備・関羽・張飛の活躍に胸を躍らせ、諸葛亮と司馬懿の対決に夢中になっていた。だれがどの場面でどのように戦い、いかにして死んでいったのか、いつの間にかすべて覚え、さらに関連本をも貪り読むようになった。当時は現在のような「三国無双」などのゲームこそなかったものの、いま振り返れば、いやはや、まさに立派な三国志オタクである。

三国志に綺羅星のごとく登場する英雄たちのうち、私が最も好きだったのは関羽だった。三国志オタクならば、私の気持ちを理解し共感してくださる方も多いであろう。主人公・劉備と桃園の義を結び、「漢室の復興」を旗印として苦難の戦いを続けた後、ようやく蜀漢を建国しようとした矢先、麦城で非業の死を迎えた。そうした関羽の生き様に共鳴し、あこがれを抱いた読者は少なくとも私だけではないはずだ。

大学の卒業論文でも、私は蜀漢政権の構造について取り上げ、同政権における官吏任用と家柄の関係を論じた。どうしても『三国志』を学術的に研究してみたかったのである。三回生に上がった頃にはすでに卒業論文に着手していた記憶がある。現在の目でみれば、それは非常に拙い内容であったとは思うが、当時は大変満足し、あきれたことに大学院にまですすもうと決心した。

しかし、研究環境の変化や学界全体の動向などさまざまな理由もあって、大学院進学後には三国志研究者への道を断念し、一〇〇〇年以上も下った明清時代史研究に没頭するようになった。三国志研究の夢は胸の奥深くしまい込まれたのである。

ところが、約七年後、その夢はひょんなことから再び顔を出し始めた。一九九五年九月から二年間におよんだ、中国人民大学清史研究所における留学時、私は毎日のように中国第一歴史檔案館に赴き、当時研究していた清代の漢人軍隊＝緑営兵に関する文献史料を閲覧していた。来る日も来る日も軍事関連の史料を見ていたのであるが、ある日ふと反乱鎮圧に向かった緑営兵の戦況報告に目をやると、本文中でも紹介したように、「突然、空がかき曇り、砂を巻き上げ、恍惚とした状態のなか、空中に関羽が出現した」という主旨の記事に偶然に出くわした。「これは何だ？　関羽が出現した？」興奮し半信半疑の状態で、あわててこの文章をノートに書き取った。これが関羽との劇的な再会であった。私は大好きな関羽が没後一〇〇〇年以上のときを超えて再び中国に姿を現したことに感動し、同様の記事を探し求めた。すると、想像以上にこのような関羽の奇跡譚が残され、かつ皇帝や文武官僚が真剣に関羽による加護を語りあい、祭祀・儀礼を執り行い、あたかも「劇場国家」の様相を呈していることがわかってきた。「明清時代の王朝国家と関羽の関係は研究に値する」、そう直感した私の心のなかにも再び関羽が出現したのであった。運命的な再会といえようか。

その後、大阪大学に提出した博士学位請求論文では、本編で緑営兵を——こちらは『中国近世の罪と罰』（名古屋大学出版会、二〇一五年）としてすでに刊行した——、附編で関羽の奇跡（霊異伝説）をそれぞれ取り扱った。卒業論文執筆時の夢は再び博士学位請求論文のなかで開花したのである。

そして私の長年の夢がかなう日がついにやってきた。本書の出版である。関羽とその霊異伝説を学術的な手法で分析し、関羽が中国史、いやユーラシア史のなかでいかなる役割を果たしてきたのか、ようやくここに一試論を書き上げ、研究成果を世に問うことができたのである。我ながら三国志オタクもここまでできればたいしたものだと褒めてあげたい。

ここまでは、あくまでも個人レベルの趣味からの話であるが、歴史学の研究対象としてみた場合、死後の関羽に対する信仰は、信仰者一個人から皇帝あるいは王朝国家までを含む階層を視野に収めうる幅広い裾野をもった、きわめて興味深い研究テーマの一つであるといってよい。かつては出身地の山西省を中心としたちっぽけな地方神にすぎなかった関羽が、いつのまにか帝国としての清朝の版図全体に拡がっただけでなく、その外側へも溢れ出し、現在では世界各地に持ち出されている。日本はもちろん、モンゴル、韓国、ベトナム、マレーシア、シンガポール、タイ、ロシア（極東）、カナダといった国々にもすでに関帝廟の存在が確認できている。今後、機会があれば、想像をはるかに超えて世界大にまで拡がっていった、関羽の加護のもとにある〝われわれ〟の世界の全体像とその存在意義について描き出してみたいと考えている。このような構想から見れば、私の三国志研究もまだ夢半ばなのかもしれない。

本書を執筆するにあたっては、すでに発表したいくつかの論文を下敷きとしたため、いくらか重複する部分が生じてしまった。可能なかぎり、加筆・修正し、なるべく論旨が一貫したものとなるよう再構成したつもりではあるが、もし読みにくい点があれば、読者のご海容を乞いたい。本書の各部分を構成する論文の初出を書き出せば、以下のとおりである。

第一章　書き下ろし
第二章　「関聖帝君「顕聖」考――清朝と英雄神の関係をめぐって」（神戸商科大学『人文論集』三七巻一号、二〇〇一年）
第三章　「関帝廟という装置――関聖帝君の顕聖との関わりを中心に」（東アジア恠異学会編『怪異学の技法』臨

川書店、二〇〇三年）
第四章 「「白蓮」の記憶――明清時代江南デルタ（delta）の謡言と恐怖」（『中国史学』二五巻、二〇一五年）
第五章 「清朝のユーラシア世界統合と関聖帝君――軍事行動における霊異伝説の創出をめぐって」（歴史学研究会編『シリーズ歴史学の現在7　戦争と平和の中近世史』青木書店、二〇〇一年）
第六章 「清朝の版図・王権と関帝崇拝――乾隆帝の十全武功と関聖帝君の顕聖をめぐって」（『アジア民衆史研究9　他者をめぐる空間認識Ⅱ』アジア民衆史研究会、二〇〇三年）

本書では、いずれの論文にもかなり手を入れ、全体として統一した解釈を提示しようと試みている。したがって、本書の出版により、これら個々の論文のなかで述べられた見解は基本的に廃棄される。

本書の刊行にあたっては、日本学術振興会から、平成三一年度科学研究費補助金研究成果公開促進費「学術図書」（課題番号 19HP5094）による出版助成をいただいた。ここに記して、助成機関ならびに関係各位に感謝を申し上げたい。巻末の英文摘要の校正は京都大学の内野クリスタルさんの手を、中文摘要の校正は妻でもあり台湾史研究者でもある林淑美の手を煩わせた。心より感謝を申し上げる。

最後に、昨今の厳しい出版事情のなか、本書の刊行を引き受けてくださったばかりでなく、さまざまな場面で私を励ましてくれた名古屋大学出版会の三木信吾氏には、心からお礼を述べたい。三木氏の積極的なご提案・ご支援がなければ、本書を上梓することはかなわなかったであろう。フレッシュな新人の山口真幸氏には、私が気ままに読み流し見過ごしてしまった細かな部分にまでしっかり目を通していただき、驚くばかりの根気と情熱で校了にまで導いてくださった。怠惰な私にもあきれ果てることなく、最後までお付き合いくださった山口氏には感謝の念しかない。

このような感謝の言葉を並べつつも、本書はやはりいつも私の身辺で研究を支えつづけていてくれる最愛の妻・林淑美に捧げたい。本書の刊行があなたの温かい支えに少しでも応えられるものであったならば、これにまさる喜びはない。本当にありがとう。

二〇一九年七月　祇園囃子の響きわたる京都にて

太田　出

《著者略歴》

太田《おおた》　出《いずる》

1965年　愛知県に生まれる

1988年　金沢大学文学部卒業

1999年　大阪大学大学院文学研究科博士課程修了

広島大学大学院文学研究科准教授などを経て

現　在　京都大学大学院人間・環境学研究科教授，博士（文学）

主　著　『中国近世の罪と罰――犯罪・警察・監獄の社会史』（名古屋大学出版会，2015年）

関羽と霊異伝説

2019年9月1日　初版第1刷発行

定価はカバーに
表示しています

著　者　太　田　　出

発行者　金　山　弥　平

発行所　一般財団法人　名古屋大学出版会

〒464-0814　名古屋市千種区不老町1名古屋大学構内
電話(052)781-5027 / FAX(052)781-0697

Printed in Japan

印刷・製本　亜細亜印刷㈱

ISBN978-4-8158-0961-4

乱丁・落丁はお取替えいたします。

關羽與靈異傳說

——清代歐亞大陸世界與帝國版圖——

目　　錄

中文提要

關公不但是漢人民間信仰中的神靈之一，同時「儒道佛三教」均尊其為神靈。關公與清朝的關係即為本書寫作的核心，藉此以深入探討中國近世王朝與宗教之間的關係。讀者可能懷疑：關公只是民眾普遍信仰的大神之一，僅論關公信仰，究竟對王朝國家與宗教的關係能了解到什麼程度？　這問題當然值得我們去深思考慮。本書雖僅致力於開闢一個面向，但由於切入的角度多元，應該有助於跳脫既有的框架，而得以重新審視清朝王權的樣貌及其統治結構。更進一步來說，如果我們對關公信仰範圍的設定，不再侷限於漢人，而是把圖博或蒙古等非漢族也一起納入來考量，筆者認為，

如此一來，應該更能以多元的角度，對東亞近世的王權與宗教的關係，提出新的見解。以下先介紹本書的重點。

首先是相關研究。以井上以智的為最具開闢性，其所提供的資訊量也非常豐富。井上將關公信仰的歷史進程，劃為四期，分別是「唐代草創期」、「宋元發展期」、「明代巔峰期」及「清代整頓期」。對「唐代草創期」的論述，筆者並沒有特別的看法。至於「宋元發展期」，以目前的史料狀況來看，有些部分則難以苟同。筆者當然也不認為單就因為缺乏史料的支持，就不能從理論上進行推測，但井上對宋元時期的論證，幾乎是推測的堆疊，這就很難稱得上是有根據的實證論述。這一缺憾，只能期待今後新史料的出現。倒是本書在探討明代關公靈異傳說部分，不論就量——保存下來的靈異傳說史料數量，或就質——敘述翔實且多面性來看，都遠遠勝過元代以前的。也許讀者會質疑：你這樣只問相關史料的多少和深淺，而不考慮時代背景，像是有多少史料留了下來，這對嗎？　筆者認為，史料質量都具壓倒性優勢的明代，應該正是關公信仰開始向四方廣為播散，信眾增加的時期。另外，華北以外的關公信仰邊緣區域——即江南三角洲、東南沿海區域、川滇黔等西南區域以及朝鮮半島——還保存著有關公信仰如何傳播開來的史料；另筆者從史料的敘述發現，原來靈異傳說是在與非漢族的接觸及衝突過程中，被創造出來的。由此我們可以知道，到了明代，關公信仰達到了一種與「版圖」——相較於清代，明代的「版圖」是非常小的——相結合的形式而傳播開來。朝鮮半島居然有關帝廟，這也可看成是關公信仰範圍擴大的一個現象吧。綜合上述，筆者認為也許將明代視為關公信仰的「發展期」似更符合史實。另外，如下將述，隨著清朝「版圖」大規模的擴張，關公顯聖的時空也同步擴大。這樣一來，我們似乎應把清代定位為「巔峰期」，之後的民國期定為「整頓期」較為恰當。

第二點是，關帝廟是釋放關公靈異訊息的媒介。沒錯，廟寺原本就是一種供參拜的宗教性建築，就以關帝廟來看，若把廟裡的擺設一一加以觀察，我們可以看到：宛如《三國志演義》中關羽再現的關公神像、歷代皇帝御賜的匾額、傳達天機神意的籤詩、鐫刻著與王朝國家——特別是在戰役中——有重大關聯的靈異傳說的石碑等，這些擺設都是在讓人們可以透過視覺看到關公的神力；它們的作用，就在把作為神靈的關公和王朝國家或一般民眾的意識串連起來。然後，我們再換成一種綜合性角度來看關廟此一建築時，又可以發現：原來在一次又一次的戰役與王朝國家建立起緊密關係的關帝廟，儼然是一種地標性的象徵，即標示著此地已被納入大清「版圖」。如此看來，我們不妨認為：關帝廟並不只是單純的祭祀建築，而是帶有濃烈政治性與軍事性的建築。就連晉商所興建的關帝廟，也不例外。細看關帝廟裡商人們所捐獻的石碑，其載文有如連貫呼應皇帝及官僚的思維。那麼，我們似可推斷：關公一向雖被敬奉為

“招財利市的神”即財神，論究起來，這不過是其次要的神職；或者起先是由於晉商在行商之始，求關公護途；但隨著日後經商獲利，逐漸被認為關公護利，於是一般人就直接奉關公為財神。當今海外華僑之所以祭拜關公，當然兼有敬奉財神之意。但最重要的還是祈求在人生地不熟的海外，能獲得已通過國家認證的武神、戰神的保佑。

第三點是，為什麼清朝皇帝及文武百官要一而再地釋出關公的靈異傳說？　向來的解釋是：因為清朝想利用關公忠義、武勇的形象來達到政治上的目的。但這樣的說法和結論顯然過於草率。經本書詳細分析後發現，其實靈異傳說並不單在強調關公的忠義、武勇形象已。「伏魔」「破邪」「乞雨」「祈晴」，還有以關帝靈籤來傳達的神諭等，這些發自民間，即“由下而來”的信仰，使得關公的神力，顯得無所不在。可見靈異傳說的內容，是非常複雜且多樣的。筆者認為：就是通過那道隱藏在靈異傳說背後的迴路，起到交流作用，形成了一種串連——上至清朝皇帝下至一般百姓，使其在胸中共同地湧起了“我群”（we-feeling）的強烈意識。

第四點是，有清一代，每逢戰役，王朝國家便再三釋放出靈異傳說、御賜封號、舉辦國家祭典等，煞費苦心，有如籌劃一齣戲劇的演出。由於被動員範圍遍及一般百姓，使得關公靈異深入人心。最明顯的例子，就屬清朝面臨建立以來，最大的危機，即天理教之亂。就在造反勢力攻入紫禁城這一史上未有的變局之際，唯一顯聖的——正確說來，應該是被顯聖的——神靈，就是關公。沒錯，關公正是雀屏中選的神。在清朝皇帝所頒上諭中，除了言及關公顯聖的靈異傳說外，且賜封號，以表認證。即藉此詔告天下：清朝可是得到了漢族之軍神，即關聖帝君之護佑的。關帝廟宇廣佈全土，那麼在這裡舉行祭典，酬謝關帝顯聖的話，滿朝文武與眾將兵，乃至一般百姓，在胸中湧起一股共沐關聖帝君神威的一體感，是很自然的。這種對關聖帝君神威的認同感，換句話說，正是同沐神恩的一種“我群”意識（we-feeling）的分享。相對於以信仰彌勒而結成“我群”的「邪教」，即白蓮教信眾，從信奉關聖帝君的官民來看，彼等絕非屬“我群”，而是涇渭分明的“他群”。這種分化意識，很可能隨著再三衝突的影響而加深。

第五點是，在乾隆帝的十全武功——平定準噶爾、回部、廓爾喀、台灣、大小金川——中，清朝也不斷地釋出關公靈異傳說的訊息。首先，當時的人們就認為，這些大規模的軍事遠征之所以能攻無不克，固然緣於清朝皇帝的文德武功，另也緣於有關公的神力在背後護持。當上述這些地方一被納入「版圖」，緊接著就是在此地興建關帝廟。據此可以推定，關帝廟的存在，即是一種印記，代表著已被收入王朝的版圖（從這點來說，怎麼看待明朝在朝鮮興建關帝廟一事，讓人很困擾。這表示明朝已視朝鮮如己之「版圖」？　或僅為祈求關公庇佑？　筆者在此尚無法斷言）。在十全武功之後，關

公也會適時地「顯聖」，以恢復秩序或維護「版圖」的完整。另外，這些被納入「版圖」的地方，日後所以能合境平安，蓬勃發展，當時人也認為是因為有關帝在暗中保佑。總而言之，關帝超凡的神威與神力，在空間上，超越了中華的框架，涵蓋清朝的整個版圖。但是到底是哪些人能共同認識、感受到關公的神威呢？　以史料來看，就滿州人（清朝皇帝與文武百官）與漢人。至於信奉藏傳佛教的圖博人、蒙古人或伊斯蘭教徒（回教徒），除了一部分人——在蒙古，關公和此地的英雄武神格薩爾汗合為一體；在圖博，則與伽藍神（beg tse lcam sring）合為一體——外，很可能是無法共同感受到的。伊斯蘭教徒幾乎將關帝廟與滿州人、漢人等統治者劃上等號（所以他們襲擊關帝廟並將其改建為清真寺）。換句話說，儘管關帝的神威、神力，在空間上或能凌駕中華（即在境外興建關帝廟）；至於能否獲得當地民眾的廣泛愛載？　這一方面恐難以達成。就清朝的「版圖」與關帝廟的相關性來看，姑且不論興建關帝廟是否具政治上的意圖，從結果來說，關廟的興建，具地標性作用，即象徵該地已被納入王朝的「版圖」。直隸漢地各省不在話下，在大規模遠征（軍事行動）中，關公的神像隨軍「移駕」到了「版圖」的最前線，被供奉在新獲得的「版圖」上。奉祀關公所帶來的效果是，這新的疆域就轉化成了可被理解的「熟悉」的天地。筆者認為，這就是關公所扮演的角色。關公所護佑的轄境、在關公庇佑下轉化成可被理解的世界範圍，不斷地擴張，幾乎達整個「版圖」。在關廟，官民就能感受到或應該能感受到關公的神威、神力。至少對滿州人和漢人來說，關廟是受到關公護佑的“我群”的領域與空間。總之，共沐關公神威的這種“我群”意識，透過王朝的宣揚，以一種幾乎和遼闊的「版圖」相結合的方式，擴散開來。在大規模遠征（軍事行動）與開疆拓土與維持疆域的過程中，這種“我群”意識，一再被強化。尤其在乾隆帝十全武功裡，關帝廟的興建，變成「中外一統」的象徵。

最後一點是，關公與清朝皇帝的關係。關公認可清朝皇帝就是中華世界的主持者，所以其對清朝皇帝盡忠誠、加以護持；而特別是乾隆帝則推崇關公為至高無上的武神。不僅對滿州人與漢人，就連對構成「版圖」一角的蒙古、圖博、土耳其系伊斯蘭等當地人，清朝也都是這樣宣揚著兩者的關係。除了蒙古外藩諸王親眼目睹了關帝廟，由於在新疆、圖博及蒙古也建有很多關帝廟，所以連一般民眾也都能看。以乾隆的十全武功為契機，關公躍升為至高無上的武神，護佑著中華皇帝以及跨越中華世界範圍的一整個清朝的「版圖」。

Guan Yu and the Spiritual Legends

The Eurasian World and Imperial Territory of the Qing Dynasty

Abstract

This book comprehensively examines the relationship between the worship of Guan Yu and the dynasty nation (Tang Dynasty-Qing Dynasty) in pre-modern China. In particular, by focusing on the connection between the construction of "territory" and Guan Yu worship which formed across the Eurasian world during the Qing Dynasty in the Qianlong period, it clarifies how the authority of the emperor in the Qing Dynasty was procured. As demonstrated in this book, Guan Yu was a divine spirit of Confucianism, Buddhism, and Taoism who is particularly significant because there are no examples of other holy spirits that had political-military relationships with the successive dynasties. Based on this point, it is safe to say that the study of Guan Yu worship is not limited to Chinese religious history,

but is also a part of political history, national ideological history, and the history of cultural mentality. The main issues of this book are organized into three parts as follows.

First, I focused on the temple of Guan Yu (*Guan di Miao*) as a device for conveying the spiritual legends of Guan Yu. The temple is originally a facility for the purpose of religious ritual. In the case of the temple of Guan Yu, however, if you try to look at different objects of the temple, it can be divided into separate parts such as a statue reminiscent of the figure of Guan Yu in the novel "*Romance of the Three Kingdoms*", tablets gifted by successive emperors, the oracle to feel the will of God, and the inscriptions engraved with the spiritual legends closely related to the dynasty nations. Each one of these was a visualization of the spiritual power of Guan Yu, and functioned within a circuit connecting Guan Yu as a god to the dynasty nation and the general public. A comprehensive consideration of the temple of Guan Yu (*Guan di Miao*) as a device for conveying Guan Yu's spiritual legends reveals how this temple, which was deeply connected to the dynasty nations through military action, played a role as a landmark, as it was incorporated into the "territory". In addition, rather than simply emphasizing loyalty and martial bravery, the spiritual legends of Guan Yu that Qing emperors and officials have repeatedly created and promoted embedded a "bottom up" peoples level faith such as "defeating apparition", "smashing evil", "praying for rain", "praying for sun". By doing this, it became possible to form a "we-feeling" that passed from the Qing emperor to the minds of the general public (Chapters 1 to 4).

Second, The creation and promotion of the spiritual legend ; the awarding of the title ; and the performance of state rituals by the dynasty nation is repeated every time a military action is carried out, and even the general public was involved in the permeation of Guan Yu's spiritual miracle. The most intense expression of this is the Eight Trigrams uprising of 1813. In the middle of the unprecedented incident in which a rebel army rushed into the Forbidden City, Guan Yu became the only chosen holy God. The "hierphany" of Guan Yu was also frequently confirmed during the Emperor Qianlong's Ten Great Campaigns (Dzungar Khanate, Altishahr, Tibet, Taiwan, and Jinchuan), and at the time of the transferring or securing of "territory". In other words, spatially it was thought that Guan Yu's authority and spirituality extended beyond China to the entire "territory" of the Qing Dynasty. However, because the temples of Guan Yu (*Guan di Miao*) became targets of attack by Muslims, they did not always overcome the Chinese wall ideologically (Chapter 2, Chapter 5, Chapter 6).

Third, Guan Yu authorizes the Qing emperor as the master of the Chinese world because he, positioned by Emperor Qianlong as the highest martial deity, defends both with

all his loyalty. This idea was promoted not only among the Manchu and Han population, but also among Mongolian, Tibetan, and Turkish Muslims who also constituted a part of the territory. On the other hand, the Qing Dynasty adopted a policy of merging Guan Yu with the Mongolian god Gesar and Tibetan Buddhist god Beg tse chen lcam sring, and thus it is possible to imagine an integration of the gods there (Chapter 5, Chapter 6).

Based on the above, Guan Yu is positioned as the highest martial deity who defends the whole "territory" of the Qing Dynasty of the Chinese emperor or the Chinese world. In particular, in the wake of Qianlong's Ten Great Campaigns, the temple of Guan Yu (*Guan di Miao*), is constructed as a symbol of the "Unity of Chinese and Barbarians".

索　引

ア　行

カ　行

サ 行

タ・ナ行

ハ 行

マ 行

ヤ　行

ラ・ワ行

図表一覧